"十二五"管理类规划教材

中级财务管理学

Zhongji Caiwu Guanlixue

主　编　陈玮

副主编　关雪梅　张莉　张静　张涛

西南财经大学出版社
Southwestern University of Finance & Economics Press

图书在版编目(CIP)数据

中级财务管理学/陈玮主编 . 一成都:西南财经大学出版社,2011.6
(2016.1 重印)

ISBN 978 - 7 - 5504 - 0268 - 3

Ⅰ.①中… Ⅱ.①陈… Ⅲ.①财务管理 Ⅳ.①F275

中国版本图书馆 CIP 数据核字(2011)第 086486 号

中级财务管理学

陈 玮 主编

责任编辑:植 苗
助理编辑:高小田
封面设计:杨红鹰
责任印制:封俊川

出版发行	西南财经大学出版社(四川省成都市光华村街 55 号)
网 址	http://www.bookcj.com
电子邮件	bookcj@foxmail.com
邮政编码	610074
电 话	028 - 87353785 87352368
印 刷	郫县犀浦印刷厂
成品尺寸	185mm × 260mm
印 张	18.25
字 数	350 千字
版 次	2011 年 6 月第 1 版
印 次	2016 年 1 月第 2 次印刷
印 数	3001— 4000 册
书 号	ISBN 978 - 7 - 5504 - 0268 - 3
定 价	33.80 元

1. 版权所有,翻印必究。

2. 如有印刷、装订等差错,可向本社营销部调换。

3. 本书封底无本社数码防伪标识,不得销售。

前　言

随着市场经济体制的不断完善，国际经济合作日益深入，新型的投资方式、投资对象等不断涌现。如何高效地使用有限的资金，使其快速、安全地增值，已经成为小到居民理财大到企业管理都十分关注的问题。"你不理财，财不理你"，只有掌握了现代财务管理的理论、方法和程序，在实践中不断地摸索、积累经验，才能最终实现价值的最大化。

本书是作者在广泛参阅了经济管理类相关教材的基础上，结合多年教学经历、心得体会，经多次磋商、修改而成。本书的特点主要有以下几个方面：①全书在讲述财务管理基本知识（资金时间价值及风险分析）的基础上，以财务管理内容为主线，依次讲述了筹资管理、投资管理、营运资金管理及收益分配管理等几大方面的内容，力求做到详略得当，体系全面；②各章以小贴士的方式穿插了知识背景、知识链接、知识要点延伸、概念对比等知识，以引起初学者的重视，帮助其掌握知识要点；③每章后均附有微型案例，新颖性、实用性强，借此帮助初学者利用各章所学知识点进行实际操作；④每章后的复习思考题包括单选、判断、名词解释、问答题及计算题等，形式多样，便于引起初学者的学习兴趣。

本书由陈玮主编，负责总体框架设计、大纲编写，进行写作组织与协调，对全书进行总纂，关雪梅、张莉、张静、张涛任副主编。各章撰写的具体分工为：洛阳理工学院张莉编写第一章、第三章；安阳工学院张涛编写第二章、第九章；太原师范学院张静编写第四章、第五章；黑龙江科技学院关雪梅编写第六章、第七章；洛阳理工学院陈玮编写第八章、第十章。

本书在编写过程中得到了西南财经大学出版社的大力支持和帮助，在此致以真诚的感谢。

限于作者的水平和时间仓促，书中难免存在不妥或疏漏之处，恳请读者批评指正，以便进一步修改完善！

编者

2011 年 6 月

MULU

目录

第一章 财务管理总论

学习目标

了解财务管理发展各阶段的主要特点以及企业财务活动与财务关系；理解财务管理的概念和内容；了解财务管理的目标；掌握财务管理的环节；了解财务管理的环境。

第一节 财务管理概述

一、财务管理的产生和发展

（一）财务管理的产生

15～16世纪，地中海沿岸一带的城市商业得到迅速发展，意大利的不少城市（如威尼斯）成为欧洲与近东之间的贸易中心。这些城市商业化的不断发展也促使了城市商业组织的出现，而这些商业组织为了扩大规模与实力，需要筹集更多的资金，在此情况下，各大城市商业组织开始邀请城市中的商人、贵族、官员甚至普通市民等出资入股，出资者的股份只可收回不可转让，同时这种入股形式受到地区官方的监督与控制。因此，这些商业组织虽然不是现代意义的股份有限公司，却存在股本的筹集与红利的分配等问题，这便是财务管理产生的萌芽。

随着资本的原始积累和城市商业化的进一步发展，生产规模和经营规模不断扩大，股份制的公司模式在世界许多国家逐渐得到应用和发展。特别是在第二次产业革命之后，制造业的迅速发展要求企业规模不断扩大，需要大量的资金。到了19世纪末20世纪初，公司普遍面临资本如何筹集、股票如何发行、资金如何投放、盈利如何分配等问题。于是，负责此项职能的财务管理部门在各个公司成立。由此，财务管理作为一项独立职能从企业管理中分离出来，这标志着专业化财务管理的产生。

（二）财务管理的发展

财务管理的发展，经历了筹资财务管理阶段、内部控制财务管理阶段、投资财务管理阶段和综合财务管理阶段。

1. 筹资财务管理阶段

20世纪初，资本主义世界的工业化浪潮纷至沓来，科学技术的发展一日千里，新行业不断涌现，企业生产规模不断扩大，股份制公司也得到迅速的发展，这就迫使企业必须尽快地筹集更多的资金以满足生产发展的需要。然而，那时的资本市场尚不成熟，会计信息也不可靠，法律体系还不健全，股票买卖中内幕交易严重，致使投资者对股票和债券等投资方式没有太大的信心，不愿购买股票和债券。筹资成为财务管理的重大难题。因此，这一阶段财务管理的重心就是如何利用股票、债券和其他证券来筹集外部资金。同时，由于企业也面临着不同的筹资方式，如何减少筹资风险、使筹资成本最小，也是该阶段的主要内容。

2. 内部控制财务管理阶段

20世纪20年代末30年代初，资本主义世界发生了全球性的经济危机，企业的经营环境非常险恶，倒闭浪潮风起云涌。这一严峻的客观现实迫使政府和企业都意识到：在日益残酷的国际国内市场竞争中，要维持企业的生存和发展，财务管理的主要问题不仅在于企业资金的筹集，更在于有效的资金控制。因此，筹资是企业发展的前提，但关键是企业的内部财务控制管理。自此，有效使用资金和加强企业内部财务控制，如资产负债表的现金、应收应付账款、存货、固定资产等科目成为企业财务管理人员的主要工作与研究目标。这一阶段的财务管理重心由筹资转向了财务分析、预测、计划等内部控制。

3. 投资财务管理阶段

第二次世界大战结束以后，随着企业经营的不断变化和发展，跨国公司增多，金融市场繁荣，资金运用日趋复杂，市场竞争更加激烈，加上通货膨胀的影响，使投资风险增加。人们开始发现，在企业资金充足、内部控制严格的情况下，一旦决策失误，则损失更大。资金运用效率和效益的提高与否，更大程度上取决于投资决策的成功与否，而非日常的财务管理与控制。因此，在这一阶段的财务管理活动中，投资活动成为各企业关注的焦点，企业中也涌现出了许多投资专家，投资决策受到了空前的重视：建立了合理的投资决策程序，形成了科学的投资决策指标体系，确定了有效的风险决策方法。

4. 综合财务管理阶段

20世纪70年代末，财务管理进入综合性管理阶段，并朝着国际化、精确化、电算化、网络化方向发展。主要表现在：①财务管理被视为企业管理的中心，资本运作被视为财务管理的中心。财务管理是通过价值管理这个纽带，将企业管理的各项工作有机地协调起来，综合反映企业生产经营各环节的情况。②20世纪70年代末80年代初，西方世界普遍遭遇了旷日持久的通货膨胀。严重的通货膨胀给财务管理带来了一系列前所未有的问题，因此通货膨胀财务管理一度成为新的热门领域。③20世纪80年代中后期以来，进出口贸易筹资、外汇风险管理、国际转移价格问题、国际投资分析、跨国公司财务业绩评估等，成为财务管理研究的热点，并由此产生了一门新的财务学分支——国际财务管理。④随着数学方法、应用统计、优化理论与电子计算机等先进方法和手段在财务管理中的应用，公司财务管理理论发生了一场"革命"。财务分析向精确方向飞速发展。20世纪80年代诞生了财务管理信息系统，90年代中期以来，计算机技术、电子通信技术和网络技术发展迅猛。财务管理的一场伟大革命——网络财务管理，已经悄然到来。

二、企业财务活动与财务关系

（一）企业财务活动

企业财务活动就是以现金收支为主的企业资金收支活动的总称，主要包括筹资活动、投资活动、日常经营活动和分配活动四个方面。

1. 筹资活动

企业实现生产经营的前提是拥有一定数量的资金，企业从各种渠道筹集资金，是资金运动的起点。筹集活动就是企业通过各种方式取得资金的活动。在筹资活动中，企业一方面要确定筹资的总规模，以保证投资所需要的资金；另一方面要通过筹资渠道、筹资方式或工具的选择，合理确定筹资结构，以降低筹资成本和风险，提高企业价值。这些都是财务管理的内容。

2. 投资活动

企业筹集了资金后，要使资金不断增值，就必须进行相应的投资。企业在投资过程中，必须考虑投资规模，即为确保获得最佳投资效益企业应投入多少资金；同时，企业还要通过投资方向和投资方式的选择，来确定合理的投资结构，以提高投资效益，降低投资风险。所有这些投资活动都是财务管理的内容。

3. 日常经营活动

企业将资金投放于生产经营活动后，会形成企业的各种资产，这些资产主要分为固定资产和流动资产。在企业日常经营中，对固定资产的管理一般是由使用部门负责。流动资产在企业经营中随着经营过程的进行不断变换其形态，其周转速度和使用效率直接影响企业的经营收益，对流动资产周转速度和使用效率的管理，一般称为企业营运资金的管理，这也是企业财务管理的主要内容。

4. 分配活动

企业在投资活动和日常经营活动中取得的收入，首先应补偿成本、支付借款利息，然后再依据现行法规及规章对剩余收益予以分配。随着分配过程的进行，资金或者退出或者留存企业，它必然会影响企业的资金运动，这不仅表现在资金运动的规模上，而且表现在资金运动的结构上，如筹资结构。因此，如何依据一定的法律原则，合理确定分配规模和分配方式，确保企业获得最大的长期利益，也是财务管理的主要内容之一。

（二）企业财务关系

企业财务关系是指企业在组织财务活动过程中与各有关方面发生的经济关系。企业的财务关系可概括为以下几个方面：

1. 企业与其所有者（股东）之间的财务关系

企业与其所有者（股东）之间的财务关系是投资与收益的关系，即企业的所有者（股东）向企业投入资金，企业向其所有者（股东）支付报酬所形成的经济关系。

2. 企业与其债权人之间的财务关系

企业与其债权人之间的财务关系主要是指企业向债权人借入资金，并按借款合同的规定按时支付利息和归还本金所形成的经济关系。

3. 企业与受资者之间的财务关系

企业与受资者之间的财务关系主要是指企业将其闲置资金以购买股票或直接投资的形式向其他企业投资所形成的经济关系。

4. 企业与其债务人之间的财务关系

企业与其债务人之间的财务关系主要是指企业将其资金以购买债券、提供借款或商业信用等形式出借给其他单位所形成的经济关系。

5. 企业内部各单位之间的财务关系

企业内部各单位之间的财务关系是指企业内部各单位之间在生产经营各环节中相互提供产品或劳务所形成的经济关系。

6. 企业与职工之间的财务关系

企业与职工之间的财务关系是指企业向职工支付劳动报酬过程中所形成的经济关系。

7. 企业与税务机关之间的财务关系

企业与税务机关之间的财务关系主要是指企业按税法规定依法纳税而与国家税务机关所形成的经济关系。

三、财务管理的概念和内容

财务管理是企业为了达到既定的经营目标，在国家法律法规允许的范围内，组织财务活动、处理财务关系的一项经济管理工作，是企业管理的一个重要组成部分。

财务管理的内容包括筹资决策、投资决策、营运资金管理和股利分配决策。

（一）筹资决策

筹资决策是指为了满足企业正常生产经营对资金的需要，在筹集资金时对筹资的途径、数量、时间、成本、风险和方案进行评价与选择，从而确定一个最优资金结构的分析判断过程。

筹资决策的主要内容包括：

（1）科学预测企业的资金需要量，合理安排企业的筹资时间。

（2）合理规划企业资金来源渠道：有企业外部资金来源和企业内部资金来源两条渠道。

（3）科学确立最佳的资金筹集方式：有权益资金筹集和债务资金筹集两种方式。

（4）确定权益资金或债务资金的种类：企业既可以通过向投资者吸收直接投资，发行股票或内部留存收益转增资本等方式筹集权益资金，也可以通过发行债券、向银行等金融机构借款、利用商业信用或融资租赁等方式筹集债务资金。

（5）努力降低企业筹集资金的成本费用，如降低举债支付的利息、证券发行费用、派发的股利、留存收益的机会成本、资金加权平均成本等。

（6）确定最佳资本结构。筹资决策的核心问题是确定企业的资本结构。资本结构决策的关键是确定企业资产负债率的高低和企业的股权结构。

（二）投资决策

投资决策是指投资者为了实现其预期的投资目标，运用一定的科学理论、方法和手段，通过一定的程序，对若干个可行的投资方案进行研究论证，从中选出最满意的投资方案的过程。

投资决策的主要内容包括：

（1）流动资产投资：从事现金、存货、短期有价证券、短期商业信用等项目的投资。

（2）固定资产投资：从事厂房或机器设备等项目投资。

（3）长期证券投资：如通过持有其他公司的股票、债券、政府债券等方式进行投资。

（4）编制各种项目投资预算和全面总和预算，确定企业的投资结构。

（5）评价企业的投资方案和选择可行的投资方案。

【小贴士】企业在做投资决策时，要尽量安排好各种投资的组合，并协调好风险与收益的均衡。在长期投资决策中，要重视货币时间价值和投资风险价值的计量。

（三）营运资金管理

营运资金管理是对企业流动资产及流动负债的管理。一个企业要维持正常的运转就必须要拥有适量的营运资金，因此，营运资金管理是企业财务管理的重要组成部分。要搞好营运资金管理，就必须解决好流动资产和流动负债两个方面的问题：

（1）企业应该投资多少在流动资产上，即资金运用的管理。主要包括现金管理、应收账款管理和存货管理。

（2）企业应该怎样来进行流动资产的融资，即资金筹措的管理。包括银行短期借款的管理和商业信用的管理。

可见，营运资金管理的核心内容就是对资金运用和资金筹措的管理。

（四）股利分配决策

股利分配决策也称利润分配决策，主要研究如何分配企业的税后净利润，即多少用于发放股利，多少留存在企业内部，作为企业的留存收益。

在进行股利分配决策时，既要考虑到股东对近期利益的要求，也要考虑到企业的长远发展。股利分配水平过低，会使股东短期利益得不到满足；而股利分配水平过高，又会使企业的留存收益过少，无法进行投资，不利于企业长期发展。同时，企业的财务人员还要考虑股利分配形式，即是采取现金还是股票的形式发放股利。股利分配形式将影响到股东的现金收入以及企业的现金流出。另外，随着分配过程的进行，资金的退出或留存企业，都必然会影响企业的资金运动。这不仅表现在资金的运动规模上，而且表现在资金的运动结构上，如筹资结构等。因此，在进行股利决策时，主要研究的内容包括：股东对分红的要求；企业发展对留存收益的要求；影响股利分配政策的各种具体因素；股利政策的连续性问题。

第二节　财务管理目标

一、财务管理目标的概念

财务管理目标是企业进行财务活动所要达到的目的，是评价企业财务活动是否合理的基本标准。财务管理目标直接反映着理财环境的变化，并根据环境的变化做适当的调整，它是财务管理理论体系中的基本要素和行为导向，是财务管理实践中进行财务决策的出发点和归宿。

二、财务管理的目标

目前，财务管理理论界和实务界对财务管理目标提出了许多不同的观点，具有代表性的财务管理目标主要有以下四种：

（一）利润最大化

利润最大化目标是指，假定在企业投资预期收益确定的情况下，财务管理行为将朝着有利于企业利润最大化的方向发展。利润最大化目标在我国和西方都曾是流传甚广的一种观点。从传统理念来说，利润最大化目标是合理的。其原因有三个：第一，人类的活动都是为了追求剩余产品，而剩余产品在市场经济条件下可以用利润来衡量，因此可以将其作为目标。第二，在自由竞争的资本市场中，资本使用权属于获利最大的企业，坚持这一目标有助于资源的最优配置。第三，企业追求利润最大化，可以使社会财富实现最大化。

但是，利润最大化目标也存在一些缺陷。第一，利润最大化概念含混不清：企业要实现的利润是短期利润还是长期利润？是税前利润还是税后利润？不同的利润概念其行为导向不同。第二，利润最大化目标没有考虑利润实现的时间，没有考虑资金时间价值。第三，利润最大化目标没考虑风险因素。第四，利润最大化目标没有考虑所获利润与资本额的关系。第五，利润最大化目标容易导致企业行为短期化。

（二）资本利润率最大化或每股利润最大化

这两个指标是利润最大化目标的演进。其中，资本利润率是利润额与资本额的比率。每股利润是利润额与普通股股数的比值。这里说的利润额是指净利润。所有者作为企业的投资者，其投资目标是取得资本收益，具体表现为净利润与出资额或股份数（普通股）的对比关系。这个目标的优点是把企业实现的利润额同投入的资本或股本数进行对比，能够说明企业的盈利水平，可以在不同资本规模的企业或同一企业不同期间之间进行比较，揭示其盈利水平的差异。但该指标仍然没有考虑资金时间价值和风险因素，也不能避免企业的短期行为。

（三）股东财富最大化

股东财富最大化是指通过财务上的合理经营，为股东带来最多的财富。在股份制企业中，股东财富由其所拥有的股票数量和股票市场价格两方面来决定。在股票数量一定时，当股票价格达到最高时，则股东财富也达到最大。所以，股东财富最大化，又演变为股票价格最大化。

股东财富最大化目标有其积极的方面：第一，股东财富最大化目标考虑了风险因素，因为风险的高低，会对股票价格产生重要影响。第二，股东财富最大化目标能一定程度地克服企业在追求利润上的短视行为，反映了资产保值增值的要求。因为不仅目前的利润会影响股票价格，预期未来的利润对企业股票价格也会产生重要影响。第三，股东财富最大化目标比较容易量化，便于考核和奖惩。

但是，股东财富最大化目标也有其不足的地方。第一，它只适用于上市公司，非上市公司很难适用。第二，它只考虑了股东的利益，而忽视了企业其他利益相关者的利益。第三，股票价格受多种因素影响，并非都是公司所能控制的，把不可控制的因素引入理财目标是不合理的。

（四）企业价值最大化

企业价值最大化是指，企业采用最优的财务政策，充分考虑资金的时间价值和风险与报酬的关系，在保证企业长期稳定发展的基础上使企业总价值达到最大。所谓企业总价值是指企业全部资产的市场价值，即股票与负债市场价值之和。企业价值最大化在股份制企业里体现为股东财富最大化，在非股份制企业里，体现为企业投资者财富最大化。

企业价值最大化目标具有以下优点：第一，企业价值最大化目标考虑了取得报酬的时间因素，并用货币时间价值原理进行了科学的计量。第二，企业价值最大化目标科学地考虑了风险与报酬之间的联系，有利于合理选择投资方案，有效筹措资金，合理制定股利政策等。第三，企业价值最大化目标能克服企业在管理上的片面性短期行为。第四，企业价值最大化目标有利于社会资源合理配制，社会资金通常流向企业价值最大化的企业或行业，有利于实现社会效益最大化。

但是，企业价值最大化目标也存在一定的问题：第一，在股票上市企业，企业价值 = 每股价格 × 发行股数。因此，在发行股数确定的情况下，企业虽然可以通过每股价格的变动揭示企业价值，但每股价格受多种因素影响，不好确定。第二，为了控股或稳定购销关系，有不少现代企业采用环形持股的方式，相互持股。法人股东对股票市价的敏感程度远不及个人股东，对股价最大化目标没有足够的兴趣。第三，对于非股票上市企业，企业价值 = 未来每年收益折现之和，但未来年收益的折现值一般要通过专家的评估。而在评估企业的资产时，由于受评估标准和评估方式的影响，这种估价不易做到客观和准确，这也导致企业价值确定的困难。

三、影响企业财务管理目标实现的因素

（一）投资报酬率

投资报酬率是指企业通过投资而获得的价值，是企业从一项投资性商业活动的投资中得到的经济回报。在风险相同的情况下，投资报酬率可以体现股东财富。股东财富的大小要看投资报酬率，而不是盈利总和。

（二）风险

任何决策都有风险，决策时要权衡风险和报酬，不能只考虑每股盈余，不考虑风险。风险与可望得到的报酬相称时，其方案才是可取的。

（三）投资项目

投资项目是决定企业投资报酬率和风险的首要因素。企业在做出投资决策之前，必须加强对投资项目的选择和评估。

（四）资本结构

资本结构是所有者权益与负债的比值。资本结构会影响企业的投资报酬率和风

险。一般情况下，当企业的借款利率低于其投资报酬率时，通过借款取得短期资金会提高企业预期的每股盈余。但同时也会扩大预期每股盈余的风险。因为一旦情况发生变化，使投资报酬率低于借款利率，则负债会使每股盈余减少，甚至导致企业破产。

（五）股利政策

股利政策是指在每股盈余中，股东分红和留存资金的比例。它也是影响企业投资报酬率和风险的重要因素。因为如果减少分红，增加留存收益，虽然会提高企业未来的投资报酬率，但再投资的风险比立即分红要大。因此，企业在制定股利政策时，要考虑协调好股东的当前利益和长远利益之间的关系。

四、股东、经营者和债权人的矛盾与协调

企业的股东和债权人都为企业提供了财务资源，但是他们都身处于企业的外部，只有经营者即管理当局在企业内部直接从事财务管理工作。股东、经营者和债权人之间构成了企业最重要的财务关系，但他们三者的财务管理目标并不是完全一致的，他们都会为实现各自的目标而努力，从而他们之间有可能会产生一些利益冲突，不利于企业价值最大化目标的实现。因此，企业必须协调好这三个方面的利益冲突，才能实现企业财务管理的目标。

（一）股东与经营者之间的矛盾与协调

1. 经营者的目标

由于公司所有权与控制权的分离，形成了股东与经营者之间的委托代理关系。股东将资金投向企业，其目标是使企业财富最大化，并千方百计地要求经营者以最大的努力去完成这个目标。从理论上讲，作为代理人的经营者应该按照其委托人（股东）的最大利益行事，但是，经营者是最大合理效用的追求者，其具体行为目标与委托人并不一致。经营者的目标是：第一，增加报酬；第二，增加闲暇时间；第三，避免风险。

2. 股东与经营者之间的矛盾

经营者的目标和股东不完全一致，经营者有可能会为了自身的目标而与股东产生矛盾。股东与经营者之间的矛盾主要表现在两个方面：第一，道德风险。经营者为了自己的目标，不是尽最大努力去实现企业财务管理的目标和维护股东的利益。他们没有必要为提高股价而冒险，股价上涨的好处将归于股东，如若失败，他们的"身价"将下跌。它们不会去做什么错事，但也不会十分卖力，不求有功，只求无过，即使企业的效益没有得到最好的实现，股东也很难追究他们的责任。第二，逆向选择。经营者为了达到自己的目标，可能会损害股东的利益。例如，他们可能会将办公室、会议室进行豪华装修，为自己配置高档汽车，以工作的名义请客送礼，

甚至蓄意压低公司股价然后以自己的名义买入等，这些行为都会使股东的利益受损。

3. 股东与经营者之间矛盾的协调

针对股东与经营者之间的矛盾，股东可以通过以下措施来协调：第一，监督措施。经营者之所以能够做出违背股东目标的事情，主要是因为经营者了解的信息比股东多。避免"道德风险"和"逆向选择"的出路是股东获取更多的信息，对经营者进行监督。股东可以通过聘请注册会计师对公司财务报表进行审计，委派财务监事等手段对经营者进行监督，尽可能地把握经营者的财务经营状况和信息。然而在实际工作中，由于要受到企业成本的限制，股东并不能事事都对经营者进行监督，监督只能是减少经营者违背股东意愿的行为，并不能完全解决问题。第二，激励措施。股东可以采取激励的手段，通过使经营者分享企业增加的财富来鼓励他们努力实现企业价值最大化的目标。例如，企业盈利率提高或股票价格提高后，给经营者以现金、股票奖励。支付报酬的方式和数量大小有多种选择。报酬过低，不足以激励经营者，股东不能获得最大的利益；报酬过高，股东付出的激励成本过大，也不能实现自己的最大利益。因此，激励措施可以减少经营者违背股东意愿的行为，但也不能解决全部问题。通常，股东同时采用监督和激励两种办法来协调自己和经营者的目标。尽管如此仍不可能使经营者完全按股东的意愿行动，监督成本、激励成本和偏离股东目标的损失之间此消彼长，相互制约。股东要权衡轻重，力求找出能使三者之和最小的解决办法，它就是最佳解决方案。

（二）股东与债权人之间的矛盾与协调

1. 债权人的目标

当公司向债权人借入资金后，两者也形成一种委托代理关系。公司借款的目的是用它扩大经营，投入有风险的生产经营项目；债权人把资金交给企业，其目标是到期时收回本金，并获得约定的利息收入，两者的目标并不一致。

2. 股东与债权人之间的矛盾

债权人将资金借给企业之后，就失去了对资金的控制权，股东可以通过经营者为了自身利益而伤害债权人的利益。常用的方式有：第一，股东不经债权人的同意，投资于比债权人预期风险要高的新项目。如果高风险的计划侥幸成功，超额的利润归股东独有；如果计划不幸失败，公司无力偿还，债权人与股东将共同承担由此造成的损失。尽管《中华人民共和国破产法》（以下简称《破产法》）规定，债权人先于股东分配破产财产，但多数情况下，破产财产不足以偿债。所以，对债权人来说，超额利润肯定拿不到，发生损失却有可能要分担。第二，股东为了提高公司的利润，不征得债权人的同意而迫使管理当局发行新债券，致使旧债券的价值下降，使旧债权人蒙受损失。旧债券价值下降的原因是发行新债后公司负债比率加大，公司破产的可能性增加，如果企业破产，旧债权人和新债权人要共同分配破产后的财产，使旧债券的风险增加、价值下降。尤其是不能转让的债券或其他借款，债权人没有出售债权来摆脱困境的出路，其处境更加不利。

3. 股东与债权人之间矛盾的协调

债权人为了防止其利益受到伤害，除了寻求立法保护，如破产时优先接管、优先于股东分配剩余财产等外，通常采取以下措施：第一，在借款合同中加入限制性条款，如规定资金的用途，规定不得发行新债或限制发行新债的数额。第二，发现公司有剥夺其财产意图时，拒绝进一步合作，不再提供新的借款或提前收回借款。

第三节　财务管理环节

财务管理的环节是指财务管理工作的各个阶段，是企业实现财务管理目标、完成财务管理任务所采取的各种技术和手段。财务管理的基本环节有：财务预测、财务决策、财务计划、财务控制和财务分析。这些管理环节互相配合，紧密联系，形成周而复始的财务管理循环过程，构成完整的财务管理工作体系。

（一）财务预测

财务预测是根据有关的历史资料、现实条件和未来的要求，运用科学方法，对企业未来的财务活动和财务成果进行预计和测算。财务预测的目的是为财务决策和财务计划提供科学的依据。财务预测的内容包括资金来源和运用的预测、成本预测、销售收入预测和利润预测。

【小贴士】财务预测环节是在前一个财务管理循环基础上进行的，运用已取得的规律性的认识指导未来。它既是两个管理循环的连接点，又是财务决策环节的必要前提。

财务预测环节包括以下一些工作步骤：

1. 明确预测对象和目的

为了达到预期的效果，必须根据管理决策的需要，规定预测的范围，明确预测的具体对象和目的，如降低成本、增加利润、加速资金周转、安排设备投资等。

2. 搜集和整理预测资料

根据预测的对象和目的，要广泛搜集有关的资料。对资料要检查其可靠性、完整性和典型性，排除偶然性因素的干扰，还应对各项指标进行归类、汇总、调整等加工处理，使资料符合预测的需要。

3. 选择预测模型

根据影响预测对象的各个因素之间的相互联系，选择相应的财务预测模型。常见的财务预测模型有时间序列预测模型、因果关系预测模型和回归分析预测模型等。

4. 实施财务预测

将经过加工整理的资料进行系统的研究，代入财务预测模型，采用适当预测方法，进行定性、定量分析，确定预测结果。

（二）财务决策

财务决策是指根据企业的理财目标，财务人员在科学的财务预测基础上，对企业若干个可供选择的备选方案进行计算、分析、评价和选优的过程。财务决策包括筹资决策、投资决策、收益分配决策以及生产经营中的资金使用和管理的决策等。

财务决策环节包括以下一些工作步骤：

1. 确定决策目标

根据企业经营目标，在调查研究财务状况的基础上，确定财务决策所要解决的问题。

2. 拟订备选方案

在预测未来有关因素的基础上，提出为达到财务决策目标而考虑的各种备选的行动方案。

3. 评价各种方案，选择最优方案

备选方案提出后，根据一定的评价标准，采用有关的评价方法，评定出各方案的优劣或经济价值，从中选出一个预期效果最佳的财务决策方案。

（三）财务计划

财务计划是运用科学的技术和方法，对财务管理的目标进行综合分析，制订主要计划指标，拟订增产节约措施和协调各项工作等的计划与安排。企业财务计划一般包括资金筹集计划、固定资产增减变动和折旧计划、流动资金及其周转计划、成本费用计划、利润和利润分配计划、对外投资计划等。财务计划是企业以财务决策确定的方案和财务预测提供的信息为基础来编制的，同时又是企业进行日常财务管理和实行财务控制的依据。

编制财务计划要做好以下工作：

1. 分析主客观条件，确定主要计划指标

按照国家产业政策和企业财务决策的要求，根据"供产销"条件和企业生产能力，运用各种科学方法，分析与确定的经营目标有关的各种因素，按照总体经济效益的原则，确定出主要的计划指标。

2. 安排生产要素，组织综合平衡

要合理安排人力、物力、财力，使之与经营目标的要求相适应，在财力平衡方面，要组织流动资金和固定资金的平衡、资金运用和资金来源的平衡、财务支出和财务收入的平衡等。

3. 编制计划表格，协调各项计划指标

以经营目标为核心，以平均先进定额为基础，计算企业计划期内资金年占用、成本、利润等各项计划指标，制订财务计划表，并检查、核对各项有关计划指标是否密切衔接、协调平衡。

（四）财务控制

财务控制是以财务制度、计划、定额等为依据，对资金收支、占用、耗费等进行日常的计算和审核，利用特定手段对各单位财务活动进行调节，以实现计划规定的财务目标，提高经济收益。实行财务控制是落实计划任务、保证计划实现的有效措施。

财务控制要适应管理定量化的需要，抓好以下几项工作：

1. 制定标准

按照责、权、利相结合的原则，将计划任务以标准或指标的形式分解落实到车间、科室、班组以至个人，即通常所说的指标分解。这样，企业内部每个单位、每个职工都有明确的工作要求，便于落实责任，检查考核。

2. 执行标准

对资金收付、费用的支出、物质的占用等，要运用各种手段（如限额领料单、费用控制手册、流通券、内部货币等）进行事先控制。凡是符合标准的，就予以支持，并给以机动权限；凡是不符合标准的，则加以限制，并研究处理。

3. 确定差异

按照"干什么，管什么，就算什么"的原则，详细记录指标执行情况，将实际同标准进行对比，确定差异的程度和性质。

4. 消除差异

深入分析差异形成的原因，确定造成差异的责任归属，采取切实有效的措施，调整实际过程（或调整标准），消除差异，以便顺利实现计划指标。

5. 考核奖惩

在一定时期终了，企业应对各责任单位的计划执行情况进行评价，考核各项指标的执行结果，把分解的指标考核纳入经济责任制，运用激励机制，实行奖优惩劣。

（五）财务分析

财务分析是以会计核算提供的资料为依据，对企业财务活动的过程和结果进行评价与剖析的工作。

财务分析的一般程序是：

1. 搜集资料，掌握情况

开展财务分析首先应充分占有有关资料和信息。财务分析所用的资料通常包括财务报告等实际资料、财务计划资料、历史资料及市场调查资料。

2. 指标对比，揭露矛盾

财务分析要在充分占有资料的基础上，通过数量指标的对比来评价业绩，发现问题，找出差异，揭露矛盾。

3. 因素分析，明确责任

进行因素分析，就是要查明影响财务指标完成的各项因素，并从各种因素的相互作用中找出影响财务指标完成的主要因素，以便分清责任，抓住关键。

4. 提出措施，改进工作

要在掌握大量资料的基础上，去伪存真，去粗取精，由此及彼，由表及里，找出各种财务活动之间以及财务活动同其他经济活动之间的本质联系，然后提出改进措施。通过改进措施的落实，完善经营管理工作，推动财务管理发展到更高水平的循环。

第四节　财务管理环境

财务管理环境又称理财环境，是指对企业财务管理活动产生影响作用的内外各种条件和因素的泛称。财务管理环境涉及的范围很广，其中最重要的是经济环境、法律环境、金融市场环境和社会文化环境。经济环境影响企业财务的规模和质量，法律环境制约企业的财务行为，金融市场环境影响企业财务的内容和活动形式，社会文化环境也对企业的理财活动有一定的影响。

（一）经济环境

财务管理的经济环境是指对财务管理产生影响的一些经济因素，其中主要的因素有经济周期、经济体制、经济政策、经济发展水平和通货膨胀等。

1. 经济周期

在市场经济条件下，经济发展与运行带有一定的波动性，大体上经历复苏、繁荣、衰退和萧条几个阶段的循环，这种循环叫做经济周期。企业的理财活动都要受这种经济波动的影响，如在萧条阶段，由于整个宏观环境不景气，企业很可能处于紧缩状态之中，产量和销售量下降，投资锐减，有时资金短缺，有时又会出现闲置资金。在繁荣阶段，市场需求旺盛，销售大幅度上升，企业为了扩大生产，就要扩大投资，以增添机器设备、存货和劳动力，这就要求财务人员迅速筹集所需资金。因此，企业财务人员必须认识到经济周期的影响，掌握在经济发展波动中的理财本领。

2. 经济体制

经济体制改革之前，我国国有企业大都是集权管理体制，几乎没有什么自主决策权。经济体制改革以后，尤其是国有企业转换企业经营机制条例的颁布，赋予了企业更多的自主权和决策权。企业经营方式和组织形式的发展变化，给企业财务决策提出了许多新课题，如承包制、租赁制、两权分离、股份制及多种经营方式等的出现，要求企业在财务决策中，研究承包基数、盈亏临界点、利润分配、债权债务处理和股票发行等问题。经济体制的变革使得企业财务管理活动的内容更加丰富，方式也更加复杂多样。可见，财务决策必须和特定的经济体制环境相联系。

3. 经济政策

我国政府具有较强的调控宏观经济的职能，其制定的各项经济政策以及进行的财税体制、金融体制、外汇体制、外贸体制、计划体制、价格体制、投资体制、社会保障制度等项改革，深刻地影响着我国的经济生活，也对企业的发展和财务活动产生重大影响。

4. 经济发展水平

经济发展的水平影响着企业财务管理水平，经济发展水平越高，企业财务管理水平也越高。

5. 通货膨胀

通货膨胀不仅对消费者不利，给企业理财也带来了很大的困难。在持续的通货膨胀时期，企业资金占用增加，利息上升，筹资困难，资金成本上升，利润虚增。企业财务人员为了实现期望的报酬率，减少损失，稳定经营，就应当采取措施予以防范和解决。

（二）法律环境

财务管理的法律环境是指企业和外部发生经济关系时所应遵守的各种法律、法规和规章。影响财务管理的法律环境因素主要有企业组织法律规范、税务法律规范和财务法律规范。

1. 企业组织法律规范

企业组织必须依法成立。组建不同的企业，要依照不同的法律规范。它们包括《中华人民共和国公司法》（以下简称《公司法》）、《中华人民共和国全民所有制工业企业法》、《中华人民共和国外资企业法》、《中华人民共和国中外合资经营企业法》、《中华人民共和国中外合作经营企业法》、《中华人民共和国个人独资企业法》、《中华人民共和国合伙企业法》等。

【小贴士】《公司法》是公司企业财务管理最重要的强制性规范，公司的理财活动不能违反该法律，公司的自主权不能超出该法律的限制。

从财务管理来看，非公司企业与公司企业有很大的不同。非公司企业的所有者，包括独资企业的业主和合伙企业的合伙人，要承担无限责任。他们占有企业的盈利（或承担损失），一旦经营失败必须抵押其个人的财产，以满足债权人的要求。公司企业的股东承担有限责任，经营失败时其经济责任以出资额为限，无论股份有限公司还是有限责任公司都是如此。

2. 税务法律规范

任何企业都有法定的纳税义务。税负是企业财务支出的一种费用，会增加企业的现金流出，对企业财务管理有重要影响。企业都希望在不违反税法的前提下减少税务负担。税负的减少，只能靠投资、筹资和利润分配等财务决策时的精心安排和筹划，而不允许在纳税行为已经发生时去偷税漏税。精通税法对财务主管人员有重要意义。

我国现行的税收制度是 1994 年税制改革形成的，目前共设有 24 个税种，其中工商税种有 18 个。税收按其性质和作用大致可以分为以下几类：①流转税类。流转税是指对纳税人在商品生产、流通和提供劳务过程中的商品流转额或营业额所征收的税，主要在生产、流通或服务业发挥调节作用。流转税主要包括增值税、消费税、营业税等。②所得税类。所得税是指对纳税人所得额征收的税，主要是在国民收入形成之后，对生产经营者的利润和个人的纯收入发挥调节作用。所得税主要包括企业所得税、外商投资企业和外国企业所得税、个人所得税三种。③其他税类。除了流转税和所得税类之外，税法还会对其他一些财产对象征税。主要有资源税、印花税、关税和土地增值税等。

3. 财务法律规范

财务法律规范是对企业财务活动进行规范，并对企业财务关系进行协调的法律规范。我国目前企业财务法律规范，主要有三个层次：企业财务通则、分行业的财务制度和企业内部财务管理办法。

（1）企业财务通则。经国务院批准由财政部发布的《企业财务通则》，于 1994 年 7 月 1 日起施行。它是各类企业进行财务活动、实施财务管理必须遵循的基本规范，对其他财务法律制度起统帅作用。它围绕着与企业设立、经营、分配和重组过程中的财务活动，对资金筹集、资产运营、成本控制和收益分配等财务活动进行组织、协调、控制、监督和评价；界定国家、投资者与经营者之间的财务管理职权和责任，促进企业完善内部治理结构；适应市场经济发展对企业财务管理的要求，拓宽财务管理领域，关注企业重组、财务风险、财务信息等内容。

（2）分行业的财务制度。分行业的财务制度是根据《企业财务通则》的规定，为适应不同行业的特点和管理要求，由财政部制定的行业规范。目前已制定了工业、运输、邮电通信、农业、商品流通、金融保险、旅游和饮食服务、施工和房地产开发、电影和新闻出版、对外经济合作等 10 多个行业的财务制度。

（3）企业内部财务管理办法。企业内部财务管理办法是企业根据内部管理的需要，依据企业财务通则和行业财务制度制定的，一般包括资本金管理制度、资本管理制度、资产管理制度、成本管理制度、利润分配管理制度、财务分析与考核制度等。它能使企业建立财务管理的秩序，增加经济收益，避免损失浪费，增强企业的活力。这是企业作为独立的商品生产经营者的需要，是转换企业经营机制的需要。

（三）金融市场环境

金融市场是指资金筹集的场所。广义的金融市场是指一切资本流动的场所，包括实物资本和货币资本的流动。广义金融市场的交易对象包括货币借贷、票据承兑和贴现、有价证券的买卖、黄金和外汇买卖、办理国内外保险、生产资料的产权交换等。狭义的金融市场一般是指有价证券市场，即股票和债券的发行和买卖市场。

1. 金融市场对财务管理的作用

（1）金融市场是企业筹资和投资的场所。企业需要资金时，可以到金融市场选择自己需要的方式筹资；企业有了多余的资金，也可以选择各种投资方式进行投资。

（2）企业通过金融市场使长期资金与短期资金相互转化。企业持有的股票和债券等长期投资，在金融市场上可以随时变现，成为短期资金；远期票据也可以通过贴现，变为现金；大额可转让定期存单，也可以在金融市场卖出，成为短期资金。相应地，短期资金也可以在金融市场上转变为股票、债券等长期金融资产。

（3）金融市场为企业财务管理提供有用的信息。金融市场的利率变动，反映了资金的供求情况；有价证券市场的行情反映了投资人对企业经营状况和盈利水平的评价。金融市场的有关信息是企业筹资和投资决策的重要依据。

2. 金融市场的分类

（1）按交易的期限划分为短期资金市场和长期资金市场。短期资金市场是指期限不超过一年的资金交易市场，因为短期有价证券易于变成货币或作为货币使用，所以也叫货币市场。长期资金市场是指期限在一年以上的股票和债券交易市场，因为发行股票和债券主要用于固定资产等资本货物的购置，所以也叫资本市场。

（2）按交割时间划分为现货市场和期货市场。现货市场是指买卖双方成交后，当场或几天之内买方付款、卖方交出证券的交易市场。期货市场是指买卖双方成交后，在双方约定的未来某一特定的时日才交割的交易市场。

（3）按交易的性质分为发行市场和流通市场。发行市场是指从事新证券和票据等金融工具买卖的转让市场，也叫初级市场或一级市场。流通市场是指从事已上市的旧证券或票据等金融工具买卖的转让市场，也叫次级市场或二级市场。

（4）按交易的直接对象分为同业拆借市场、国债市场、企业债券市场、股票市场和金融期货市场等。

3. 金融市场的组成

金融市场由主体、客体和参加人组成。主体是指银行和非银行金融机构，它们是金融市场的中介机构，是连接筹资人和投资人的桥梁。客体是指金融市场上的买卖对象，如商业票据、政府债券、公司股票等各种信用工具。金融市场的参加人是指客体的供给者和需求者，如企业、事业单位、政府部门、城乡居民等。

4. 金融市场的利率构成

我国的利率分为官方利率和市场利率。官方利率是政府通过中央银行确定公布、并且各银行都必须执行的利率，主要包括中央银行基准利率、金融机构对客户的存贷款利率等。市场利率是金融市场上资金供求双方竞争形成的利率，随资金供求状况而变化，主要包括同业拆借利率、国债二级市场利率等。市场利率要受官方利率的影响，官方在确定利率时也要考虑市场供求状况，一般说来，两者并无显著脱节的现象。

在金融市场上，利率是资金使用权的价格。一般来说，金融市场的利率受到以下因素影响：

（1）纯粹利率。纯粹利率是指在预期通货膨胀率为零时，无风险证券的平均利率。它代表真实的无风险报酬率，可以被视为短期国库券在一个无通货膨胀的世界中提供给投资者的利率。纯粹利率的高低，受平均利润率、资金供求关系和国家调节的影响。

（2）通货膨胀附加率。通货膨胀附加率是指由于持续的通货膨胀会不断降低货币的实际购买力，为补偿其购买损失而要求提高的利率。当发生通货膨胀时，投资者把资金交给借款人时，会在纯粹利率的水平上再加上通货膨胀附加率，以弥补通货膨胀造成的购买力损失。

（3）变现力附加率。各种有价证券的变现力是不同的。政府证券和大公司的股票容易被人接受，投资人随时可以出售以收回投资，变现力很强；与此相反，一些小公司的债券鲜为人知，不易变现，投资人要求变现力附加率（提高利率 1% ~ 2%）作为补偿。

（4）违约风险附加率。提供资金的人将款项给了借款人后，其所承担的借款人未能按时支付利息或未如期偿还贷款本金的风险，叫做违约风险。违约风险越大，投资人要求的利率报酬越高。债券评级，实际上就是评定违约风险的大小。信用等级越低，违约风险越大，要求的利率越高。

（5）到期风险附加率。到期风险附加率是指因到期时间长短不同而形成的利率差别。到期时间越长，市场利率变化的可能性越大，利率变动导致证券价格波动，使投资者遭受损失的可能性也越大。到期风险附加率是对投资者承担利率变动风险的一种补偿。

（四）社会文化环境

社会文化环境是指人们在特定的社会环境中形成的习俗观念、价值观念、行为准则和教育程度以及人们对经济、财务的传统看法等。社会文化环境包括教育、科学、文学、艺术、新闻出版、广播电视、卫生体育、世界观、习俗以及同社会制度相适应的权利义务观念、道德观念、组织纪律观念、价值观念和劳动态度等。财务管理与一定的社会文化有着密切关系，一定时期社会文化教育对财务管理的影响是具体和实在的。它影响到财务管理人员的水平、职业素质、职业道德和社会地位，影响到财务管理所运用的语言、文字和计量工具的先进程度，从而最终影响到财务管理理论的研究和实践的发展。

本章小结

财务管理是企业为了达到既定的经营目标，在国家法律法规允许的范围内，组织财务活动、处理财务关系的一项经济管理工作，是企业管理的一个重要组成部分。财务管理的内容包括筹资决策、投资决策、营运资金管理和股利分配决策。

财务管理目标是企业进行财务活动所要达到的目的，是评价企业财务活动是否合理的基本标准。财务管理的目标主要有四个：利润最大化、资本利润率最大化或每股利润最大化、股东财富最大化、企业价值最大化。

财务管理的环节是指财务管理工作的各个阶段，是企业实现财务管理目标，完成财务管理任务所采取的各种技术和手段。财务管理的基本环节有：财务预测、财务决策、财务计划、财务控制和财务分析。

企业的财务管理环境又称理财环境，是指对企业财务管理活动产生影响作用的企业内外各种条件和因素的泛称，其中最重要的财务管理环境是经济环境、法律环境、金融市场环境和社会文化环境。

复习思考题

1. 财务管理的发展经历了哪几个阶段？
2. 什么是财务关系？企业应如何正确处理与各方面的财务关系？
3. 试述财务管理的概念及其基本内容。
4. 财务管理的目标是什么？
5. 股东财富最大化目标的优点与不足有哪些？
6. 什么是企业价值最大化目标？为什么企业财务管理应以价值最大化为目标？
7. 如何协调股东和经营者在财务目标上的矛盾？
8. 财务管理的环节有哪些？各自的内容是什么？

9. 什么是财务管理的环境？重要的财务管理环境因素有哪些？

10. 简述金融市场的分类及利率构成因素。

案例分析

韩国大宇集团的解体

大宇集团于 1967 年开始奠基建厂，其创办人金宇中当时是一名纺织品推销员。经过 30 年的发展，大宇集团已成为直逼韩国最大企业——现代集团的庞大商业帝国。

据报道，1993 年金宇中提出"世界化经营"战略时，大宇集团在海外的企业只有 15 家，而到 1998 年年底已增至 600 多家，"等于每 3 天增加一个企业"。

1997 年年底韩国发生金融危机后，其他企业集团都开始收缩，但大宇集团仍然我行我素，结果债务越背越重，尤其是 1998 年年初，韩国政府提出"五大企业集团进行自律结构调整"方针后，其他集团把结构调整的重点放在改善财务结构方面，努力减轻债务负担。大宇却认为，只要提高开工率，增加销售额和出口就能躲过这场危机。因此，它继续大量发行债券，进行"借贷式经营"。

此后，在严峻的债务压力下，大梦方醒的大宇集团虽然做出了种种努力，但为时已晚。1999 年 8 月 16 日，大宇集团与债权人达成协议，在 1999 年年底前，将出售盈利最佳的大宇证券公司以及大宇电器、大宇造船、大宇建筑公司等，大宇的汽车项目资产免遭处理。"8 月 16 日协议"的达成，表明大宇已处于破产清算前夕，遭遇"存"或"亡"的险境。由于在此后的几个月中，经营依然不善，资产负债率仍然居高，大宇最终不得不走向解体。

思考题：

从财务管理的角度分析大宇集团解体的原因，从中可以得出哪些经验与教训？

第二章　资金时间价值与风险分析

学习目标

　　要求通过本章的学习，对资金时间价值和风险报酬这两个观念有一个全面、深刻的理解和掌握。包括资金时间价值的含义和计算、风险和风险报酬的定义及衡量、β系数的含义、风险和报酬率的关系。

第一节　资金时间价值

一、资金时间价值的含义

　　资金时间价值是指，一定量资金在不同时点上的价值量的差额。众所周知，在商品经济条件下，即使不存在通货膨胀，等量资金在不同时点上的价值量也不相等，今天的1元钱和将来的1元钱不等值，前者要比后者的经济价值大。比如，若银行存款年利率为10%，将今天的1元钱存入银行，一年以后就会是1.10元。可见，经过一年时间，这1元钱发生了0.10元的增值，今天的1元钱和一年后的1.10元钱等值。资金在使用过程中随时间的推移而发生的增值，即为资金的时间价值。

　　【小贴士】有了时间价值观念，我们要明白不同时点上的资金不具有可加性，需要根据货币时间价值原理将不同时点上资金换算到同一个时点上，然后才能进行加减运算。

　　通常情况下，资金的时间价值被认为是没有风险和没有通货膨胀条件下的社会平均资金利润率，这是利润平均化规律作用的结果。有关时间价值的计算方法同有关利息的计算方法相同，因而时间价值与利率容易被混为一谈。实际上，财务管理活动总是或多或少地存在风险，而通货膨胀也是市场经济中客观存在的经济现象。因此，利率不仅包含时间价值，而且也包含风险价值和通货膨胀的因素。只有在购买国库券等政府债券时几乎没有风险，如果通货膨胀率很低的话，政府债券利率可视同时间价值。

【小贴士】要注意不是所有货币都有时间价值，只有把货币作为资本投入生产经营过程才能产生时间价值。

二、资金时间价值的计算

反映资金的时间价值有两种形式，即终值和现值。

（一）一次性收付款项的终值与现值

在某一特定时点上一次性支付（或收取），经过一段时间后再相应地一次性收取（或支付）的款项，即为一次性收付款项。这种性质的款项在日常生活中十分常见，比如存入银行一笔现金 100 元，年利率为复利 10%，经过 3 年后一次性取出本利和 133.10 元，这里所涉及的收付款项就是属于一次性收付款项。

终值又称将来值，是现在一定量现金在未来某一时点上的价值，又称本利和。在上例中，3 年后的本利和为 133.10 元。

现值又称本金，是指未来某一时点上的一定量现金折合到现在的价值。如上例 3 年后的 133.10 元折合到现在的价值 100 元，这 100 元即为现值。

终值与现值的计算涉及利息计算方式的选择。目前有两种利息计算方式，即单利和复利。单利方式下，每期都按初始本金计算利息，当期利息不计入下期本金，计算基础不变。复利方式下，以当期末本利和为计息基础计算下期利息，即利上加利。现代财务管理中一般用复利方式计算终值和现值，因此也有人称一次性收付款的现值和终值为复利现值和复利终值。

1. 单利的终值和现值

为便于同后面介绍的复利计算方式相比较，加深对复利的理解，这里先介绍单利的有关计算。为计算方便，先设定如下符号标示：

I 为利息；P 为现值；F 为终值；i 为每一利息期的利率（折现率）；n 为计算利息的期数。

按照单利的计算法则，利息的计算公式为：

$$I = P \cdot i \cdot n \qquad (2.1)$$

【例 2-1】某人持有一张带息票据，面额为 2 000 元，票面利率 5%，出票日期为 8 月 12 日，到期日为 11 月 10 日（90 天）。则该持有者到期可得到利息为：

$$I = 2\ 000 \times 5\% \times 90/360 = 25 \text{（元）}$$

除非特别指明，在计算利息时，给出的利率均为年利率，对于不足一年的利率，以一年等于 360 天来折算。

单利终值可依照如下公式计算：

$$F = P + P \cdot i \cdot n = P\ (1 + i \cdot n) \qquad (2.2)$$

【例 2 - 2】设 P 为 100 元，i 为 10%，n 为 3，则单利方式下各期终值为：

$$F_1 = 100 \times\ (1 + 10\%)\ = 110\ (元)$$

$$F_2 = 100 \times\ (1 + 2 \times 10\%)\ = 120\ (元)$$

$$F_3 = 100 \times\ (1 + 3 \times 10\%)\ = 130\ (元)$$

可以看出，第一期的利息为 10 元，到第二期，利息是 10 元的二倍，即 20 元。也就是说，第二期的利息仍按原始本金 100 元计算，而不按第一期的本利和 110 元计算。

单利现值的计算同单利终值的计算是互逆的，由终值计算现值称为折现。将单利终值计算公式变形，即得单利现值的计算公式为：

$$P = F/\ (1 + i \cdot n) \qquad (2.3)$$

【例 2 - 3】某人希望在 5 年后取得本利和 1 000 元，用以支付一笔款项。则在利率为 5%，单利方式计算条件下，此人现在需存入银行多少钱？

$$P = 1\ 000/\ (1 + 5 \times 5\%)\ = 800\ (元)$$

2. 复利的终值和现值

(1) 复利的终值（已知现值 P，求终值 F）

资金时间价值通常是按复利计算的。复利不同于单利，它是在一定期间（如一年）按一定利率将本金所生利息加入本金再计利息，即"利滚利"，也就是说，它既涉及本金上的利息，也涉及利上所生的利息。

复利终值是指一定量的本金按复利计算若干期后的本利和。

【例 2 - 4】某人将 20 000 元存放于银行，年存款利率为 6%，则经过一年时间的本利和为：

$$F = P + P \cdot i$$
$$= P \cdot\ (1 + i)$$
$$= 20\ 000 \times\ (1 + 6\%)$$
$$= 21\ 200\ (元)$$

如此人并不提走现金，将 21 200 元继续存在银行，则第二年本利和为：

$$F = [P \cdot (1 + i)] \cdot (1 + i)$$
$$= P \cdot\ (1 + i)^2$$
$$= 20\ 000 \times (1 + 6\%)^2$$
$$= 22\ 472\ (元)$$

同理，第三年的本利和为：

$$F = [P \cdot (1 + i)^2] \cdot (1 + i)$$

$$= P \cdot (1 + i)^3$$

$$= 20\ 000 \times (1 + 6\%)^3$$

$$= 23\ 820\ （元）$$

第 n 年的本利和为：

$$F = P \cdot (1 + i)^n \tag{2.4}$$

式中 $(1 + i)^n$，通常称为"一次性收付款项终值系数"，简称"复利终值系数"，用符号 $(F/P, i, n)$ 表示。如本例 $(F/P, 6\%, 3)$ 表示利率为 6%、3 年期复利终值的系数。复利终值系数可以通过查阅"1 元复利终值表"直接获得。复利终值系数也可表示为 $FVIF_{i,n}$。

"1 元复利终值表"的第一行是利率 i，第一列是计息期数 n，相应的 $(1 + i)^n$ 在其纵横相交处。通过该表可查出，$(1 + 6\%)^3 = (F/P, 6\%, 3) = FVIF_{6\%,3} = 1.191$。即在时间价值为 6% 的情况下，现在的 1 元和 3 年后的 1.191 元在经济上是等效的，根据这个系数可以把现值换算成终值。

（2）复利的现值（已知终值 F，求现值 P）

复利现值是复利终值的逆运算，它是指今后某一特定时间收到或付出的一笔款项，按折现率 (i) 所计算的现在时点价值。其计算公式为：

$$P = F \cdot (1 + i)^{-n} \tag{2.5}$$

式中 $(1 + i)^{-n}$ 通常称为"一次性收付款项现值系数"记作 $(P/F, i, n)$，可以直接查阅"一元复利现值表"，上式也可写作：$P = F(P/F, i, n)$。复利现值系数也可表示为 $PVIF_{i,n}$。

【例 2-5】某投资项目预计 6 年后可获得收益 800 万元，按年利率（折现率）12% 计算，问这笔收益的现在价值是多少？

$$P = F \cdot (1 + i)^{-n} = F \cdot (P/F, i, n) = F \cdot PVIF_{i,n}$$

$$= 800 \times (1 + 12\%)^{-6} = 800 \times (P/F, 12\%, 6) = PVIF_{12\%,6}$$

$$= 800 \times 0.506\ 6 = 405.28\ （万元）$$

（二）普通年金的终值与现值

上面介绍了一次性收付款项，除此之外，在现实经济生活中，还存在一定时期内多次收付的款项，即系列收付款，如果每次收付的金额相等，则这样的系列收付款项便称为年金。简言之，年金是指一定时期内每次等额收付的系列款项，通常记为 A。

年金的形式多种多样，如保险费、折旧、租金、等额分期收款、等额分期付款以及零存整取或整存零取储蓄等，都存在年金问题。

年金按其每次收付发生的时点不同，可分为普通年金、即付年金、递延年金和永续年金等几种。

1. 普通年金终值的计算（已知年金 A，求年金终值 F）

普通年金是指一定时期内每期期末等额收付的系列款项，又称后付年金。年金终值犹如零存整取的本利和，它是一定时期内每期期末收付款项的复利终值之和。其计算办法如图 2.1 所示。

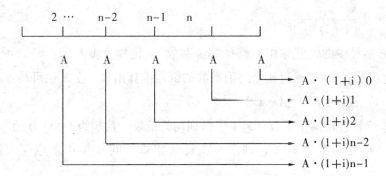

图 2.1　普通年金终值计算示意图

由图 2.1 可知，年金终值的计算公式为：

$$F = A \cdot (1+i)^0 + A \cdot (1+i)^1 + A \cdot (1+i)^2 + \cdots\cdots$$
$$+ A \cdot (1+i)^{n-2} + A \cdot (1+i)^{n-1} \tag{2.6}$$

将（2.6）式两边同时乘上 $(1+i)$ 得：

$$F \cdot (1+i) = A \cdot (1+i)^1 + A \cdot (1+i)^2 + \cdots\cdots$$
$$\cdot + A \cdot (1+i)^{n-1} + A \cdot (1+i)^n \tag{2.7}$$

将（2.6）式减去（2.7）式得：

$$F \cdot i = A \cdot (1+i)^n - A$$

$$F \cdot i = A \cdot [(1+i)^n - 1]$$

$$F = A \cdot \left[\frac{(1+i)^n - 1}{i} \right] \tag{2.8}$$

式中方括号中的数值，通常称作"年金终值系数"，记作 $(F/A, i, n)$，可直接查阅"1 元年金终值表"。上式也可写作：$F = A \cdot (F/A, i, n)$。年金终值系数也可表示为 $FVIFA_{i, n}$。

【例 2 - 6】假设某项目在 5 年建设期内每年年末向银行借款 100 万元，借款年利率为 10%，问该项目竣工应付本息的总额是多少？

$$F = 100 \times \left[\frac{(1+10\%)^5 - 1}{10\%} \right] = 100 \times (F/A, 10\%, 5) = 100 \times FVIFA_{10\%, 5}$$

$$= 100 \times 6.105\,1 = 610.51 \text{（万元）}$$

2. 年偿债基金的计算（已知年金终值 F，求年金 A）

偿债基金是指为了在约定的未来某一时点清偿某笔债务或积聚一定数额的资金而必须分次等额提取的存款准备金。由于每次提取的等额准备金类似年金存款，因而同样可以获得该复利计算的利息，所以债务实际上等于年金终值，每年提取的偿债基金等于年金 A。也就是说，偿债基金的计算实际上是年金终值的逆运算。其计算公式为：

$$A = F \cdot \left[\frac{i}{(1+i)^n - 1} \right] \tag{2.9}$$

式中方括号中的数值称作"偿债基金系数"，记作 $(A/F, i, n)$，可直接查阅"偿债基金系数表"，或通过年金终值系数的倒数推算出来。上式也可写作：$A = F \cdot (A/F, i, n)$ 或 $A = F \cdot [1/(F/A, i, n)]$。

【例2-7】假设某企业有一笔4年后到期的借款，数额为1 000万元，为此设置偿债基金，年复利率为10%，到期一次还清借款，问每年年末应存入的金额是多少？

$$A = 1\,000 \times \left[\frac{10\%}{(1+10\%)^4 - 1} \right] = 1\,000 \times 0.215\,4$$

$$= 215.4 \text{（万元）}$$

或 $A = 1\,000 \times [1/(F/A, 10\%, 4)]$

$$= 1\,000 \times [1/4.641\,0]$$

$$= 215.4 \text{（万元）}$$

3. 普通年金现值的计算（已知年金 A，求年金现值 P）

年金现值是指一定时期内每期期末收付款项的复利现值之和。其计算办法如图2.2所示。

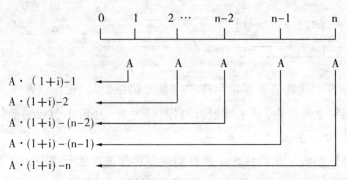

图2.2 普通年金现值计算示意图

由图2.2可知，年金现值的计算公式为：

$$P = A \cdot (1+i)^{-1} + A \cdot (1+i)^{-2} + \cdots\cdots + A \cdot (1+i)^{-(n-1)} + A \cdot (1+i)^{-n} \tag{2.10}$$

将（2.10）式两边同时乘上（1+i）得：

$$P \cdot (1+i) = A + A \cdot (1+i)^{-1} + \cdots\cdots + A \cdot (1+i)^{-(n-2)} + A \cdot (1+i)^{-(n-1)} \tag{2.11}$$

将（2.10）式减去（2.11）式得：

$$P \cdot i = A - A \cdot (1+i)^{-n}$$

$$P \cdot i = A \cdot [1 - (1+i)^{-n}]$$

$$P = A \cdot \left[\frac{1 - (1+i)^{-n}}{i}\right] \tag{2.12}$$

式中方括号内的数值称作"年金现值系数"，记作$(P/A, i, n)$，可直接查阅"1元年金现值表"。上式也可写作：$F = A \cdot (P/A, i, n)$。年金现值系数也可表示为$PVIFA_{i,n}$。

【例2-8】租入某设备，每年年末需要支付租金120元，年复利率为10%，问5年内应支付的租金总额的现值是多少？

$$P = 120 \times \left[\frac{1 - (1+10\%)^{-5}}{10\%}\right] = 120 \times (P/A, 10\%, 5)$$

$$= 120 \times PVIFA_{10\%,5}$$

$$= 120 \times 3.7908 \approx 455 \text{（元）}$$

4. 年资本回收额的计算（已知年金现值P，求年金A）

资本回收是指在给定的年限内等额回收或清偿初始投入的资本或所欠的债务。其中未收回部分要按复利计息构成偿债的内容。年资本回收额是年金现值的逆运算。其计算公式为：

$$A = P \cdot \left[\frac{i}{1 - (1+i)^{-n}}\right] \tag{2.13}$$

式中方括号内的数值称作"资本回收系数"，记为$(A/P, i, n)$，可直接查阅"资本回收系数表"，或利用年金现值系数的倒数求得。上式也可写为：

$$A = P \cdot (A/P, i, n) \tag{2.14}$$

或

$$A = P \cdot [(1/(P/A, i, n)] \tag{2.15}$$

【例2-9】某企业现在借得1000万元的贷款，在10年内以年利率12%均匀偿还，每年应付的金额是多少？

$$A = 1000 \times \left[\frac{12\%}{1 - (1+12\%)^{-10}}\right]$$

$$= 1000 \times 0.1770 = 177 \text{（万元）}$$

或　$A = 1000 \cdot [1/(P/A, 12\%, 10)] = 1000 \times [1/5.6502] \approx$

177（万元）

（三）即付年金的终值与现值

即付年金是指一定时期内每期期初等额收付的系列款项，又称先付年金。即付年金与普通年金的区别仅在于付款时间的不同。

1. 即付年金终值的计算

即付年金的终值是其最后一期期末时的本利和，是各期收付款项的复利终值之和。n 期即付年金终值与 n 期普通年金终值之间的关系可以用图 2.3 加以说明。

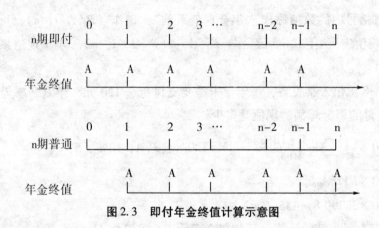

图 2.3　即付年金终值计算示意图

从图 2.3 可以看出，n 期即付年金与 n 期普通年金的付款次数相同，但由于其付款时间不同，n 期即付年金终值比 n 期普通年金的终值多计算一期利息。即：

$$F = A \cdot \left[\frac{(1+i)^n - 1}{i} \right] \cdot (1+i)$$

$$= A \cdot \left[\frac{(1+i)^{n+1} - (1+i)}{i} \right]$$

$$F = A \cdot \left[\frac{(1+i)^{n+1} - 1}{i} - 1 \right] \tag{2.16}$$

因此，在 n 期普通年金终值的基础上乘上 $(1+i)$ 就是 n 期即付年金的终值：

式中方括号内的数值称作"即付年金终值系数"，它是在普通年金终值系数的基础上，期数加 1，系数减 1 所得的结果。通常记为 $[(F/A, i, n+1) - 1]$。这样，通过查阅"一元年金终值系数"得 $(n+1)$ 期的值，然后减去 1 便可得对应的即付年金终值系数的值。这时可用如下公式计算即付年金终值：

$$F = A \cdot [(F/A, i, n+1) - 1] \tag{2.17}$$

【例 2-10】某公司决定连续 5 年于每年年初存入 100 万元作为住房基金，银行存款利率为 10%。则该公司在第 5 年年末能一次取出本利和多少钱？

$$F = A \cdot \left[(F/A, i, n+1) - 1 \right]$$

$$= 100 \times \left[(F/A, 10\%, 6) - 1 \right]$$

$$= 100 \times (7.7156 - 1)$$

$$\approx 672 （万元）$$

2. 即付年金现值的计算

n 期即付年金现值与 n 期普通现值之间的关系，可用图 2.4 加以说明。

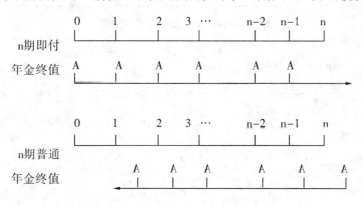

图 2.4　即付年金现值计算示意图

从图 2.4 可以看出，n 期即付年金现值与 n 期普通年金现值的期限相同，但由于其付款时间不同，n 期即付年金现值比 n 期普通年金现值多折现一期。因此，在 n 期普通年金现值的基础上乘以 $(1+i)$，便可求出 n 期即付年金的现值。

$$P = A \cdot \left[\frac{1 - (1+i)^{-n}}{i} \right] \cdot (1+i)$$

$$= A \cdot \left[\frac{(1+i) - (1+i)^{-(n-1)}}{i} \right]$$

$$P = A \cdot \left[\frac{1 - (1+i)^{-(n-1)}}{i} + 1 \right] \tag{2.18}$$

式中方括号内的数值称为"即付年金现值系数"，它是在普通年金系数的基础上，期数减 1，系数加 1 所得的结果。通常记为 $\left[(P/A, i, n-1) + 1 \right]$。这样，通过查阅"一元年金现值表"得 $(n-1)$ 期的值，然后加 1，便可得出对应的即付年金现值系数的值。这时可用如下公式计算即付年金的现值：

$$P = A \cdot \left[(P/A, i, n-1) + 1 \right] \tag{2.19}$$

（四）递延年金和永续年金的现值

1. 递延年金现值的计算

递延年金是指第一次收付款发生时间不在第一期期末，而是隔若干期后才开始发生的系列等额收付款项。它是普通年金的特殊形式，凡不是从第一期开始的普通年金都是递延年金。递延年金的现值是自若干时期后开始每期款项的现值之和。m 期以后的 n 期年金现值，可用图2.5表示。

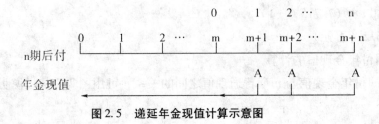

图2.5 递延年金现值计算示意图

递延年金现值的计算公式为：

$$P = A \cdot \left[\frac{1 - (1+i)^{-(m+n)}}{i} - \frac{1 - (1+i)^{-m}}{i} \right]$$

$$= A \cdot \left[(P/A, i, m+n) - (P/A, i, m) \right] \tag{2.20}$$

或 $P = A \cdot \left[\frac{1 - (1+i)^{-n}}{i} \right] \cdot (1+i)^{-m}$

$$= A \cdot \left[(P/A, i, n) \cdot (P/F, i, m) \right] \tag{2.21}$$

上述（2.20）式是先计算出 $m+n$ 期的普通年金现值，然后减去前 m 期的普通年金现值，即得递延年金的现值；公式（2.21）是先将此递延年金视为 n 期普通年金，求出在第 $m+1$ 期期初的现值，然后再折算到第一期期初。

【例2-11】某人拟在年初存入一笔资金，以便能在第六年年末起每年取出 1 000元，至第10年年末取完。在银行存款利率为10%的情况下，此人应在最初一次存入银行多少钱？

$$P = A \cdot \left[(P/A, 10\%, 10) - (P/A, 10\%, 5) \right]$$

$$= 1\,000 \times (6.144\,6 - 3.790\,8) \approx 2\,354 \text{（元）}$$

或 $P = A \cdot (P/A, 10\%, 5)(P/F, 10\%, 5)$

$$= 1\,000 \times 3.790\,8 \times 0.620\,9 \approx 2\,354 \text{（元）}$$

2. 永续年金现值计算

永续年金是指无限期等额收（付）的特种年金，可视为普通年金特殊形式，即期限趋于无穷的普通年金。存本取息可视为永续年金的例子。此外，也可将利率较高、持续期限较长的年金视同永续年金计算。

由于永续年金持续期无限，没有终止的时间，因此没有终值，只有现值。通过普通年金现值计算可推导出永续年金现值计算公式为：

$$P = A/i \tag{2.22}$$

【例2-12】某人持有的某公司优先股，每年每股股利为2元，若此人想长期持有，在利率为10%的情况下，请对该项股票投资进行估价。

这是一个求永续年金现值的问题，即假设该优先股每年股利固定且持续较长时期，计算出这些股利的现值之和，即为该股票的估价。

$$P = A/i = 2/10\% = 20 \text{（元）}$$

（五）折现率、期间和利率的推算

1. 折现率（利息率）的推算

对于一次性收付款项，根据其复利终值（或现值）的计算公式可得折现率的计算公式为：

$$i = (F/P)^{1/n} - 1 \qquad\qquad (2.23)$$

因此，若已知 F、P、n，不用查表便可直接计算出一次性收付款项的折现率（利息率）i。

永续年金折现率（利息率）i 的计算也很方便。若 P、A 已知，则根据公式 $P = A/i$，变形即得 i 的计算公式为：

$$i = A/P \qquad\qquad (2.24)$$

普通年金折现率（利息率）的推算比较复杂，无法直接套用公式，而必须利用有关的系数表，有时还会牵涉内插法的运用。

普通年金终值 F、现值 P 的计算公式分别为：

$$F = A \cdot (F/A, i, n) \qquad\qquad (2.25)$$

$$P = A \cdot (P/A, i, n) \qquad\qquad (2.26)$$

将以上两式变形得相应的公式：

$$F/A = (F/A, i, n) \qquad\qquad (2.27)$$

$$P/A = (P/A, i, n) \qquad\qquad (2.28)$$

从（2.27）、（2.28）两式可看出，两式右边分别为普通年金终值系数和普通年金现值系数。若 F、A、n 已知，则可利用（2.27）式，查普通年金终值系数表，找出系数值为 F/A 的对应的 i 即可；若 P、A、n 已知，则可利用（2.28）式，查普通年金现值系数表，找出系数为 P/A 的对应的 i 即可。若找不到完全对应的 i，则可运用内插法求得。

可见，利用（2.27）或（2.28）式求 i 的基本原理和步骤是一致的。现以（2.28）式为例，即已知 P、A、n，说明求 i 的基本方法。

若 P、A、n 已知，则可按以下步骤推算 i：

（1）计算出 P/A 的值，假设 $P/A = \alpha$。

（2）查普通年金现值系数表。沿着已知 n 所在的行横向查找，若恰好能找到某一系数值等于 α，则该系数值所在的列相对应的利率便为所求的 i 值。

（3）若无法找到恰好等于 α 的系数值，就应在表中 n 行上找与 α 最接近的两个左右临界系数值，设为 β_1、β_2（$\beta_1 > \alpha > \beta_2$ 或 $\beta_1 < \alpha < \beta_2$）。读出 β_1、β_2 所对应的临界利率，然后进一步运用内插法。

（4）在内插法下，假定利率 i 同相关的系数在较小范围内线性相关，因而可根据临界系数 β_1、β_2 和临界利率 i_1、i_2 计算出 i，其公式为：

$$i = i_1 + \frac{\beta_1 - \alpha}{\beta_1 - \beta_2} \cdot (i_2 - i_1)$$

【例 2 - 13】某公司于第一年年初借款 20 000 元，每年年末还本付息额为 4 000 元，连续 9 年还清，问借款利率为多少？

根据题意，已知 $P = 20\,000$，$A = 4\,000$，$n = 9$，则：

$P/A = 20\,000/4\,000 = 5 = \alpha$

即 $\alpha = 5 = (P/A,\ i,\ 9)$

查 $n = 9$ 的普通年金现值系数表。在 $n = 9$ 一行上无法找到恰好为 α（$\alpha = 5$）的系数值，于是找大于和小于 5 的临界系数值，分别为：$\beta_1 = 5.326\,3 > 5$，$\beta_2 = 4.947\,4 < 5$。同时读出临界利率为 $i_1 = 12\%$，$i_2 = 14\%$。则：

$$i = i_1 + \frac{\beta_1 - \alpha}{\beta_1 - \beta_2} \cdot (i_2 - i_1)$$

$$= 12\% + \left[\frac{5.328\,3 - 5}{5.328\,3 - 4.947\,4}\right] \times (14\% - 12\%) = 13.719$$

按照上述方法，若利用（2.9）式，则计算出 F/A 的值，设为 α，然后查普通年金终值系数表求 i。

对于一次性收付款项，若应用查表法求 i，可先计算出 F/P 的值，设其为 α，然后查复利终值系数表；或先计算出 P/F 的值，设其为 α，然后查复利现值系数表。

对于即付年金利率 i 的推算，同样可遵照上述方法。先求出 F/A 的值，令 $\alpha = F/A + 1$，然后沿（$n + 1$）所在的行横向在普通年金终值系数表中查找，若恰好找到等于 α，则该系数值所在列所对应的利率便为所求的 i；否则便查找临界系数值和对应的临界利率，应用内插法求出利率 i。

2. 期间的推算

期间 n 的推算，其原理和步骤同折现率（利息率）i 的推算是一样的。

现以普通年金为例，说明在 P、A 和 i 已知情况下，推算期间 n 的基本步骤。

（1）计算出 P/A，设为 α。

（2）查普通年金现值系数表。沿着已知 i 所在列纵向查找，若能找到恰好等于 α 的系数值，则其对应的 n 值即为所求期间值。

（3）若找不到恰好为 α 的系数值，则查找最为接近 α 值上下临界系数 β_1、β_2 以及对应的临界期间 n_1、n_2，然后应用内插法求 n。公式为：

$$n = n_1 + \frac{\beta_1 - \alpha}{\beta_1 - \beta_2} \cdot (n_2 - n_1) \tag{2.29}$$

【例 2 - 14】某企业拟购买一台柴油机以更新目前的汽油机。柴油机价格较汽油机高出 2 000 元，但每年可节约燃料费用 500 元。若利率为 10%，则柴油机应至少使用多少年对企业而言才有利？

依题意，已知 $P = 2\,000$，$A = 500$，$i = 10\%$，则：

$P/A = 2\,000/500 = 4 = \alpha$

即，$(P/A, 10\%, n) = \alpha = 4$

查普通年金现值系数表。在 $i = 10\%$ 的列上纵向查找，无法找到恰好为 α（$\alpha - 4$）的系数值，于是查找大于和小于 4 的临界系数值：$\beta_1 = 4.355\,3 > 4$，$\beta_2 = 3.790\,8 < 4$，对应的临界期间为 $n_1 = 6$，$n_2 = 5$，则：

$$n = n_1 + \frac{\beta_1 \quad \alpha}{\beta_1 - \beta_2} \cdot (n_2 - n_1)$$

$$= 6 + \left[\frac{4.355\,3 - 4}{4.355\,3 - 3.790\,8} \right] \times (5 - 6)$$

$$= 5.4 （年）$$

3. 名义利率与实际利率的换算

上面讨论的有关计算均假定利率为年利率，每年复利一次。但实际上，复利的计息不一定是一年，有可能是季度、月份或日。比如某些债券半年计息一次；有的抵押贷款每月计息一次；银行之间拆借资金均为每天计息一次。当每年复利次数超过一次时，这样的年利率叫做名义利率，而每年只复利一次的利率才是实际利率。

对于一年内多次复利的情况，可采取两种方法计算时间价值。

第一种方法是按如下公式将名义利率调整为实际利率，然后按实际利率计算时间价值。

$$i = (1 + r/m)^m - 1 \tag{2.30}$$

式中：i 为实际利率；r 为名义利率；m 为每年复利次数。

【例 2 - 15】某企业于年初存入 10 万元，在年利率为 10%，半年复利一次的情况下，到第 10 年年末，该企业能得本利和为多少？

依题意得，$P = 10$，$r = 10\%$，$m = 2$，$n = 10$

则：$i = (1 + \frac{r}{m})^m - 1$

$$= (i + \frac{10\%}{2})^2 - 1$$

$$= 10.25\%$$

$$F = P \cdot (1 + i)^n$$

$$= 10 \times (1 + 10.25\%)^{10}$$

$$= 26.53 \text{（万元）}$$

因此企业于第 10 年年末可得本利和 26.53 万元。

这种方法的缺点是调整后的实际利率往往带有小数点，不利于查表。

第二种方法是不计算实际利率，而是相应调整有关指标，即利率变为 r/m，期数相应变为 $m \cdot n$。

【例 2 - 16】利用上例中的有关数据，用第二种方法计算本利和。

$$F = P \left(1 + \frac{r}{m}\right)^{m \cdot n}$$

$$= 10 \times \left(1 + \frac{10\%}{2}\right)^{2 \times 10}$$

$$= 10 \times (F/P, 5\%, 20)$$

$$= 26.53 \text{（万元）}$$

第二节　风险分析

一、风险与风险价值的含义

（一）风险的含义

风险一般是指某一行动的结果具有变动性。人们只能够事先确定采取某种行动可能形成的结果以及每种结果出现的可能性的程度，而行动的最终结果究竟会怎样，人们不得而知。比如，向上抛一枚硬币，我们可以事先肯定，当硬币落到地面时，有正面朝上和朝下两种结果，而且每种结果出现的可能性各占一半，但究竟是正面朝上还是朝下，谁也不能肯定。

与风险相联系的另一个概念是不确定性，即人们事先只知道采取某种行动可能形成的各种结果，但不知道它们出现的概率，或者两者都不知道，而只能作些粗略的估计。例如，企业试制一种新产品，事先只能肯定该种产品试制有成功或失败两种可能，但不会知道出现这两种后果的可能性的大小。又如购买股票，投资者事实上不可能事先确定所有可能达到的报酬率及其出现的概率大小。经营决策一般都是在不正确的情况下作出的。西方国家的企业通常对风险和不确定性这两个概念不加以区分，把不确定性视同风险而加以计量，以便进行定量分析。事实上，在实践中也很难对二者加以区分，因为对风险问题的概率往往只能进行估计和测算，而不能准确知道，而对不确定性问题也可以估计一个概率。因此，在实务中，当说到风险时，可能指的是确切意义上的风险，但更可能指的是不确定性，对二者不作区分。某一行动的结果具有多种可能而不能肯定，就叫风险；反之，若某一行动的结果很肯定，就叫没有风险。从财务管理的角度而言，风险也就是企业在各项财务活动过程中，由于各种难以预料或无法控制的因素的作用，使企业的实际收益与预计收益发生背离，从而有蒙受经济损失的可能性。由于人们普遍具有风险反感心理，因而一提到风险，多数都是将其错误地理解为与损失是同一概念。事实上，风险本身未必就是能带来超出预期的损失，呈现其不利的一面，风险同样可带来超出预期收益，呈现其有利的一面。

财务管理中的风险按形成的原因一般可分为经营风险和财务风险两大类。

1. 经营风险

经营风险是指因生产经营方面的原因给企业盈利带来的不确定性。企业生产经营的许多方面都会受到来源于企业外部和内部的诸多因素的影响，具有很大的不确定性。比如，由于原材料供应地的政治经济情况变动，运输路线改变，原材料价格变动，新材料、新设备的出现等因素带来的供应方面的风险；由于产品生产方向不对头，产品更新的时机未掌握好，生产质量不合格，新产品、新技术开发试验不成功，生产组织不合理等因素带来的生产方面的风险；由于出现新的竞争对手，消费者爱好发生变化，销售决策失误，产品广告推销不利以及货款回收不及时等因素带来的销售方面的风险；此外，还存在劳动力市场供求关系变化，发生通货膨胀，自然气候恶化，税收调整以及其他宏观经济政策的变化因素，也会直接或间接地影响企业正常的经济活动，所有这些生产经营方面的不确定性，都会引起企业的利润或利润率的高低变化，从而给企业带来风险。

2. 财务风险

财务风险又称筹资风险，是指由于举债而给企业财务成果带来的不确定性。企业举债经营，全部资金中除自有资金外，还有一部分借入资金，这会对自有资金的盈利能力造成影响；同时，借入资金需还本付息，一旦无力偿付到期债务，企业便会陷入财务困境甚至破产。当企业息税前资金利润率高于借入资金利息率时，使用借入资金获得的利润率除了补偿利息外还有剩余，因而使自有资金利润率提高。但是，若企业息税前资金利润率低于借入资金利息率，这时，使用借入资金获得的利润还不够支付利息，还需动用自有资金的一部分利润来支付利息，从而使自有资金利润率降低。如果企业息税前利润还不够支付利息，就要用自有资金来支付，使企业发生亏损。若企业亏损严重，财务状况恶化，丧失支付能力，就会出现无法还本付息甚至招致破产的危险。总之，由于许多因素的影响，企业息税前资金利润率和借入资金利息率差额具有不确定性，从而引起自有资金利润率的高低变化，这种风险即为筹资风险。这种风险程度的大小受借入资金对自有资金比例的影响，借入资金比例越大，风险程度随之增大；借入资金比例越小，风险程度也随之减少。对财务风险的管理，关键是要保证有一个合理的资金结构，维持适当的负债水平，既要充分利用举债经营这一手段获取财务杠杆收益，提高自有资金盈利能力，同时要注意防止过度举债而引起的财务风险的加大，避免陷入财务困境。

（二）风险价值的含义

在风险反感普遍存在的情况下，诱使投资者进行风险投资的，是超过时间价值（也即无风险报酬率）的那部分额外报酬率，即风险价值。

所谓投资风险价值，就是指投资者因冒风险进行投资而获得的超过资金时间价值的那部分额外收益，又称投资风险报酬、投资风险收益。

投资风险价值有两种表示方法：风险报酬额和风险报酬率。风险报酬额就是指投资者因冒风险进行投资而获得的超过资金时间价值的那部分额外收益；风险报酬额对于投资额的比率，则称为风险报酬率。在实际工作中，对两者并不严格区分，通常以相对数——风险报酬率来进行计量。

在不考虑物价变动的情况下，投资报酬率（即投资报酬额对于投资额的比率）包括两部分：一部分是资金时间价值，它是不经受投资风险而得到的价值，即无风险投资报酬率；另一部分是风险价值，即风险投资报酬率。其关系式如下：

投资报酬率＝无风险投资报酬率＋风险投资报酬率

【小贴士】一般而言，投资者都讨厌风险，并力求回避风险，那么，为什么还有人进行风险投资呢。这是因为风险投资可以得到额外报酬，即风险报酬。

二、风险报酬的计算

人们从事各种投资活动，在收益相等的情况下总是期望风险越小越好。这就需要事先对风险的大小即风险程度进行正确的估量。把风险问题数量化，需要采用一系列经济数学方法进行计算。

（一）确定概率分布

在生产经营过程中，有些财务经济活动未来的情况不能完全肯定，这种不肯定的程度可以采用概率分布来表示。一个事件的概率是其可能发生的机会。如 ABC 制造公司现有两个投资项目，投资额及其他条件相同。根据市场经济状况，它们在各种经济状况下的可能收益 E_i 和相应的概率 P_i 的分布如表 2.1 所示。

【例 2－17】ABC 制造公司投资项目收益的概率分布如表 2.1。

表2.1　　　　　　　　　　ABC 制造公司投资项目收益的概率分布表

经济情况	该经济情况发生的概率（P_i）	收益	
		项目 A	项目 B
最好	0.1	4 000	5 000
较好	0.2	3 500	4 000
中等	0.4	3 000	3 000
较坏	0.2	2 500	2 000
最坏	0.1	2 000	1 000

通过表2.1 可以看到概率分布的两种规则：①所有的概率 P_i 均在 0 ~ 1 之间，即 $0 \leqslant P_i \leqslant 1$；②所有结果的概率之和必须等于 1，即 $\sum_{i=1}^{n} P_i = 1$（n 为可能出现结果的个数）。

概率分布与风险大小密切相关。对于投资或其他任何一项活动，预测未来的可能情况的分布越集中，则风险越小；分布越分散，则风险越大。测算集中与分散程度常用的方法是计算标准离差，标准离差的计算要引入期望值的概念。

（二）计算期望值

期望值是指在一个概率分布中，所有各种可能出现的结果，以其各自相应的概率为权数计算的加权平均数。计算公式为：

$$\bar{E} = \sum_{i=1}^{n} E_i P_i \tag{2.31}$$

式中：$\bar{E}$ 为期望值；E_i 为第 i 种情况下的结果；P_i 为第 i 种情况下的概率；n 为可能结果的个数。

期望值是一个数学概念，在财务经济学上称为期望报酬或期望报酬率，是反映平均趋势的一种量度。

根据表2.1 所示，计算 A、B 两个项目的期望值如下：

项目 A 的期望值 $\bar{E}_A = 0.1 \times 4\,000 + 0.2 \times 3\,500 + 0.4 \times 3\,000 + 0.2 \times 2\,500 + 0.1 \times 2\,000$

$= 3\,000$

项目 B 的期望值 $\bar{E}_B = 0.1 \times 5\,000 + 0.2 \times 4\,000 + 0.4 \times 3\,000 + 0.2 \times 2\,000 + 0.1 \times 1\,000$

$= 3\,000$

计算结果，A、B 两个投资项目的收益期望值均为 3 000，它代表着两个项目各种可能的收益的平均水平。但比较 A、B 两个投资项目下各种可能收益实际数值与期望值可见，A项目较为集中，B项目较为分散。这可用图2.6表示。

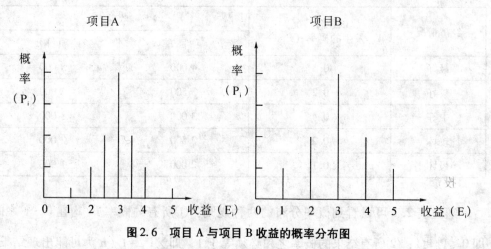

图2.6 项目A与项目B收益的概率分布图

由于收益在这里是一个变量，变量的具体数值一般总是在期望值的上下波动。这样，作为代表一般水平的期望值的代表性的强弱，要依据在各种情况下具体数值对期望值的偏离程度来确定。偏离程度越大，代表性越小；偏离程度越小，则代表性越大。一般地，风险程度就是用偏离程度来表示的，反映偏离程度的指标就是标准离差。

（三）计算标准离差

标准离差是各种可能的报酬率偏离期望值的综合差异，是反映离散程度的一种量度。它的计算方法如下：

首先，计算每一种可能性结果与期望值的差异。第 i 种可能性结果的离差为 $E_i - \bar{E}$。

其次，计算方差 σ^2：

$$\sigma^2 = \sum_{i=1}^{n} (E_i - \bar{E})^2 P_i$$

最后，计算标准离差 σ，$\sigma = \sqrt{\sigma^2}$。

根据此计算方法，分别计算上述 A、B 项目的标准离差。

$$\sigma_A = \sqrt{\sigma_A^2} = \sqrt{\sum_{i=1}^{n} (E_i - \bar{E})^2 P_i}$$

$$= \sqrt{(40\,000 - 3\,000)^2 \times 0.1 + (3\,500 - 3\,000)^2 \times 0.2 +}$$

$$\sqrt{(3\,000 - 3\,000)^2 \times 0.4 + (2\,500 - 3\,000)^2 \times 0.2 +}$$

$$\sqrt{(2\,000 - 3\,000)^2 \times 0.1}$$

$$= \sqrt{300\,000} = 547.7$$

$$\sigma_B = \sqrt{\sigma_B^2} = \sqrt{\sum_{i=1}^{n} (E_i - \overline{E})^2 P_i}$$

$$= \sqrt{(5\,000 - 3\,000)^2 \times 0.1 + (4\,000 - 3\,000)^2 \times 0.2 +}$$

$$\sqrt{(3\,000 - 3\,000)^2 \times 0.4 + (2\,000 - 3\,000)^2 \times 0.2 +}$$

$$\sqrt{(1\,000 - 3\,000)^2 \times 0.1}$$

$$= \sqrt{1\,200\,000} = 1\,095.4$$

因为风险大小同标准离差成正比例关系，所以标准离差的大小可以看做是所含风险大小的标志。上述计算结果表明，B 方案的标准离差高于 A 方案。由于这两个项目投资额相同，期望值相同，故项目 A 的风险比项目 B 的风险小。所以，从风险大小考虑，项目 A 要优于项目 B。

在概率的正态分布中，根据标准离差可以提供重要的信息，根据数量统计原理，随机变量 E 的值发生在期望值左右一个标准离差范围的可能性是 68.26%；发生在期望值左右两个标准离差范围内的可能性是 95.46%；发生在期望值左右三个标准离差范围内的可能性是 99.74%。据此可知，项目 A 的收益在 3\,000 ± 547.7，即 2\,452.3 ~ 3\,547.7 之间的可能性为 68.3%；而项目 B 的收益在 3\,000 ± 1\,095.4，即 1\,904.6 ~ 4\,095.4 之间的可能性为 68.3%。显然，项目 A 的离散度小，结果较为肯定，说明风险小；项目 B 的离散度大，结果较不肯定，说明风险大。

如果对每一可能的经济情况都给予相应的概率，并且其总和等于 1，每一种经济情况都对应一个收益额，把它们绘制在直角坐标系内则可得到连续的概率分布图，如图 2.7 所示。

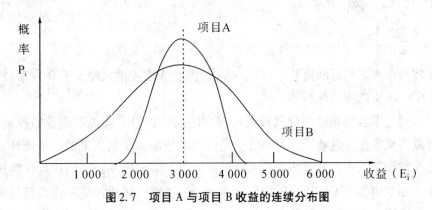

图 2.7 项目 A 与项目 B 收益的连续分布图

（四）计算标准离差率

标准离差是风险大小的标志，是个绝对数指标，只局限于相同期望报酬额（率）的各种方案比较。为了增强可比性，我们一般采用标准离差率这个相对数指标来比较各方案风险的大小。标准离差率是标准离差与期望值之比。其计算公式为：

$$V = \frac{\sigma}{\bar{E}} \tag{2.32}$$

式中：V 为标准离差率；σ 为标准离差；$\bar{E}$ 为期望值。

【例 2-18】金农公司有 A、B 两个投资不同的方案，A 方案投资 5 000 元，B 方案投资 15 000 元。两个方案未来可能销售状况及预期现金流量如表 2.2 所示。试分析 A、B 两个方案的风险程度。

表2.2　　　　　　A、B 方案未来可能销售状况及预期现金流量表

方案 \ 销售情况 概率 P_i	畅销 0.3	平销 0.5	滞销 0.2	期望值
A	700	500	300	520
B	2 400	2 000	1 800	2 080

两个方案的标准离差分别为：

$$\sigma_A = \sqrt{(700-520)^2 \times 0.3 + (500-520)^2 \times 0.5 + (300-520)^2 \times 0.2}$$
$$= 140$$

$$\sigma_B =$$
$$\sqrt{(2\,400-2\,080)^2 \times 0.3 + (2\,000-2\,080)^2 \times 0.5 + (1\,800-2\,080)^2 \times 0.2}$$
$$= 227.7$$

于是，$V_A = \frac{140}{520} = 0.27$；

$$V_B = \frac{227.7}{2\,080} = 0.11$$

比较两个方案的标准离差率：$V_A > V_B$，因而 A 方案的风险大于 B 方案的风险。

（五）计算风险的报酬率

标准离差率虽然能够评价投资风险程度的大小，但不能说明企业的投资收益。企业冒风险从事投资活动所产生的效益是由风险报酬率反映出来的。企业计算风险报酬必须首先测算出风险报酬率，因为投资额与风险报酬率相乘的积数称为风险报酬。由于标准离差率可以代表风险程度的大小，因此，风险报酬率应该与反映风险程度的标准离差率成正比例关系。收益标准离差率要转换为风险报酬率，其间还必须引入一个参数，即风险价值系数，换言之，风险报酬率是通过标准离差率和风险价值系数计算出来的。

其计算公式为：

$$R = bv \tag{2.33}$$

式中：R 为风险报酬率；b 为风险价值系数；V 为标准离差率。

风险价值系数是将标准离差率转换为风险报酬率的一种系数或倍数，又有风险报酬系数、风险效益系数等称谓，可简称风险系数。如果设定风险系数为 0.3，则要求风险报酬率相当于标准离差率的 0.3 倍。风险价值系数的设定主要有两种方法：一是根据以往同类投资项目的历史资料进行确定，主要是根据标准离差率、风险系数和风险报酬率三者之间的关系以及一些经验数据进行测算。二是企业组织财务经济专家加以确定。财务经济专家们经过对企业经济活动和财务管理环境的定量、定性分析后，给出一个风险系数，有时专家们为简便起见，从 0 ~ 1 之间选择一个数值作为主观概率，但这一主观概率并不是任意的，而是以无风险价值，即以加上通货膨胀贴水后的货币时间价值为基础，在其上下浮动，选择一个数值。这样设定的风险系数可能因人而异，但就某一个地区、某一个行业来说，应是一个常数。

实际上，风险价值系数通常由投资者主观设定。风险系数的设定在很大程度上取决于企业对风险的态度。敢于冒风险的企业家常常把风险系数定得低些；而那些稳健或不愿冒风险的企业家则常常把风险系数定得高些，使风险报酬率尽量接近标准离差率。b＝1 时，风险系数最高，此时风险报酬率等于标准离差率。

仍使用例 2－18 金农公司的数据，设定风险系数。设定系数为 0.6，那么，A、B 两个方案由于承担风险而要求的超过无风险利率的额外报酬率为：

$R_A = 0.6 \times 0.27 = 16.2\%$

$R_B = 0.6 \times 0.11 = 6.6\%$

这里的风险报酬率加上无风险报酬率，就构成了按风险调整的投资报酬率。投资报酬率与收益标准离差率之间存在着一种线性关系，其关系式如下：

$$Y = i + bv \tag{2.34}$$

式中：Y 为投资报酬率；i 为无风险利率；b 为风险系数；v 为标准离差率。

无风险利率是加上通货膨胀贴水以后的资金增值率，西方企业家一般把投资于国库券的报酬率视为无风险利率，又称无风险报酬率。

例如，设上述金农公司的无风险利率为 12%，则该公司 A、B 两个项目按风险调整后的投资报酬率分别是：

$Y_A = 12\% + 16.2\% = 28.2\%$

$Y_B = 12\% + 6.6\% = 18.6\%$

投资报酬率与标准离差率之间的线性关系如图 2.8 所示。

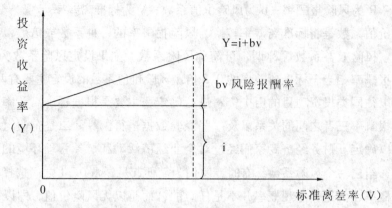

图2.8 投资报酬率与标准离差率之间的线性关系图

（六）组合投资风险简介

投资者的投资方式多种多样。当投资者把资金全部投放在某项资产上，称为单项投资。如果投资者把资金按不同比例分成许多份额，再把每一份资金投向不同的资产，这样投资者得到的就是一个资产组合，其投资称为组合投资。组合投资的收益和风险特征、财务评价方法、投资项目选择方法等，与单项投资有许多不同之处。

1. 组合投资的风险和收益

前面我们已讨论过风险的种类，从投资角度看，还可将风险分为系统风险和非系统风险。系统风险又称为市场风险或不可分散风险，它是由那些影响整个市场的风险因素所引起的，如国家宏观经济状况的变动，世界贸易状况的改变，国家税制和财政改革等，这部分风险是针对整个市场的，因此，是不能通过组合投资来分散的。非系统风险又称公司特有风险，它是某一特定公司或行业所特有的风险，而与整个市场的因素无关，如一次技术革新可能只影响一种现有产品的市场，这部分风险是可以通过适当的组合投资来进行分散的，因此，它没有风险补贴。

（1）β系数

在风险研究中，我们通常以 β 系数来衡量各种投资（尤其是证券投资）风险的程度大小，对于单项投资的风险，我们可用下式表示：

$$\beta = \frac{\text{某项证券投资的风险报酬率增量}}{\text{市场上所有证券的平均风险报酬率增量}} \quad (2.35)$$

在此，β 值实际上是某一证券投资的风险报酬率对整个市场所有证券投资平均风险报酬率的变化率，由于 β 值的计算较为困难，所以一般由专门机构进行测算，提供结果供投资者使用，若将整个股票市场的 β 系数确定为 1，则某种股票的 β 系数如大于 1，表示其风险大于整个市场的风险，等于 1 表示其风险与整个市场风险相同；小于 1 表示其风险小于整个市场的风险。

在了解了单项投资 β 系数之后，我们来进一步研究组合投资 β 系数的确定。组

合投资的 β 系数是该组合中各单项投资 β 系数的加权平均数。其权数为各单项投资在该组合投资中所占的比重。计算公式如下：

$$\beta_P = \sum_{i=1}^{n} W_i \beta_i \qquad (2.36)$$

式中：β_P 为组合投资的 β 系数；W_i 为组合投资中第 i 种投资占投资的比重；β_i 为第 i 种投资的 β 系值；n 为组合投资的总数。

（2）组合投资的必要报酬率

组合投资的期望报酬率应表示为：

$$\hat{E}_P = E_F + \hat{E}_C + \hat{E}_N \qquad (2.37)$$

式中：$\hat{E}_P$ 为组合投资的期望报酬率；E_F 为无风险报酬率；$\hat{E}_C$ 为组合投资的非系统风险报酬率；$\hat{E}_N$ 为组合投资的系统风险报酬率。

在一确定市场情况下，各项投资的无风险报酬率（E_F）是相同的。$\hat{E}_C$ 是非系统风险报酬率，而非系统风险是可以通过组合投资进行分散的，因此，它没有风险补贴，故在此并不考虑 $\hat{E}_C$，$\hat{E}_N$ 是组合投资的系统风险报酬率，也是投资所要求的风险补贴率，它的大小直接受组合投资 β 系数的影响。因此，公式可进一步简化变形为：

$$\hat{E}_P = E_F + \hat{E}_N = E_F + \beta_P (\hat{E}_m - E_F) \qquad (2.38)$$

式中，$\hat{E}_m$ 表示所有投资的平均报酬率。若是证券投资，则可认为是证券市场上各种证券的平均报酬率，简称证券市场报酬率，其中，（$\hat{E}_m - E_F$）的大小受市场全体投资者回避风险程度的影响，因此也称为市场平均风险补贴率。

【例 2-19】圣伦公司进行组合投资；购买甲、乙、丙三种股票，β 系数分别为 2、1 和 0.5，它们在组合投资中的比重分别为 50%、40% 和 10%，设股票市场报酬率为 12%，无风险报酬率为 8%，试确定该组合投资的必要报酬率。

$$\beta_P = \sum_{i=1}^{n} W_i P_i = 50\% \times 2 + 40\% \times 1 + 10\% \times 0.5 = 1.45$$

$$\hat{E}_P = E_F + \beta_P (\hat{E}_m - E_F)$$

$$= 8\% + 1.45 \times (12\% - 8\%)$$

$$= 13.8\%$$

若将该例题中甲、乙、丙三种股票在组合投资中的比重调整为 20%、30%、50%，则结果为：

$$\beta_P = \sum_{i=1}^{n} W_i P_i = 20\% \times 2 + 30\% \times 1 + 50\% \times 0.5 = 0.95$$

$$\hat{E}_P = E_F + \beta_P (\hat{E}_m - E_F)$$

$$= 8\% + 0.95 \times (12\% - 8\%)$$

$$= 11.8\%$$

由此可以看出，在其他因素不变的情况下，组合投资的必要报酬率受到组合中各单项投资的 β 值以及各单项投资在组合投资中的比重大小的影响。在组合投资中，β 系数较高的单项投资所占比重越大，则组合投资中的 β 值越大，风险越大。组合投资所要求的必要报酬率也因而越大。

2. 风险和报酬率的关系

关于风险和报酬率关系的模型，在财务经济学中研究较多，其中最有影响力的是资本资产定价模型（Capital Asset Pricing Model，简称 CAPM），是由美国经济学家 William Sharpe，John Lintner 和 Jan Mossin 分别提出来的，该模型是资本市场均衡模型之一。该模型又包括两个模型，使用两个方程表示，分别代表两条不同的曲线。其中第一条曲线称为资本市场线（Capital MarKet Line），简称 CML 线。它描述的是资本市场上所有有效资产的收益与风险之间的关系。第二条曲线称为证券市场线（Security MarKet Line），简称 SML 线。它描述的是资本市场上所有证券收益率与风险之间的关系，不论该证券是否有效。在本书中，着重讨论 SML 线。SML 线所表示的资本资产定价模型可用下式表达：

$$E_i = E_F + \beta_i (E_m - E_F) \tag{2.39}$$

此公式与前述组合投资必要报酬率的计算相似，其区别在于它是对某一种投资必要报酬率的测定。

【例 2 - 20】盛盟企业发行的 i 股票，其 β 系数测定为 2，如果当时市场无风险报酬率为 8%，市场股票平均报酬率为 12%，则该 i 股票的必要报酬率为：

$$E_i = E_F + \beta_i (E_m - E_F)$$
$$= 8\% + 2 \times (12\% - 8\%) = 16\%$$

也就是说，只有 i 股票的报酬率达到或超过 16% 时，才有投资者愿意购买；否则，则不愿投资购买。

证券市场线（SML），说明了必要报酬率与系统风险 β 系数之间的关系，可用图 2.9 来加以说明。

从图 2.9 中可以看到：无风险报酬率为 8%，当 β = 0 时，则无风险，亦无风险报酬存在；当 β = 0.5 时，为低风险，风险报酬率为 2%；当 β = 1 时，为中等风险，风险报酬率为 4%；当 β = 2 时，为高风险，风险报酬率为 8%。也就是说，在其他条件不变的情况下，风险越高，则 β 值越大，相应要求的风险报酬率就越高，从而使必要报酬率越高。

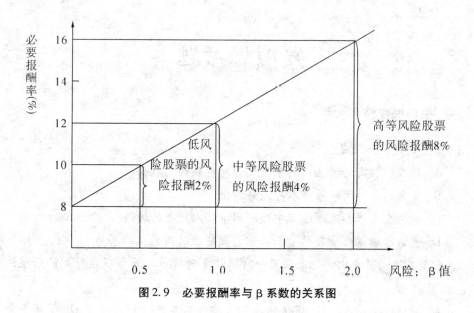

图2.9　必要报酬率与 β 系数的关系图

本章小结

1. 资金时间价值是指，一定量资金在不同时点上的价值量的差额。反映资金的时间价值有两种形式，即终值和现值。终值又称将来值，是现在一定量现金在未来某一时点上的价值，又称本利和。现值又称本金，是指未来某一时点上的一定量现金折合到现在的价值。

2. 在现实经济生活中，还存在一定时期内多次收付的款项，即系列收付款，如果每次收付的金额相等，则这样的系列收付款项便称为年金。年金的形式多种多样，如保险费、折旧、租金、等额分期收款、等额分期付款以及零存整取或整存零取储蓄等，都存在年金问题。

3. 风险一般是指某一行动的结果具有变动性。与风险相联系的另一个概念是不确定性，即人们事先只知道采取某种行动可能形成的各种结果，但不知道它们出现的概率，或者两者都不知道，而只能作些粗略的估计。

复习思考题

一、单项选择题

1. 资金的时间价值是指（　　）。

    A. 现在所拥有的资金在将来投资时所能获得的收益

    B. 资金随着时间的推移本身能够增值

    C. 资金在生产和流通过程中随时间推移而产生的增值

    D. 可用于储蓄或贷款的资金在储蓄或贷款时所产生的利息

2. 资金在运动过程中，把未来某一时间收支的货币换算成现在时刻的价值，称为（　　）。

    A. 时值　　　　　　B. 现值　　　　　　C. 终值　　　　　　D. 等额年金

3. 同一时点上现金流入量与现金流出量之（　　）称为净现金流量。

    A. 和　　　　　　　B. 差　　　　　　　C. 积　　　　　　　D. 商

4. 某公司拟购置一处房产，付款条件是：从第 4 年开始，每年年初支付 50 万元，连续支付 5 次，共 250 万元，假定该公司的投资收益率为 10%，则相当于该公司现在一次付款的金额为（　　）万元。

    A. $50 \times [（PVIFA，10\%，7）-（PVIFA，10\%，2）]$

    B. $50 \times [（PVIFA，10\%，5）（PVIF，10\%，2）]$

    C. $50 \times [（PVIFA，10\%，8）-（PVIFA，10\%，3）]$

    D. $50 \times [（PVIFA，10\%，5）（PVIF，10\%，3）]$

二、判断题

1. 在利率和计息期数相同的条件下，复利现值系数与复利终值系数互为倒数；年金现值系数与年金终值系数互为倒数。　　　　　　　　（　　）

2. 本金和利率相同的情况下，若只有一个计息期，单利终值与复利终值是相同的。　　　　　　　　（　　）

3. 复利现值就是为在未来一定时期获得一定的本利和而现在所需的年金。

    （　　）

4. 终值就是本金与利息之和。　　　　　　　　（　　）

5. 凡一定时期内，每期均有付款的现金流量都属于年金。　　　（　　）

三、问答题

1. 终值和现值的概念是什么?

2. 什么是名义利率和实际利率?

3. 什么是收益和风险? 如何衡量它们?

四、计算题

1. 某人退休时有现金 10 万元,拟选择一项回报比较稳定的投资,希望每个季度能收入 2 000 元补贴生活。那么,该项投资的实际报酬率应为多少?

2. 假设企业按 12% 的年利率取得贷款 200 000 万元,要求在 5 年内每年等额偿还,每年的偿付额应为多少?

案例分析

博彩奖金的转换决定:西格资产理财公司的案例

1987 年,罗莎琳德·珊琪菲尔德 (Rosalind Setchfield) 赢得了一项总价值超过 130 万美元的大奖。这样,在以后 20 年中,每年她都会收到 65 276.79 美元的分期付款。六年后的 1995 年,珊琪菲尔德女士接到了位于佛罗里达州西部棕榈市的西格资产理财公司 (Singer Asset Finance Company) 的一位销售人员打来的电话,称该公司愿立即付给她 140 000 美元以获得今后 9 年其博彩奖支票的一半款项 (也就是,现在的 140 000 美元换算以后,9 年共 32 638.39 美元 ×9 = 293 745.51 美元的分期付款)。西格公司是一个奖金经纪公司,其职员的主要工作就是跟踪类似珊琪菲尔德女士这样的博彩大奖的获得者。公司甚至知道有许多人会急于将他们获得奖项的部分马上全部变现成一笔大钱。类似西格公司这样的经纪公司将它们收购的这种获得未来现金流的权利再转售给一些机构投资者,诸如美国太阳公司 (Sun America) 或是约翰·汉考克共同生命保险公司 (John Hancock MutualLife Insurance Co.)。本案例中,购买这项权利的是金融升级服务集团 (Enhance Financial Servic Group),简称 EFSG 公司,它是一家从事纽约州的市政债券的再保险公司。西格公司已谈好将它领取珊琪菲尔德一半奖金的权利以 196 000 美元的价格卖给了 EFSG 公司,如果珊琪菲尔德答应公司的报价,公司就能马上赚取 56 000 美元。最终珊琪菲尔德接受报价,交易达成。

问题:为何西格公司能安排这笔交易并立即获得 56 000 美元的利润呢?

第三章 筹资方式

▶ **学习目标**

了解筹资的含义及分类，掌握筹资的渠道和方式；掌握长期资金筹集中权益资本的各种筹资方式，如吸收直接投资、普通股筹资等的主要内容；掌握长期资金筹集中债务资本各筹资方式，如长期借款筹资、债券筹资等的主要内容；掌握短期资金筹集中各筹资方式，如商业信用筹资、短期借款筹资等的主要内容；了解混合资金筹集中各筹资方式，如优先股、可转换债券和认股权证的主要内容。

第一节 筹资管理概述

一、筹资的概念

筹资是指企业根据其生产经营、对外投资和调整资本结构的需要，通过各种筹资渠道和金融市场，运用有关方式经济、有效地获得和集中资金的财务活动。如果说企业的财务活动是以现金收支为主的资金流转活动，那么筹资活动则是资金运转的起点。

二、筹资的动机

企业的筹资动机是多种多样的，最主要的动机有如下几种：

（一）新建筹资动机

新建筹资动机是企业在新建时，为获得满足正常生产经营活动所需的铺底资金而产生的筹资动机。我国有关制度规定，企业在建立时，必须具有法定的资本金，并不得低于国家规定的限额。要创建一个企业，必须筹集足够的资本金，才能到工商管理部门办理注册登记。因此，新建筹资动机一般存在于新建企业之中，并具备一次性的特征。

（二）扩张筹资动机

扩张筹资动机是企业因扩大生产经营规模、追加对外投资或设立新生产基地等需要而产生的筹资动机。企业要开展日常生产经营活动，购置设备材料等生产要素，不能没有一定数量的资金；扩大生产规模，开发新产品，创建新基地，更需要追加投资。具有良好发展前景、处于成长时期的企业通常会产生这种筹资动机。

（三）偿债筹资动机

偿债筹资动机是企业为了偿还某项债务而形成的借款动机，即借新债还旧债。偿债筹资有两种情形：一是调整性偿债筹资，即企业虽有足够的能力支付到期旧债，但为了调整现有的资本结构，仍然举债，从而使资本结构更加合理，这是主动的筹资策略；二是恶化性偿债筹资，即企业现有的支付能力已不足以偿付到期旧债，而被迫举债还债，这种情况一般表明企业的财务状况已经恶化。

（四）解困筹资动机

解困筹资动机是企业为了缓解临时财务困境而产生的筹资动机。企业在生产经营中总是会面临各种各样的财务困境，如市场物价上涨时需要大量储备存货，以消除涨价风险；临时性季节采购导致库存的大量增加；发放工资或支付股利已迫在眉睫等。这些都会使资金需求骤然增加，这时就必然驱使企业想方设法去筹集资金，以解燃眉之急。

（五）混合筹资动机

混合筹资动机是企业既需要扩大经营的长期资金，又需要偿还债务和缓解临时财务困境的现金而形成的筹资动机。这种筹资动机中混合了扩张筹资、偿债筹资和解困筹资三种动机。

三、筹资的分类

筹资按不同的划分标准，可以形成不同的筹资种类，主要划分标准如下：

（一）按筹资的属性不同划分

筹资按其属性不同，可分为权益性筹资、负债性筹资和混合性筹资。

权益性筹资是指企业依法取得由投资者投入并拥有所有权的资金，企业可以长期使用且无须偿还。投资者拥有企业的所有权、经营决策权和盈利分配权等，并承担企业亏损。权益性筹资的具体筹资方式有吸收直接投资、发行股票、留存收益等。

负债性筹资是向债权人借入资金的筹资活动，所筹集到的资金形成企业的负债。企业可在规定期限内使用该资金，还要按时偿还并支付利息，债权人不享有盈利分配权，也不承担企业亏损。负债性筹资的具体筹资方式有长短期借款、发行债券、融资租赁等。

混合性筹资是指兼具权益性筹资和负债性筹资双重性质的筹资活动，所筹集到的资金既具有一定权益资本的特性，也具有一定负债资本的特性。主要有发行优先股、可转换债券和认股权证等。

（二）按筹资使用期限长短划分

筹资按其使用期限的长短，可分为短期筹资和长期筹资。

短期筹资是企业筹集短期资金的行为。短期资金是指使用期限在一年以内的资金，主要用于补充流动资金。短期筹资的主要方式为短期借款、商业信用等。

长期筹资是企业筹集长期资金的行为。长期资金是指使用期限在一年以上的资金，主要用于设备、固定资产等长期性的投资。长期筹资的主要方式有吸收直接投资、发行股票、长期借款、发行债券、融资租赁等。

（三）按筹资是否以金融机构为媒介划分

筹资按其是否以金融机构为媒介，可分为直接筹资和间接筹资。

直接筹资是指企业不借助银行等金融机构，通过吸收直接投资或发行股票、债券等办法直接筹集资金。直接筹资通过货币或资本市场来进行，以各种证券作为载体，具有广阔的领域，可利用的渠道和方式较多，筹资数额较多，但筹资手续较为繁琐，筹资效率低，筹资费用和成本较高。

间接筹资是指企业借助于银行或非银行金融机构等进行的筹资。间接筹资以银行或非银行金融机构作为载体，筹资的手续较为简便，筹资费用和成本相对比较低，但间接筹资的范围比较狭窄，可利用的渠道和方式比较单一，筹资的数额有限。

（四）按筹资的来源不同划分

筹资按其来源不同，可分为内部筹资和外部筹资。

内部筹资是指企业通过留存收益的形式从企业内部筹措资本的筹资活动，是在企业内部通过利润分配形成的，数额大小取决于企业可供分配的利润的规模以及企业的利润分配政策。内部筹资无须支付筹资费用，可降低资金成本。

外部筹资是指企业向外部筹措资金的一种筹资活动。在企业内部筹资无法满足资金需要的情况下，企业应当从外部筹集资金。外部筹资一般需要支付一定筹资费用，主要方式有吸收直接投资、发行股票、发行债券、融资租赁、银行借款等。

四、筹资渠道和筹资方式

企业的资金可以从多种渠道、用多种方式来筹集。确定筹资渠道和选择筹资方式是企业筹资中的两个重要问题。明确筹资渠道是解决资金从哪里来的问题；明确筹资方式是解决如何取得资金的问题。只有分析研究筹资渠道和筹资方式的特点，才能合理地确定资金来源的结构。

（一）筹资渠道

筹资渠道是指企业筹集资本的来源方向或通道，它体现着资本的源泉和流量。我国企业的筹资渠道主要有以下几种：

1. 国家财政资金

国家财政资金是代表国家投资的政府部门或者机构以国有资金投入企业形成的国家资本金，是我国国有企业的主要资金来源。

2. 银行信贷资金

银行一般分为商业性银行和政策性银行。前者为各类企业提供商业性贷款，后者主要为特定企业发放政策性贷款。银行信贷资金是我国企业资金的主要供应渠道。

3. 非银行金融机构资金

除专业银行外，企业还可以通过信托投资公司、保险公司、租赁公司、证券公司、企业集团的财务公司等非银行金融机构取得贷款，这些非银行金融机构的资金力量比专业银行小，但资金供应灵活方便，而且能提供其他方面的服务，给企业提供了更多的选择机会。

4. 其他法人单位资金

其他法人单位资金是指其他法人单位以其可以支配的资金在企业之间相互融通而形成的资金。这种资金既可以是短期的临时资金融通，也可以相互投资形成长期稳定的经济联合，主要包括联营、入股、负债、商业信用等。

5. 个人资金

对于企、事业单位的职工和城乡居民手中暂时不用的闲置资金，企业可以通过发行股票、债券等方式，将它们集聚起来形成企业的资金，这些就是个人资金。

6. 企业内部形成资金

企业的留存收益在一定条件下可以转化为生产经营资金，是稳定的资金来源，它与一些经常性的延期支付款项（如应付职工薪酬、应缴税费、应付股利等）一并构成企业内部形成资金。

7. 外商资金

外商资金指吸收的外商投资。

（二）筹资方式

筹资方式是指企业筹集资金所采用的具体形式。目前，企业可以利用的筹资方式主要有以下几种：

1. 吸收直接投资

吸收直接投资是指企业以协议等形式吸收国家、其他法人单位、个人和外商等直接投入资金，形成企业资本金的一种筹资方式。

2. 发行股票

股票是股份公司为筹集资金而发行的有价证券，是持股人拥有公司股份的凭证。发行股票使得大量社会游资得到集中和运用，是股份有限公司筹集权益资金的一个重要途径。

3. 金融机构贷款

金融机构贷款是指企业向银行或非银行金融机构借入的、按规定期限还本付息的款项，是企业筹集长、短期借入资金的主要方式。

4. 商业信用

商业信用是指商品交易中以延期付款或预收货款的方式进行购销活动而形成的借贷关系，是企业与企业之间的直接信用行为。它是企业筹集短期资金的一种方式。

5. 发行债券

债券是公司为取得长期资金而发行的有价证券，是持券人拥有公司债权的证书，代表持券人同公司之间的债权债务关系。发行债券是企业筹集资金的又一重要途径。

6. 发行信托产品

信托业务作为一项金融业务，具有筹集资金的职能。信托机构通过发行信托产品的形式筹集资金，成为企业筹资的一种新的方式。

7. 租赁

租赁是出租人以收取租金为条件，在契约或合同规定的期限内将资产让给承租人使用的一种信用业务，它按性质可分为经营性租赁和融资租赁两种。

（三）筹资渠道与筹资方式的配合

筹资渠道和筹资方式之间有密切的关系。同一来源渠道的资金往往可以采用不同的筹资方式取得，而同一筹资方式又往往可以从不同的来源渠道去筹措资金。因此，企业筹集资金时，必须将两者结合在一起，研究两者的合理配合。各种筹资渠道与方式的配合如表 3.1 所示。

表 3.1 筹资渠道与筹资方式的配合

渠道＼方式组合	吸收直接投资	发行股票	金融机构贷款	商业信用	发行债券	发行信托产品	租赁
国家财政资金	√	√					
银行信贷资金			√		√	√	
非银行金融机构资金	√	√	√		√	√	√
其他法人单位资金	√	√		√	√	√	
个人资金	√	√			√	√	
企业内部形成资金	√	√					
外商资金	√	√			√		√

五、筹资管理的原则

企业筹资管理的基本要求，是在严格遵守国家法律法规的基础上，分析影响筹资的各种因素，权衡资金的性质、数量、成本和风险，合理选择筹资方式，提高筹集效果。

（一）遵循国家法律法规，合法筹措资金

企业的筹资行为和筹资活动必须遵循国家的相关法律法规，依法履行法律法规和投资合同约定的责任，合法合规筹资，依法信息披露，维护各方的合法权益。

（二）分析生产经营情况，正确预测资金需要量

企业筹资资金，首先要合理预测资金的需要量。筹资规模与资金需要量应当匹配一致，既要避免因筹资不足，影响生产经营的正常进行，又要防止筹资过多，造成资金闲置。

（三）合理安排筹资时间，适时取得资金

企业要合理预测确定资金需要的时间，从而合理安排资金的筹集时间，使筹资与用资在时间上相衔接，既要避免过早筹集资金形成的资金在投放前闲置，又要防止取得资金的时间滞后，错过资金投放的最佳时间。

（四）了解各种筹资渠道，选择资金来源

企业所筹集的资金都要付出资本成本的代价，不同的筹资渠道和筹资方式所取得的资金，其资本成本各有差异。企业应当在考虑筹资难易程度的基础上，针对不同来源资金的成本进行分析，尽可能选择经济、可行的筹资渠道与方式，力求降低筹资成本。

（五）研究各种筹资方式，优化资本结构

企业筹资要综合考虑股权资金与债务资金的关系、长期资金与短期资金的关系、内部筹资与外部筹资的关系，合理安排资本结构，保持适当偿债能力，防范企业财务危机，提高筹资效益。

第二节　长期资金的筹集

长期资金是指使用期限在一年以上的资金。为了满足企业长期资金占用的需要，企业一般通过权益资本和长期债务资本来筹集长期资金，有时也会采用一些混合性筹资。其中，权益资本的筹集方式主要有吸收直接投资、普通股筹资和留存收益筹资等；长期债务资本的筹集方式主要有长期借款筹资、债券筹资和融资租赁等；混合资金的筹资方式主要有发行优先股、可转换债券和认股权证等，这部分内容将会

在本章第四节做详细介绍。

一、权益资本筹资

（一）吸收直接投资

吸收直接投资是企业以"共同投资、共同经营、共担风险、共享利润"的原则来吸收国家、法人、个人、外商等直接投入资金，形成企业自有资金的一种筹资方式。它不以有价证券为中介，是以协议、合约形式存在的，其投资者都是企业的所有者，对企业具有经营管理权。吸收直接投资是非股份制企业筹集权益资本的主要方式。

1. 吸收直接投资的类型

（1）按照投资主体不同，吸收直接投资可分为吸收国家投资、吸收法人投资、吸收个人投资和吸收外商投资。

吸收国家投资是指有权代表国家投资的政府部门或者机构将国有资产投入企业形成的国家资本金。吸收直接投资的特点是：资金产权归属国家；资金的运用和处置受国家约束较大；在国有企业中采用比较广泛。

吸收法人投资是指其他企业单位以其可支配的资产投入企业形成的法人资本金。吸收法人投资的特点是：发生于法人主体之间；出资方式灵活多样；以参与企业的利润分配为目的。

吸收个人投资是指社会个人或企业内部职工以个人合法财产投入企业所形成的个人资本金。吸收个人投资的特点是：每人投资的数额较少；参与投资人员较多；以参与企业的利润分配为目的。

吸收外商投资是指吸收外国和我国港、澳、台地区投资者投入企业的资金。吸收外商投资的特点是：投资者为外国或我国港、澳、台地区的商人；可以引进先进的技术和管理经验。

（2）按照出资方式不同，吸收直接投资可以分为吸收现金投资和吸收非现金资产投资。

吸收现金投资是指吸收投资者用货币资金对企业的投资。现金可灵活方便地转换为其他经济资源，因此，企业在投入资本筹资时尽可能多地争取投资者以现金形式出资。

吸收非现金资产投资是指吸收投资者用除现金之外的非现金资产对企业的投资，主要包括吸收实物资产投资和吸收无形资产投资两种。

①吸收实物资产投资。吸收实物资产投资是指投资者以房屋、建筑物、机器设备、存货等实物资产作价投资。这些实物资产应确实是企业科研、生产、经营所需要的，技术性能比较好的资产，其作价必须公平合理。投资者投资时还必须出具拥

有资产所有权和处置权的有效证明，并不得以租赁的资产或已作为抵押的资产进行投资。

②吸收无形资产投资。吸收无形资产投资是指投资者以专利权、商标权、商誉、非专利技术、土地使用权等无形资产作价投资。由于无形资产的价值具有很大的不确定性，因此，企业在接受这种投资时应谨慎地进行有关调查和可行性研究。对作为出资的无形资产应当依据规定合理评估作价，核实财产，并依法办理财产权的转移手续。

2. 吸收直接投资的程序

（1）确定筹资数量。企业吸收直接投资时，应当合理确定所需吸收直接投资的数量，以利于企业正确地筹集所需的资金。由于企业吸收直接投资属于所有者权益，其份额达到一定规模时，会对企业的经营控制权产生影响，因此企业应高度重视。

（2）寻找投资单位。企业在吸收直接投资以前，应做一些宣传推广工作，让投资者充分了解企业的发展方向和前景、经营性质和规模以及获利能力等，以找到合适的合作伙伴。

（3）选择吸收直接投资的形式。企业应根据其生产经营等活动的需要以及协议等规定，与企业投资者协商确定合适的吸收直接投资的形式。

（4）协商投资事项。找到投资者后，双方要进行具体协商，以便合理确定出资的数量、方式、期限等。若吸收的投资为非现金资产，双方还应按照公平合理的原则对其进行作价。

（5）签署投资协议。经过双方协商一致后，就可以签署投资协议，从法律上明确双方的权利、义务和责任。协议一般包括投资人的出资数额、出资方式、资产交付期限、投资违约责任、投资收回、收益分配及控制权分配等内容。

（6）获得投资及共享投资利润。签署投资协议后，企业应督促投资者按时足额交付投资资金，以便尽快形成生产经营能力。投资者出资后，也有权按照协议的规定从企业实现的利润中获取报酬。

3. 吸收直接投资的优缺点

（1）吸收直接投资的优点

①有利于增强企业信誉。吸收直接投资筹集的资金属于企业的自有资金，能增强企业的信誉和借款能力。

②有利于尽快形成生产能力。吸收直接投资不仅可以获得现金资产投资，还可以直接接受实物投资，使企业获得所需的先进技术和设备，尽快形成生产能力。

③有利于降低财务风险。与负债筹资相比，吸收直接投资所筹集的资本不需要还本付息，财务风险较小。

（2）吸收直接投资的缺点

①资本成本较高。与发行债券和向银行贷款的方式相比，吸收直接投资支付给投资者的报酬是从税后利润部分支付的，不具有抵税作用，因此资本成本较高。

②容易分散企业控制权。当企业接受直接投资较多或需要引进外部投资者时，就容易造成企业控制权的分散。

③产权交易和转让困难。吸收直接投资筹集的资金没有证券作为中介，投资者资本进入企业容易，退出困难，产权的交易和转让都很困难。

（二）普通股筹资

1. 普通股的概念及其股东权利

普通股是股份有限公司发行的无特别权利的股份，也是最基本的、标准的股票。通常情况下，股份有限公司只发行普通股。

持有普通股股份者为普通股股东。依我国《公司法》的规定，普通股股东主要有以下权利：

（1）经营管理权。普通股股东有权出席或委托代理人出席股东大会，并依公司章程规定行使投票表决权。这是普通股股东参与公司经营管理的基本方式。

（2）股份转让权。股东持有的股份可以自由转让，但必须符合《公司法》、其他法规和公司章程规定的条件和程序。

（3）股利分配请求权。普通股股东有权从公司利润分配中得到股息。

（4）对公司账目和股东大会决议的审查权和对公司事务的质询权。

（5）分配公司剩余财产的权利。当公司破产清算时，若公司的资产在偿还欠债后还有剩余，普通股股东有权对其剩余部分进行分配。

（6）增发新股时，具有优先认购权。如果公司需要扩张而增发普通股票，现有普通股股东有权按其持股比例，以低于市价的某一特定价格优先购买一定数量的新发行股票，从而保持其享有企业所有权的原有比例。

（7）公司章程规定的其他权利。

2. 普通股的分类

（1）普通股按其投资主体不同，可分为国家股、法人股、个人股和外资股等。

国家股是有权代表国家投资的部门或机构以国有资产向公司投资而形成的股份。

法人股是企业法人依法以其可支配的财产向公司投资而形成的股份，或具有法人资格的事业单位和社会团体以国家允许用于经营的资产向公司投资而形成的股份。

个人股是社会个人或公司内部职工以个人合法财产投入公司而形成的股份。

外资股是为外国和我国港、澳、台地区投资者购买的人民币特种股票而形成的股份。

（2）普通股按其是否记名，可分为记名股票和无记名股票。

记名股票需要在股票票面上记载股东的姓名，并记载于公司的股东名册上。这种股票除了股票上所记载的股东和其正式的委托代理人或合法继承人、受赠人外，其他人不得行使其股权。而且记名股票不能随意转让，如果需要私自转让，必须严格按照法律程序进行，并办理过户手续。

无记名股票是票面上不记载股东姓名的股票。这类股票的持有人即股份的所有人，具有股东资格，股票的转让也比较自由、方便，无须办理过户手续。

（3）普通股按其票面是否标明金额，可分为有面值股票和无面值股票。

有面值股票是在票面上标有一定金额的股票。持有这种股票的股东，对公司享有的权利和承担义务的大小，依其所持有的全部股票票面总金额占公司发行在外股票面值总额的比例而定。

无面值股票是不在票面上标出金额，只载明所占公司股本总额的比例或股份数的股票。无面值股票的价值随公司财产的增减而变动，而股东对公司享有的权利和承担义务的大小，直接依股票标明的比例而定。目前，我国《公司法》不承认无面值股票，规定股票应载明票面金额，并且其发行价格不得低于票面金额。

（4）普通股按其发行对象和上市地区可分为 A 股、B 股、H 股、N 股和 S 股。

A 股是人民币普通股票，即供我国大陆地区个人或法人买卖的，以人民币标明票面金额并以人民币认购和交易的股票。

B 股是人民币特种股，是以人民币标明普通股面值，以外币认购和买卖，在上海和深圳两个境内证券交易所上市交易的股票，它的投资人为境外投资者及中国港、澳、台地区投资者。

H 股是在内地注册，在香港上市的外资股，香港的英文是 Hong Kong，取其首字母，即为 H 股。以此类推，在纽约上市的股票为 N 股，在新加坡上市的股票为 S 股。

（5）普通股按其发行时间的先后，可分为始发股和新发股。

始发股是公司设立时发行的股票。新发股是公司增资时发行的股票。无论是始发股还是新发股，其发行条件、发行目的、发行价格都不尽相同，但是股东的权利和义务却是一样的。

3. 股票的发行

股票的发行是指股份有限公司出售股票以筹集资本的过程，是股份有限公司募集设立和增资扩股的基本手段。股票的发行应执行的管理规定主要包括以下内容：

（1）股票发行的规定与条件

按照我国《公司法》和《证券法》的有关规定，股份有限公司发行股票，应符合以下规定与条件：

①每股金额相等。

②股票发行价格可以按票面金额，也可以超过票面金额，但不得低于票面金额。

③股票应当载明公司名称、公司登记日期、股票种类、票面金额及代表的股份数、股票编号等主要事项。

④公司向发起人、国家授权投资的机构、法人发行的股票，应当为记名股票；向社会公众发行的股票，可以为记名股票，也可以为无记名股票。

⑤公司发行记名股票的，应当置备股东名册，记载股东的姓名或者名称、住所、各股东所持股份数、各股东所持股票的编号、各股东取得其股份的日期；发行无记名股票的，公司应当记载其股票数量、编号及发行日期。

⑥公司公开发行新股，必须具备下列条件：具备健全且运行良好的组织机构；具有持续盈利能力，财务状况良好；最近三年财务会计文件无虚假记载，无其他重大违法行为；符合经国务院批准的国务院证券监督管理机构规定的其他条件。

⑦公司发行新股，应由股东大会做出有关下列事项的决议：新股种类及数额；新股发行价格；新股发行的起止日期；向原有股东发行新股的种类及数额。

（2）股票发行的程序

股份有限公司在设立时发行股票与增资发行新股，程序上有所不同。

①公司设立时发行股票的程序如下：

第一步，提出募集股份申请。

第二步，公告招股说明书，制作认股书，签订承销协议和代收股款协议。

第三步，招认股份，缴纳股款。

第四步，召开创立大会，选举董事会、监事会。

第五步，办理设立登记，交割股票。

②公司增资发行新股的程序如下：

第一步，股东大会做出发行新股的决议。

第二步，由董事会向国务院授权的部门或省级人民政府申请并经批准。

第三步，公告新股招股说明书和财务会计报表及附属明细表，与证券经营机构签订承销合同，定向募集时向新股认购人发出认购公告或通知。

第四步，招认股份，缴纳股款。

第五步，改组董事会、监事会，办理变更登记并向社会公告。

（3）股票发行方式

按股票发行是否面向社会公众，股票发行方式可分为公开发行和不公开发行两种。

①公开发行。股票公开发行又称公募发行，是指通过中介机构，公开向社会公众发行股票。这种发行方式的发行范围广、发行对象多，易于足额募集资本；股票的变现性强，流通性好；有助于提高发行公司的知名度和扩大其影响力。但这种发

行方式手续繁杂，发行成本高。

②不公开发行。股票不公开发行又称私募发行，是指不公开对外发行股票，只向少数特定的对象直接发行，因而不需经中介机构承销。这种发行方式弹性较大，发行成本低，但发行范围小，股票变现性差。

（4）股票销售方式

股票的销售方式指的是股份有限公司向社会公开发行股票时所采取的股票销售方法。股票销售方式有两类：自销和委托承销。

①自销方式。股票发行的自销方式是指发行公司不通过中介，自行将股票销售给投资者的销售方式。这种销售方式可由发行公司直接控制发行过程，实现发行意图，并可以节省发行费用；但往往筹资时间长，发行公司要承担全部发行风险，并需要发行公司有较高的知名度、信誉和实力。

②承销方式。股票发行的承销方式是指发行公司将股票销售业务委托给证券经营机构代理发行股票的销售方式。这种销售方式是发行股票所普遍采用的。我国《公司法》规定股份有限公司向社会公开发行股票，必须与依法设立的证券经营机构签订承销协议，由证券经营机构承销。股票承销又分为包销和代销两种具体办法。

所谓包销，是根据承销协议商定的价格，证券经营机构一次性购进发行公司公开募集的全部股份，然后以较高的价格出售给社会上的认购者。对发行公司来说，包销的办法可及时筹足资本，免于承担发行风险（股款未募足的风险由承销商承担）；但股票以较低的价格售给承销商会损失部分溢价。

所谓代销，是证券经营机构为发行公司代售股票，并由此获取一定的佣金，但不承担股款未募足的风险。

（5）股票的发行价格

股票的发行价格是股票发行时所使用的价格，也就是投资者认购股票时所支付的价格。股票的发行价格通常由发行公司根据股票面额、股市行情和其他有关因素决定，可以和股票的面额一致，但多数情况下不一致。股票的发行价格一般有以下三种：

①等价发行：是以股票的票面额为发行价格，也称为平价发行。这种发行价格，一般在股票的初次发行或在股东内部分摊增资的情况下采用。由于股票的市价往往高于面额，因此以面额为发行价格能够使认购者得到价格差异带来的收益，促使股东认购股票，但无从取得股票溢价收入。

②时价发行：是以本公司股票在流通市场上买卖的实际价格为基准确定的股票发行价格。时价发行的价格一般高于票面金额，其原因是股票在第二次发行时已经增值，收益率已经变化。选用时价发行股票，考虑了股票的现行市场价值，对投资者也有较大的吸引力，而且时价与面额之间的差额归发行公司所有，为发行公司带

来溢价收入，降低了股票发行成本。

③中间价发行：是以时价和等价的中间值确定的股票发行价格。这种价格通常在时价高于票面金额，公司需要增资但又需要照顾原有股东的情况下采用。

按时价或中间价发行股票，股票的发行价格会高于或低于其面额。前者称溢价发行，后者称折价发行。我国《公司法》规定，股票发行价格可以等于票面金额（等价），也可以超过票面金额（溢价），但不得低于票面金额（折价）。

4. 股票的上市

股票上市是指股份有限公司公开发行的股票，在符合规定条件后，经过申请批准，可在证券交易所作为交易的对象。经批准在证券交易所上市交易的股票，称为上市股票；其股份有限公司称为上市公司。

（1）股票上市的条件

2006年1月1日起执行的《中华人们共和国证券法》规定，股份有限公司申请股票上市，要符合下列条件：

①股票经国务院证券监督管理机构核准已公开发行。

②公司股本总额不少于人民币3 000万元。

③公开发行的股份达到公司股份总数的25%以上；公司股本总额超过人民币4亿元，公开发行股份的比例为10%以上。

④公司最近三年无重大违法行为，财务会计报告无虚假记载。

股票上市的公司必须公布其上市报告，并将其申请文件存放在指定的地点供公众查阅，还必须每年定期公布其财务会计报告。

（2）股票上市的暂停与终止

上市公司有下列情形之一的，由证券交易所决定暂停或终止其股票上市交易：

①公司股本总额、股权分布等发生变化，不再具备上市条件，暂停交易；在证券交易所规定的期限内仍不能达到上市条件，终止交易。

②公司不按规定公开其财务状况，或者对财务报告作虚假记载，暂停交易；拒绝纠正的，终止交易。

③公司有重大违法行为，暂停交易；公司解散或者被宣告破产，终止交易。

④公司最近三年连续亏损，暂停交易；在其后一个年度内未能恢复盈利，终止交易。

⑤证券交易所上市规则规定的其他情形。

5. 普通股筹资的优缺点

（1）普通股融资的优点

①发行普通股筹措的资本具有永久性，无到期日，不需归还。这对保证公司资本的最低需要，维持公司长期稳定发展极为有益。

②发行普通股筹资没有固定的股利负担，股利的支付与否和支付多少，视公司有无盈利和经营需要而定，由经营波动给公司带来的财务负担相对较小。

③发行普通股筹集的资本是公司最基本的资金来源，它反映了公司的实力，可作为其他方式筹资的基础，尤其可为债权人提供保障，增强公司的举债能力。

④由于普通股的预期收益较高，并可一定程度地抵消通货膨胀的影响，因此普通股筹资容易吸收资金。

（2）普通股融资的缺点

①普通股的资本成本较高，发行费用一般也高于其他证券。

②以普通股筹资会增加新股东，这可能会分散公司的控制权。此外，新股东分享公司未发行新股前积累的盈余，会降低普通股的每股净收益，从而可能引发股价的下跌。

③上市公司的财务状况和经营成果都要公开，接受社会公众的监督甚至质疑，容易泄漏公司的商业机密。

（三）留存收益筹资

1. 留存收益的概念

留存收益是指通过公司的生产经营活动形成的股东权益，即经营所得净收益经分配后留存在公司的利润，包括法定盈余公积金、法定公益金、任意盈余公积金及未分配利润等。

留存收益是企业缴纳所得税后形成的，其所有权属于股东。股东将这一部分未分配的税后利润留给企业，实质上是对企业追加投资。

2. 留存收益的种类

留存收益分为两类：盈余公积和未分配利润。它们各自的含义如下：

盈余公积是指公司按照规定从净利润中提取的积累资金，包括法定公积金和任意公积金。

未分配利润是指未限定用途的留存净利润，这里有两层含义：一是这部分净利润没有分给公司的股东；二是这部分净利润未指定用途。

3. 留存收益筹资的优缺点

（1）留存收益筹资的优点

①不发生筹资费用，可以节约筹资成本。

②不会增加新的股东和股份，可以保持普通股股东的控制权。

③可以增强公司的资本实力，改善公司的资本结构，提高公司的信誉，进而为债权人提供保障。

（2）留存收益筹资的缺点

①筹资数额有限制。留存收益筹资的数额常常会受到企业经营水平和个别股东

的限制，那些依靠股利维持生活或厌恶风险的股东总是要求股利支付比率要维持在一定的水平上。

②影响股票价格的稳定或上升水平。留存收益过多，股利支付就会过少，可能会打击股票交易市场上交易者的积极性，影响未来的外部融资，从而影响股票价格的稳定或上升水平。

二、债务资本筹资

（一）长期借款筹资

长期借款是指企业向银行或非银行金融机构借人的、偿还期限超过一年的各种借款，主要用于构建固定资产和满足长期流动资金占用的需要。

1. 长期借款的种类

长期借款的种类有很多，常见的有如下几种：

（1）按有无担保，可分为抵押贷款和信用贷款。

抵押贷款是指有抵押品（如房屋、建筑物、机器设备、有价证券、存货等）为担保而取得的贷款。

信用贷款是不需要提供抵押品，仅凭自身信用或担保人的信誉就能取得的贷款。

（2）按用途不同，可分为固定资产投资贷款、科技开发和新产品试制贷款、更新改造贷款等。

固定资产投资贷款是针对建造和构建固定资产等经济行为进行的贷款，包括固定资产的改造、扩建、新建等。科技开发和新产品试制贷款是针对研究、仿制、消化新技术，试制开发新产品，推广应用新技术成果的贷款。更新改造贷款是对企业、事业单位原有设施的更新和技术改造以及相应配套的工程建设的贷款。

（3）按提供贷款的机构不同，可分为政策性银行贷款、商业银行贷款和其他金融机构贷款等。

政策性银行贷款是指执行国家政策性贷款业务的银行（如国家开发银行、进出口银行等）向企业发放的贷款。这种贷款的政策性较强，通常有较为优惠的贷款条件，体现了国家对某些企业和业务的扶持。

商业银行贷款是各商业银行向工商企业提供的贷款。这类贷款是企业和银行间市场化的资金融通行为，形式较为灵活。

其他金融机构贷款是指保险公司、证券公司、信托投资公司等非银行金融机构提供给企业的贷款。其他金融机构的贷款一般较商业银行贷款的期限要长，要求的利率较高。

2. 长期借款的程序

（1）企业提出借款申请，提供借款资料；

（2）银行审查企业申请，进行调查与审批；

（3）签订借款合同，发放贷款；

（4）企业按合同规定按时还本付息。

3. 长期借款的合同内容

长期借款合同是规定借贷双方权利和义务的契约，一般包括基本条款和保护性条款两部分内容。长期借款合同的基本条款包括：借款金额、借款方式、借款用途、借款利率、借款期限、还款方式、违约责任、保证条款、借款用途等。由于银行等金融机构提供的长期贷款金额高、期限长、风险大，因此，除借款合同的基本条款之外，债权人通常还在借款合同中附加各种保护性条款，以确保企业按要求使用借款和按时足额偿还借款。保护性条款一般有以下三类：

（1）例行性保护条款。主要包括：①要求定期向提供贷款的金融机构提交财务报表，以使债权人随时掌握公司的财务状况和经营成果；②不准在正常情况下出售较多的非产成品存货，以保持企业正常生产经营能力；③如期清偿应缴纳税金和其他到期债务，以防被罚款而造成不必要的现金流失；④不准以资产作其他承诺的担保或抵押；⑤不准贴现应收票据或出售应收账款，以避免或有负债等。

（2）一般性保护条款。一般性保护条款是对企业资产的流动性及偿债能力等方面的要求条款，主要包括：①保持企业的资产流动性；②限制企业非经营性支出；③限制企业资本支出的规模；④限制公司再举债规模；⑤限制公司的长期投资。

（3）特殊性保护条款。这类条款是针对某些特殊情况而出现在部分借款合同中的条款，主要包括：要求企业的主要领导在合同的有效期内担任领导职务；要求企业的主要领导人购买人身保险；专款专用；不准企业投资于短期内不能收回资金的项目，等等。

【小贴士】保护性条款有利于全面保护银行等债权人的权益。但借款合同是经双方充分协商后决定的，其最终结果取决于双方谈判能力的大小，而不是完全取决于银行等债权人的主观愿望。

4. 长期借款的利率

长期借款的利率通常分为固定利率和浮动利率两种。

（1）固定利率。固定利率是以相同资信水平公司发行的债券利率为基准，借贷双方商定的利率，一经确定，不得随意变动。

（2）浮动利率。浮动利率是随着市场利率的变动而调整的利率。浮动利率通常有最高、最低限，并在借款合同中明确。

借款企业应根据借款期限合理预测市场利率的运行趋势，若未来市场利率呈上升状态，则应选择固定利率借款；反之，则应选择浮动利率借款。

5. 长期借款的偿还

公司以长期借款方式筹集的资本属于借入资本，需要按期还本付息。长期借款的还本付息方式主要有：一次性偿付法、等额利息法、等额本金法和等额本息法。

一次性偿付法是指在借款到期时一次性偿还本金和利息的方法；等额利息法是指借款期内每期末按借款利率偿还固定利息，到期一次还本；等额本金法是指借款期内每期偿还固定的本金及按借款余额计算的利息。在这一还款方式下，每期偿还的本金数相等，但每期支付的利息数额随着每期剩余本金余额的减少而逐年降低；等额本息法是指借款期内每期偿还相等数额的款项。在这种还款方式下，每期偿还的本金和利息总额相等，但每年偿还的利息和本金各不相等。随着本金的不断偿还，每期剩余的未偿还本金逐步减少，从而每期偿还额中所包含的利息逐步减少，而每期偿还额中所包含的本金逐年增加。

6. 长期借款筹资的优缺点

（1）长期借款筹资的优点

①筹资速度快。银行借款与发行证券相比，一般所需时间较短，可以迅速获得资金。

②借款弹性较大。企业与银行可以直接接触，商谈确定借款的时间、数量和利息。借款期间如企业经营情况发生了变化，也可与银行协商，修改借款的数量和条件。借款到期后如有正当理由，还可延期归还。

③借款成本较低。就我国目前的情况看，利用银行借款所支付的利息比发行债券所支付的利息低，另外，也无须支付大量的发行费用。

（2）长期借款筹资的缺点

①财务风险高。企业举借长期借款，必须定期付息，在经营不利的情况下，企业有不能偿付的风险，甚至会导致破产。

②限制性条款多。企业与银行签订的借款合同中一般都有一些限制性条款。

③筹资数量有限。银行一般不愿借出巨额的长期借款，因此，利用银行借款筹资有一定的上限。

（二）债券筹资

债券是企业为筹集资金，依照法定程序发行的，约定在一定期限内还本付息的有价证券，是债权人拥有公司债权的凭证。

1. 债券的种类

（1）按发行主体分为政府债券和公司债券

政府债券由各国中央政府或地方政府发行，主要为了弥补财政赤字和有关公共性市政项目建设，根据发行政府的级别不同分为国债、政府机构债券和地方市政债券。

公司债券又称企业债券，是由股份公司等各类企业发行的债券。与政府债券相比，公司债券的风险较大，因而利率也比较高。

（2）按有无特定财产担保，分为担保债券和信用债券

担保债券是指企业发行的有特定财产作为担保的债券。担保债券按其抵押品的不同，又分为不动产抵押债券、动产抵押债券和证券信托抵押债券。

信用债券是仅凭公司自身的信用发行的、没有抵押品作抵押担保的债券。

（3）按是否记名分为记名债券和无记名债券

记名债券是指在券面上注明债权人姓名或名称，同时在发行公司的债权人名册上进行登记的债券。这种债券的优点是比较安全，缺点是转让时手续比较复杂。

无记名债券是指在券面上不注明债权人姓名或名称，同时也不在发行公司的债权人名册上进行登记的债券。无记名债券转让时随即生效，无须背书，因而比较方便。

（4）按是否能够转换成公司股权，分为可转换债券与不可转换债券

可转换债券是指债券持有者可以在规定的时间内，按规定的价格转换为发债公司的股票。

不可转换债券是指不能转换为发债公司股票的债券，大多数公司债券都属于这种类型。

2. 债券的基本要素

（1）债券的面值。债券的面值包括两个基本内容：一是币种；二是票面金额。面值的币种可用本国货币，也可用外币，这取决于发行者的需要和债券的种类。债券的票面金额是债券到期时偿还债务的金额，面值印在债券上，固定不变，到期必须足额偿还。

（2）债券的期限。债券有明确的到期日，债券从发行日起，至到期日之间的时间称为债券的期限。在债券的期限内，公司必须定期支付利息，债券到期时，必须偿还本金。

（3）债券的利率。债券上通常载明利率，一般为固定利率，也有少数是浮动利率。债券的利率为年利率，面值与利率相乘可得出年利息。

（4）债券的价格。理论上债券的面值就是它的价格。但实际操作中，由于发行者的考虑或资金市场上供求关系、利息率的变化，债券的市场价格常常脱离它的面值。发行者计算利息、偿付本金都以债券的面值为根据，而不以价格为根据。

3. 债券的发行

（1）债券发行的资格

我国《公司法》规定，股份有限公司、国有独资公司和两个以上的国有企业或者其他两个以上的国有投资主体投资设立的有限责任公司，有资格发行公司债券。

（2）债券发行的条件

根据《证券法》规定，公开发行公司债券，应当符合下列条件：

①股份有限公司的净资产额不低于人民币 3 000 万元，有限责任公司的净资产额不低于人民币 6 000 万元。

②累计债券总额不超过公司净资产额的 40%。

③最近 3 年平均可分配利润足以支付公司债券 1 年的利息。

④所筹集的资金投向符合国家产业政策。

⑤债券的利率不得超过国务院限定的水平。

⑥国务院规定的其他条件。

发行公司凡是有下列情形之一的，不得再次发行公司债券：

①前一次发行的公司债券尚未募足的；

②对已发行的公司债券或者其债务有违约或延迟支付本息的事实，且仍处于持续状态的。

（3）债券的发行方式

企业债券的发行方式有如下三类：

①按募集对象不同，分为私募发行和公募发行。私募发行是以特定的少数投资者为对象发行债券，而公募发行则是在证券市场上以非特定的广大投资者为对象公开发行债券。

②按是否有证券中介机构参与，划分为直接发行和间接发行。直接发行是债券发行人不通过证券中介机构，自行向投资者发行债券的发行方法。间接发行是债券发行人通过证券中介机构发行债券的发行方法。我国有关法规规定，企业发行债券，不能采用直接发行方式，而必须与证券经营机构签订承销合同，由其承销。

③按发行条件及其投资者决定方式的不同，分为招标发行和非招标发行。招标发行是指债券发行者通过招标的方式来决定债券的投资者和债券发行条件的发行方法。非招标发行是指发行人与承销商直接协商发行条件，以便适合发行人的需要和现行的市场状况。

（4）债券发行的程序

①做出决议。公司发行债券要由董事会制订方案，股东大会作出决议。

②提出发行申请。公司发行债券应提出申请，由国务院证券管理部门审批。

③公告债券募集办法。企业发行债券的申请经批准后，应在公开刊物上刊登债券募集说明书，载明其发行总额、债券种类、债券面值、债券利率、还本付息方式及日期、债券的发行目的、发行的起止日期、承销机构等事项。

④委托证券经营机构发售。《企业债券管理条例》规定，企业发行债券，应当由证券经营机构承销。与股票发行类似，承销方式有代销和包销两种。

⑤交付债券，收缴债券款，登记债券存根簿。

（5）债券发行价格及计算

债券发行价格是债券投资者认购新发行的债券时实际支付的价格。公司债券的发行价格通常有三种：平价、溢价和折价。平价发行是指以面值作为发行价格；溢价发行是指发行价格高于面值；折价发行是指发行价格低于面值。

【小贴士】债券之所以会存在溢价发行和折价发行，是因为资金市场上的利息率是经常变化的，而企业债券一经发行，就不能调整其票面利息率。从债券的开印到正式发行，往往需要经过一段时间，在这段时间内如果资金市场上的利率发生变化，就要靠调整发行价格的方法来使债券顺利发行。即：当票面利率高于市场利率时，以溢价发行债券；当票面利率低于市场利率时，以折价发行债券；当票面利率等于市场利率时，以等价发行债券。

债券发行价格的确定其实就是一个求现值的过程，等于各期利息的现值与到期还本的现值之和，折现率以市场利率为标准。

即：债券发行价格 = Σ各期利息的现值 + 到期本金（面值）的现值

式中：利息 = 债券票面金额×票面利率

【例3－1】某公司发行面值为1 000元，票面利率为10%，期限为10年，每年年末支付利息的债券，到期还本。债券发行时市场利率发生了变化，分别为10%、15%、5%。

当市场利率为10%时，债券的发行价格为：

P = 1 000 × （p/F，10%，10） + 1 000 ×10% （P/A，10%，10）

= 1 000 ×0.385 5 + 100 ×6.144 6 = 1 000 （元）

当市场利率为15%时，债券的发行价格为：

P = 1 000 × （p/F，15%，10） + 1 000 ×10% （P/A，15%，10）

= 1 000 ×0.247 2 + 100 ×5.018 8 = 749 （元）

当市场利率为5%时，债券的发行价格为：

P = 1 000 × （p/F，5%，10） + 1 000 ×10% （P/A，5%，10）

= 1 000 ×0.613 9 + 100 ×7.721 7 = 1 386 （元）

4. 债券的偿还

债券偿还时间按其实际发生与规定的到期日之间的关系，分为提前偿还、到期偿还和滞后偿还三类。

（1）提前偿还。提前偿还又称提前赎回或收回，是指在债券尚未到期之前就予以偿还。只有在公司发行债券的契约中明确规定了有关允许提前偿还的条款，公司才可以进行此项操作。提前偿还所支付的价格通常要高于债券的面值，并随到期日的临近而逐渐下降。具有提前偿还条款的债券可使公司筹资有较大的弹性。当公司资金有结余时，可提前赎回债券；当预测利率下降时，也可提前赎回债券，而后以较低的利率来发行新债券。

（2）到期偿还。到期偿还是指当债券到期时履行债务所载明的义务，又包括分批偿还和一次偿还两种。如果一个公司在发行同一种债券的当时就为不同编号或不同发行对象的债券规定了不同的到期日，这种债券就是分批偿还债券。因为各批债券的到期日不同，它们各自的发行价格和票面利率也可能不相同，从而导致发行费较高；但由于这种债券便于投资人挑选最合适的到期日，因而便于发行。一次偿还债券是最为常见的，即到期一次偿还的债券。

（3）滞后偿还。债券在到期日之后偿还叫滞后偿还。这种债券的偿还条款一般在发行时便订立，主要是给予持有人以延长持有债券的选择权。滞后偿还有转期和转换两种形式。转期是指将较早到期的债券换成到期日较晚的债券，实际上是将债务的期限延长。常用的方法有两种：直接以新债券兑换旧债券；用发行新债券得到的资金来赎回旧债券。转换是指股份有限公司发行的债券可以按一定的条件转换成本公司的股票。

5. 债券筹资的优缺点

（1）债券筹资的优点

①资本成本低。债券的发行费用低，并且利息在税前支付，比股票筹资成本低。
②能够保证控制权。债券持有人无权干涉企业的经营管理事务。
③可以发挥财务杠杆作用。债券只支付固定的利息，当企业盈利多时，可以留更多的收益给股东或给企业扩大经营。

（2）债券筹资的缺点

①筹资风险高。债券有固定的到期日，并定期支付利息，无论企业经营状况如何都要偿还。
②限制条件多。债券发行契约书上的限制条款比优先股和短期债务严格得多，可能会影响企业以后的发展或筹资能力。
③筹资额有限。利用债券筹资在数额上有一定限度，当公司的负债超过一定程度后，债券筹资的成本会上升，有时甚至难以发行出去。

（三）融资租赁

融资租赁是由租赁公司按承租单位的要求出资购买设备，在较长的契约或合同期内提供给承租单位使用的信用业务。一般借贷的对象是资金，而融资租赁的对象是实物，融资租赁是融资与融物相结合、带有商品销售性质的借贷活动，是企业筹集资金的一种方式。

1. 融资租赁的主要特点

（1）出租的设备由承租企业提出要求购买，或者由承租企业直接从制造商或销售商那里选定。

（2）租赁期较长，接近于资产的有效使用期，在租赁期间双方无权取消合同。

（3）由承租企业负责设备的维修、保养。

（4）租赁期满，按事先约定的方法处理设备，包括退还租赁公司，或继续租赁，或企业留购。通常采用企业留购办法，即以很少的"名义价格"（相当于设备残值）买下设备。

2. 融资租赁的基本形式

（1）直接租赁。直接租赁是融资租赁的主要形式，承租方提出租赁申请时，出租方按照承租方的要求选购，然后再出租给承租方。

（2）售后回租。售后回租是指承租方由于急需资金等各种原因，将自己的资产售给出租方，然后以租赁的形式从出租方原封不动地租回资产的使用权。在这种租赁合同中，除资产所有者的名义改变之外，其余情况均无变化。

（3）杠杆租赁。杠杆租赁是指出租人一般只需支付租赁资产全部价款的一部分，另以租赁资产作抵押，由金融机构贷款支付其余价款，然后将购入资产用于租赁的一种融资租赁形式。

3. 融资租赁租金的计算

（1）租金的构成

融资租赁租金包括设备价款和租息两部分，其中租息又可分为租赁公司的融资租赁成本、租赁手续费等。具体地，融资租赁的租金计算内容如下：

①设备价款是租金的主要内容，包括设备的买价、运杂费和途中保险费等。

②融资成本指设备租赁期间为购买设备所筹集资金的利息。

③租赁手续费指租赁公司承办租赁设备的营业费用和一定的盈利。

（2）租金的支付方式

①按期限的长短分为年付、半年付、季付和月付等。

②按支付期先后，分为先付和后付两种。

③按每期支付金额，分为等额和不等额支付。

（3）租金的计算方法

租金的计算方法很多，我国融资租赁实务中大多采用平均分摊法和等额年金法。

①平均分摊法。平均分摊法是先以商定的利息率和手续费率计算出租赁期间的利息和手续费，然后连同设备成本按支付次数平均计算。这种方法没有充分考虑资金时间价值因素。每次应付租金的计算公式如下：

$$R = \frac{(C - S) + I + F}{N} \tag{3.1}$$

式中，R 为每次支付的租金；C 为租赁设备购置成本；S 为租赁设备预计残值；I 为租赁期间利息；F 为租赁期间手续费；N 为租期。

②等额年金法。等额年金法是运用年金现值的计算原理计算每期应付租金的方法。其计算公式为：

$$R = \frac{PVR_n}{PVIFR_n} \tag{3.2}$$

式中，R 为每次支付的租金；PVR_n 为等额租金现值；$PVIFR_n$ 为等额租金现值系数。

4. 融资租赁的优缺点

（1）融资租赁筹资的优点

①筹资速度快。由于融资租赁是筹资与设备购置同时进行，可以缩短设备的购进、安装时间，因此往往比借款购置设备更迅速、更灵活。

②限制条款较少。债券和长期借款都定有相当多的限制条款，虽然类似的限制在租赁公司中也有，但一般比较少。

③减少设备陈旧过时遭淘汰的风险。因为融资租赁的期限一般为资产使用年限的75%，承租人不会像购买资产一样在整个期间都承担风险；且多数租赁协议都规定由出租人承担设备陈旧过时的风险，因此，利用租赁筹资可减少设备陈旧过时遭淘汰的风险。

④财务风险小。租金在整个租期内分摊，可适当减轻到期还本负担。

⑤租金可在所得税前扣除，税收负担轻。

（2）融资租赁筹资的缺点

①资金成本较高。

②固定的租金支付构成较重的负担。

③不能享有设备残值。

第三节　短期资金的筹集

短期资金的筹集是指为满足公司临时性流动资金的需要而进行的筹资活动。短期资金筹集的方式主要有商业信用筹资、短期借款筹资等。

一、商业信用筹资

商业信用是指商品交易中以延期付款或预收货款进行购销活动而形成的借贷关

系，是企业中比较重要的短期资金来源，其主要形式包括应付账款、应付票据和预收账款等。

（一）应付账款

应付账款是指因购买商品或接受劳务而应当支付却尚未支付的各种款项。应付账款筹资是一种典型的商业信用形式，按其是否支付代价分为免费信用、有代价信用和展期信用三类。

1. 免费信用

免费信用是指购货方不支付任何代价而获得的"免费筹资额"。如果供应商不提供现金折扣，购货方在信用期内任何时间付款都是无代价的，都是免费信用；如果供应商提供现金折扣，购货方在折扣期内付款也是无代价的，也为免费信用。如供应商提供的现金折扣条件为"2/10，n/30"，即购货企业若10天内付款，则可享受2%的优惠，超过10天，需要付全款，且全部货款需要在30天内付清。其中，10天内付款可享受2%的折扣，即为免费信用。

2. 有代价信用

有代价信用是指企业需要支付一定代价而取得的信用。如在现金折扣销售方式下，购货方如果放弃现金折扣而在信用期内付款，所取得的信用就是有代价信用。但应注意这种代价不是企业的现实付出，而是放弃的一种收益，相当于企业付出的成本，因而企业要对这种成本进行计算，将计算结果与其他短期筹资项目相比较，以决定是否应放弃享受现金折扣。

$$\text{放弃现金折扣的成本} = \frac{\text{折扣率}}{1-\text{折扣率}} \times \frac{360}{\text{信用期限}-\text{折扣期限}} \qquad (3.3)$$

【例3-2】假设某公司按"2/10，n/30"的条件购入一批商品，价款100 000元。如果公司在10天内付款，则可获得10天的免费信用，筹资额为98 000元，同时可获得2 000元（即100 000×2%）的现金折扣。如果公司放弃现金折扣，在10天后（不超过30天）付款，付款总额为100 000元。即推迟付款需要多支付2 000元，这便是放弃现金折扣所支付的代价。问公司放弃现金折扣的成本是多少？

$$\text{放弃现金折扣的成本} = \frac{2\%}{1-2\%} \times \frac{360}{30-10} = 36.73\%$$

从上式可以看出，若公司放弃现金折扣，其付出的成本是非常高的。公司是否放弃现金折扣而取得有代价信用，通常要与其他短期筹资的成本相比较。如果其他短期筹资水平低于放弃现金折扣而支付的成本，则不应放弃现金折扣，而应当通过其他筹资渠道以获得成本较低的资金来提前支付这笔应付账款。假如公司可以在银行取得15%的短期借款，则公司应该使用更便宜的借款在折扣期内付款。除非其他筹资成本高于36.73%，否则都不应放弃现金折扣。

3. 展期信用

展期信用是指企业在供货方提供的信用期限届满后以拖延付款的方式强制取得的信用。展期信用虽然不付代价，还可以降低实际利率，但它与免费信用相比有天壤之别。它是明显违反结算纪律而强制取得的，对企业各方面都会带来一定的影响，甚至存在一定的风险或潜在的危机和成本，是不可取的。

【例 3 – 3】接例 3 – 2，假设该公司违反信用条件而是在信用期限到后一个月付款，展期 30 天，这时的实际成本是多少？

$$\begin{matrix}\text{展期后的}\\\text{实际成本}\end{matrix} = \frac{\text{折扣率}}{1 - \text{折扣率}} \times \frac{360}{\text{付款时间} - \text{折扣时间}} = \frac{2\%}{1 - 2\%} \times \frac{360}{60 - 10} = 14.69\%$$

其风险或潜在的危机和成本主要有：①信誉损失。如果公司过度利用展期信用，经常延期支付货款或严重违纪，公司的信誉必将遭受损失，信用等级下降。而不良的信用等级必将影响公司与客户和金融机构的关系。②利息罚金。有些供应商会向延期付款的客户收取一定的利息罚金，有些供应商则将逾期应付账款转为应付票据或本票，而这两种正式的付款凭证对供应商更为有利。③停止供货。拖欠货款会使供应商停止或推迟供货，这不但会使企业因停工待料而造成损失，还会使企业丧失销售的机会而失去公司原有的客户群。④法律追索。供应商为保护自身利益，在长久索要不能取得货款的情况下，可能会利用法律手段，如对公司所购材料保留留置权、控制存货或诉诸法律，致使公司不得不耗费大量的时间、人力和物力，有时甚至会寻求破产保护。

（二）应付票据

应付票据是购销双方按购销合同进行商品交易，延期付款而签发的、反映债权债务关系的一种信用凭证。在我国，应付票据主要是指商业汇票。商业汇票根据承兑人的不同，可分为商业承兑汇票和银行承兑汇票两种。商业承兑汇票是由收款人签发、经付款人承兑，或由付款人签发并承兑的票据。银行承兑汇票是由收款人或承兑申请人签发、由承兑申请人向开户银行申请，经银行审查同意，并由银行承兑的票据。

商业汇票的承兑期限由交易双方商定，一般为 1 ~ 6 个月，最长不超过 9 个月。商业汇票可以带息，也可以不带息。带息商业汇票的利率通常低于其他筹资方式（如短期借款）的利率，且不用保持相应的补偿性余额和支付各种手续费等，是一种灵活的商业信用筹资方式。

商业汇票的持票人需要资本时，可持未到期的商业承兑汇票或银行承兑汇票向其开户银行申请贴现。票据贴现是指票据持有人将未到期的商业汇票让渡给贴现银行，银行按照票据金额扣除自贴现日至汇票到期日期间的贴现利息，将余额交付给汇票持有人，从而取得银行资金的一种筹资行为。汇票持有人将票据贴现时可得到的贴现金额的计算方法如下：

1. 票据到期值的计算

带息应付票据的到期值即为票面金额加利息，不带息应付票据的到期值即为票面金额。其计算公式为：

$$票据到期值 = 票面金额 \times (1 + 票面利率 \times 票据期限/360 \text{ 或 } 12) \tag{3.4}$$

2. 贴现利息的计算

贴现利息是指汇票持有人向银行申请贴现后付给银行的利息，计算贴现利息时使用的贴现率是国家规定的贴现率，贴现期为自贴现日至汇票到期日之间的日期。贴现利息的计算公式为：

$$贴现利息 = 票据到期值 \times 贴现期 \times 年贴现率/360 \text{ 或 } 12 \tag{3.5}$$

3. 应得贴现金额的计算

$$应得贴现金额 = 票据到期值 - 贴现利息 \tag{3.6}$$

【例 3 - 4】A 公司向 B 公司购进一批原材料，价款 8 000 元，采取商业汇票结算。A 公司开出一张票面金额 8 000 元，期限为 3 个月的商业汇票，并进行承兑后交给 B 公司。该商业汇票的票面利率为 6%，B 公司持有这张汇票 1 个月后向银行办理贴现，银行贴现率为 9%，则应得的贴现金额为多少？

票据到期值 = 8 000 × （1 + 6% × 3/12）= 8 120（元）

贴现利息 = 8 120 × 2 × 9%/12 = 121.8（元）

应得贴现金额 = 8 120 - 121.8 = 7 998.2（元）

【例 3 - 5】如果上述票据是不带息票据，票面金额 8 000 元，期限 3 个月，持有 1 个月后向银行办理贴现，贴现率 9%，则应得贴现金额是多少？

票据到期值 = 8 000（元）

贴现利息 = 8 000 × 2 × 9%/12 = 120（元）

应得贴现金额 = 8 000 - 120 = 7 880（元）

（三）预收账款

预收账款是指销货企业按照合同或协议的约定，在货物交付之前，向购货企业预先收取部分或全部货款的一种信用形式。与应付账款不同，这是由买方向卖方提供的一种商业信用，对于销货方即卖方而言，预收账款成为其筹集短期资金的一种形式。而且这种资金筹集方式一般无须支付任何代价，完全属于免费信用。然而，这种信用形式的运用是受到限制的，一般适用于市场上比较紧俏、同时买方又急需的商品或是生产周期长、成本售价较高的货物，如电梯、轮船和房地产等。

（四）商业信用筹资的优缺点

1. 商业信用融资的优点

（1）筹资便利。商业信用与商品买卖同时进行，属于一种自然性融资，不用做非常规的安排。

（2）筹资成本低。如果信用条件中没有现金折扣，或企业不放弃现金折扣，或者使用不付息的应付票据，则利用商业信用筹资成本是非常低的，有时甚至没有成本。

（3）限制条件少。与短期借款筹资相比，商业信用筹资一般没有什么限制条款，即使有也不是十分严格，而且无须正式办理筹资手续。

2. 商业信用融资的缺点

商业信用的期限一般较短，如果企业取得现金折扣，则时间会更短，如果放弃现金折扣，则要付出较高的资本成本。

二、短期借款筹资

短期借款是指企业用来维持正常的生产经营所需的资金或为偿债而向银行或其他金融机构借入的、还款期限在一年以内或不超过一年的一个营业周期内的各种借款。

（一）短期借款的种类

按照国际通行做法，短期借款可按偿还方式的不同，分为一次性偿还借款和分期偿还借款；按利息支付方法的不同，分为收款法借款和贴现法借款；按有无担保分为抵押借款和信用借款等。我国目前的短期借款按照目的和用途分为若干种，主要有生产周转借款、临时性借款和结算借款等。

（二）短期借款的条件

按照国际通行做法，银行发放短期借款往往带有一些信用条件，主要有如下五种：

1. 信贷限额

信贷限额是银行对借款人规定的无担保贷款的最高数额。信贷限额的有效期通常为 1 年，但根据情况也可以延期 1 年。信用额度一般包括：信用额度的期限，通常一年建立一次，更短期的也有；信用额度的数量，即规定银行能贷款给企业的最高限额。一般来讲，企业在批准的信贷限额内，可随时使用银行借款，但积累的借款资金额不能超过核定的信用额度。

2. 周转信贷协定

周转信贷协定是银行具有法律义务的承诺提供不超过某一最高限额的贷款协定。在协定的有效期内，企业付给银行一定费用，享用周转信贷协定。周转信用协定具有法律约束力，只要企业的借款总额未超过最高限额，银行必须满足企业任何时候提出的借款要求。周转信用协议的期限通常为 2~6 年，在期限内不仅要对其已使用的信用额度支付利息费用，还要对未使用的信用额度支付一定的承诺费。

3. 补偿性余额

补偿性余额是银行要求借款企业在银行中保留贷款限额或实际借用额一定百分比（一般为 10%~20%）的最低存款余额。从银行的角度讲，补偿性余额可降低贷款风险，补偿遭受的贷款损失。对于借款企业来讲，补偿性余额则提高了借款的实际利率，其实际利率的计算公式为：

$$R_0 = \frac{R}{1-r} \times 100\% \tag{3.7}$$

其中，R_0 为实际利率；R 为名义利率；r 为补偿性余额比例。

【例 3-6】某企业按年利率 8% 向银行借款 200 000 元，银行要求维持贷款限额 10% 的补偿性余额，那么企业实际可用的借款为：

$200\,000 \times (1 - 10\%) = 180\,000$（元）

该项借款的实际利率为

$$\frac{8\% \times 200\,000}{200\,000 \times (1 - 10\%)} = 8.89\%$$

4. 抵押担保

银行向财务风险较大的企业或对其信誉没有太大把握的企业发放贷款，有时需要有抵押品担保，以减少自己蒙受损失的风险。抵押借款的成本通常高于非抵押借款，这是因为银行主要向信誉好的客户提供非抵押贷款，而将抵押贷款看成是一种风险投资，故而收取较高的利率；同时，银行管理抵押贷款要比管理非抵押贷款困难，为此往往另外收取手续费。

5. 偿还条件

贷款的偿还有到期一次偿还和在贷款期内定期（每月、季）等额偿还两种方式。一般来讲，企业不希望采用后一种偿还方式，因为这会提高借款的实际利率；而银行不希望采用前一种偿还方式，因为这会加重企业的财务负担，增加企业的拒付风险，同时会降低实际贷款利率。

（三）短期借款的成本

短期借款的成本主要表现为利率和利息支付方法等。

1. 短期借款利率

利率多种多样，利息支付方法亦不同，银行将根据借款企业的情况选用。主要有优惠利率、浮动优惠利率和非优惠利率。

（1）优惠利率。优惠利率是商业银行向财力雄厚、经营状况好的企业贷款时收取的名义利率，为贷款利率的最低限额。

（2）浮动优惠利率。这是一种随其他短期利率的变动而浮动的优惠利率，即随市场条件的变化而随时调整变化的优惠利率。

（3）非优惠利率。非优惠利率是指银行贷款给一般企业时收取的高于优惠利率的利率。这种利率经常在优惠利率的基础上加一定的百分比。

2. 借款利息的支付方法

一般来讲，借款企业可以用三种方法支付银行贷款利息。

（1）期末一次还本付息法。期末一次还本付息法是指企业在借款合同开始时得到了全部借款，到期日企业以规定的利率计算利息，然后将本息一并支付给银行。借款合同上规定的利率为名义利率。当短期贷款期限等于 1 年时，名义利率与实际利率相等；当短期贷款期限小于 1 年时，实际利率会高于名义利率；而且期限越短，实际利率与名义利率的差距越大。

$$实际利率 = (1 + \frac{实际利率}{m})^m - 1 \qquad (3.8)$$

式中，m 表示一年内计息次数。

【例 3-7】某企业从银行获得一笔名义利率为 8% 的贷款 100 000 元，若贷款期限为 4 个月，则其实际利率为：

$$(1 + \frac{8\%}{4})^4 - 1 = 8.24\%$$

（2）贴现法。贴现法是银行向企业发放贷款时，先从本金中扣除利息部分，而到期时借款企业则要偿还贷款全部本金的一种计息方法。采用这种方法，企业可利用的贷款额只有本金减去利息部分后的差额，因此，贷款的实际利率高于名义利率。而且，期限越短，实际利率越低，即实际利率与名义利率的差距越小，这与单利法正好相反。

若为一年期的贴现贷款，该笔贷款的实际利率为：

$$实际利率 = \frac{利息支出}{借款总额 - 利息支出} \times 100\% \qquad (3.9)$$

如果借款期限在 1 年以下，则实际利率为：

$$实际利率 = (1 + \frac{利息支出}{借款总额 - 利息支出})^m - 1 \times 100\% \qquad (3.10)$$

【例 3-8】某企业从银行取得借款 200 000 元，期限 1 年，年利率（即名义利率）为 8%，按照贴现法付息，该项贷款的实际利率为：

$$实际利率 = \frac{200\ 000 \times 8\%}{200\ 000 - 200\ 000 \times 8\%} \times 100\% = 8.7\%$$

（3）加息法

加息法也称加息分摊法，是指在分期等额偿还贷款的情况下，贷款人通常按照加息分摊法计算利息。这时银行根据名义利率计算的利息加到贷款本金上，计算出贷款的本息和，要求贷款人在贷款期内分期偿还本息之和的金额。由于分期等额还款，贷款人从第一期就开始偿还本金，直到借款全部还清。就本金来讲，借款企业实际上只借用了一半的资金，却要支付全额利息。因而，借款企业所负担的实际利率将会大大高于名义利率。

$$实际利率 = \frac{利息}{年平均借款额} = \frac{利息}{借款总额/2} \tag{3.11}$$

【例 3 - 9】某企业借入（名义）年利率为 8% 的贷款 150 000 元，分 12 个月等额偿还本息。该项借款的实际利率为：

$$实际利率 = \frac{150\ 000 \times 8\%}{150\ 000/2} = 16\%$$

第四节　混合资金的筹集

混合性资金是指，既具有某些权益性资金特征又具有某些负债性资金特征的资金形式，常见的有优先股、可转换债券和认股权证。

一、优先股

优先股是公司发行的给予投资者某些优先权的股票，是介于普通股与公司债券之间的一种筹资工具，它兼具普通股和债券的双重性质。

（一）优先股的基本特征

1. 优先股的股息

优先股的股息率是事先固定的，一般不会根据公司的经营情况而增减，而且一般也不能参与公司的分红，但优先股可以先于普通股获得股息。

2. 优先股股东的权利

优先股股东一般没有选举权和被选举权，对股份公司的重大经营决策无投票权。只是在公司破产进行财产清算时，优先股股东才对公司剩余财产有优先于普通股股东的要求权。

（二）优先股的种类

优先股的种类很多，主要有以下几种：

1. 累积优先股和非累积优先股

累积优先股是指在某个营业年度内，如果公司所获的盈利不足以分派规定的股利，日后优先股的股东对往年未付给的股息，有权要求如数补给的优先股。非累积优先股是指，虽然对于公司当年所获得的利润有优先于普通股获得分派股息的权利，但如果该年公司所获得的盈利不足以按规定的股利分配时，非累积优先股的股东不能要求公司在以后年度中予以补发的优先股。

2. 参与优先股与非参与优先股

当企业利润增大时，除享受既定比率的利息外，还可以跟普通股共同参与利润分配的优先股，称为参与优先股。除了既定股息外，不再参与利润分配的优先股，称为非参与优先股。

3. 可转换优先股与不可转换优先股

可转换优先股是指按照发行时的规定，有权在将来的一定时期内转换成普通股的优先股。不可转换优先股则没有上述权利。

4. 可收回优先股与不可收回优先股

可收回优先股是指，允许发行优先股的公司按原来的价格再加上若干补偿金将其收回的优先股。当该公司认为能够以较低股利的股票来代替已发行的优先股时，就往往行使这种权利；反之，就是不可收回优先股。

（三）优先股筹资的优缺点

优先股筹资的优点有：股利的支付既固定，又有一定的灵活性；没有固定到期日，无须偿付本金；可以保持普通股股东对公司的控制权；能增强企业的信誉。

优先股筹资的缺点有：优先股股息要在税后支付，得不到税收减免的好处，因而发行成本高；限制条件多；优先股股息固定，虽然在收益上升时对公司有利，但收益下降时优先股股息会成为企业一项沉重的财务负担。

二、可转换债券

可转换债券是指发行人依照法定程序发行的，在一定期限内依据约定的条件可以转换为公司普通股股票的债券。可转换债券在正常持有期属于债权性质，转换成股票后属于股权性质。因此，可转换债券具有普通股和债券的双重特性。

（一）可转换债券的基本性质

1. 证券期权性

可转换债券持有人具有在未来按一定的价格购买股票的权利，因此可转换债券实质上是一种未来的买入期权。

2. 资本转换性

可转换债券在转换前是公司债券，发行企业到期必须无条件地支付本金和利息。

转换成股票后，债券持有人成为企业的股权投资者。资本双重性的转换，取决于投资者是否行权。

3. 可赎回性

可转换债券一般都会有赎回条款，发债公司在可转换债券转换前，可以按一定条件赎回债券，其目的是促使债券持有人行使转换权。

（二）可转换债券的要素

可转换债券的要素是指构成可转换债券基本特征的必要因素，它们代表了可转换债券与一般债券的区别。

1. 标的股票

可转换债券转换期权的标的物，就是可转换成的公司股票。标的股票一般是发行公司自己的普通股票，不过也可以是其他公司的股票，如该公司的上市子公司的股票。

2. 转换价格

转换价格是指可转换债券转换为每股股份所支付的价格。由于可转换债券在未来可以行权转换成股票，因此其转换价格一般比股票的市场价格高出一定比例。

【小贴士】我国《可转换公司债券管理暂行办法》规定，上市公司发行可转换债券的，以发行前一个月的股票平均价格为基准，上浮一定幅度作为转换价格。

3. 转换比率

转换比率是指每一份可转换债券能转换为普通股股票的数量。从数值上来看，转换比率为债券面值与转换价格之商。

4. 转换期

转换期指的是可转换债券持有人能够行使转换权的有效期限。可转换债券的转换期可以与债券的期限相同，也可以短于债券的期限。转换期间的设定通常有四种情形：债券发行日至到期日；发行日至到期前；发行后某日至到期日；发行后某日至到期前。

5. 赎回条款

赎回条款是指发债公司按事先约定的价格买回未转股债券的条件规定，赎回一般发生在公司股票价格在一段时期内连续高于转股价格达到某一幅度时。发债公司在赎回债券之前，要向债券持有人发出赎回通知，要求他们在将债券转股与卖回给发债公司之间作出选择。一般情况下，投资者大多会将债券转换为普通股。可见，设置赎回条款最主要的功能是强制债券持有者积极行使转股权，因此又被称为加速条款。同时也能使发债公司避免在市场利率下降后，继续向债券持有人支付较高的债券利率所蒙受的损失。

6. 回售条款

回售条款是指债券持有人有权按照事前约定的价格将债券卖回给发债公司的条件规定。当可转换公司债券的转换价值远低于债券面值时，持有人必定不会执行转换权利，此时持有人可以依据一定的条件要求发行公司以面额加计利息补偿金的价格收回可转换公司债券。回售对于投资者而言实际上是一种卖权，有利于降低投资者的持券风险。

7. 强制性转换调整条款

强制性转换调整条款是指在某些条件具备之后，债券持有人必须将可转换债券转换为股票，无权要求偿还债券本金的规定。设置强制性转换调整条款，在于保证可转换债券顺利地转换成股票，实现公司扩大权益筹资的目的。

(三) 可转换债券筹资的优缺点

1. 可转换债券筹资的优点

(1) 筹资灵活性。可转换债券将传统的债务筹资功能和股票筹资功能结合起来，筹资性质和时间上具有灵活性。

(2) 资本成本较低。由于可转换债券可以转换为普通股股票，因此其利率一般低于同一条件下普通债券的利率，降低了公司的筹资成本；此外，在可转换债券转换为普通股时，公司无须另外支付筹资费用，又节约了股票的筹资成本。

(3) 便于筹集资金。可转换债券一方面可以使投资者获得固定利息；另一方面又向其提供了进行债权投资或股权投资的选择权，对投资者具有一定的吸引力，有利于债券的发行，便于筹集资金。

2. 可转换债券筹资的缺点

(1) 存在不转换的财务压力。如果在转换期内公司股价处于恶性化的低位，持券者到期不会转股，会造成公司集中兑付债券本金的财务压力。

(2) 存在回售的财务压力。若可转换债券发行后，公司股价长期低迷，在设计有回售条款的情况下，投资者集中在一段时间内将债券回售给发行公司，加大了公司的财务支付压力。

(3) 股价大幅度上扬风险。如果债券转换时公司股票价格大幅度上扬，公司只能以较低的固定转换价格换出股票，便会降低公司的股权筹资额。

三、认股权证

认股权证全称为股票认购授权证，是一种由上市公司发行的证明文件，持有人有权在一定时间内以约定价格认购该公司发行的一定数量的股票。用认股权证购买发行公司的股票，其价格一般低于市场价格，因此股份公司发行认股权证可增加其所发行的股票对投资者的吸引力。

（一）认股权证的基本性质

（1）证券期权性。认股权证本质上是一种股票期权，属于衍生金融工具，具有实现融资和股票期权激励的双重功能。

（2）认股权证是一种投资工具。投资者可以通过购买认股权证获得市场价与认购价之间的股票差价收益，因此它是一种具有内在价值的投资工具。

（二）认股权证的种类

1. 按允许购买的期限长短分类

按允许购买的期限长短，认股权证可分为长期认股权证与短期认股权证。短期认股权证的认股期限一般在 90 天以内，长期认股权证的认股期限通常在 90 天以上。

2. 按认股权证的发行方式分类

按认股权证的发行方式，可将认股权证分为单独发行认股权证与附带发行认股权证。依附于债券、优先股、普通股或短期票据发行的认股权证，为附带发行认股权证。单独发行认股权证是指不依附于公司债券、优先股、普通股或短期票据而单独发行的认股权证。

3. 按认股权证认购数量的约定方式分类

按认股权证认购数量的约定方式，可将认股权证分为备兑认股权证与配股权证。备兑认股权证是每份备兑证按一定比例含有几家公司的若干股股票的认股权证。配股权证是确认老股东配股权的证书，它按照股东持股比例定向派发，赋予其以优惠价格认购公司一定份数新股的权利。

（三）认股权证筹资的特点

（1）认股权证是一种融资促进工具，它能促使公司在规定的期限内完成股票发行计划，顺利实现融资。

（2）有助于改善上市公司的治理结构。在认股权证有效期间，上市公司管理层及其大股东的任何有损公司价值的行为，都可能降低上市公司的股价，从而降低投资者执行认股权证的可能性，这将损害上市公司管理层及其大股东的利益。因此，认股权证将有效约束上市公司的败德行为，并激励他们更加努力地提升上市公司的市场价值。

（3）有利于推进上市公司的股权激励机制。认股权证是常用的员工激励工具，通过给予管理者和重要员工一定的认股权证，可以把管理者和员工的利益与企业价值成长紧密联系在一起，建立一个管理者与员工通过提升企业价值而实现自身财富增值的利益驱动机制。

本章小结

筹资是企业中一项重要的财务活动，筹资的动机、筹资的分类、筹资渠道和筹资方式以及筹资管理的原则是企业进行筹资活动所必须了解的内容。筹资活动包括长期资金的筹集和短期资金的筹集。

长期资金的筹集一般通过权益资本和长期债务资本来筹集，有时也会采用一些混合性筹资。权益资本的筹集方式主要有吸收直接投资、普通股筹资和留存收益筹资等；长期债务资本的筹集方式主要有长期借款筹资、债券筹资和融资租赁等；混合资金的筹资方式主要有发行优先股、可转换债券和认股权证等。

短期资金筹集的方式主要有商业信用筹资、短期借款筹资等。其中，商业信用筹资的主要形式包括应付账款、应付票据和预收账款等。

复习思考题

一、单项选择题

1. 按普通股的投资主体不同，可以将其分为（　　）。

   A. 有面值股票和无面值股票　　　　B. 记名股票和无记名股票

   C. 国家股、法人股、个人股和外资股　D. A股、B股、H股、N股和S股

2. 下列不属于优先股股东权利的是（　　）。

   A. 股利分配请求权　　　　　　　　B. 剩余财产分配权

   C. 选举权与被选举权　　　　　　　D. 股份转让权

3. 属于普通股筹资的缺点的是（　　）。

   A. 筹措的资本具有永久性，不需归还

   B. 没有固定的股利负担

   C. 预期收益较高，容易吸收资金

   D. 资本成本较高，会分散公司的控制权

4. 下列各项企业可以获得负债性筹资的是（　　）。

   A. 发行股票　　　　　　　　　　　B. 吸收直接投资

   C. 发行债券　　　　　　　　　　　D. 留存收益筹资

5. 甲公司发行债券，面值1 000元，票面利率为6%，期限5年，每年支付一

次利息。若实际市场利率为5%，则其发行价格将（　　　）。

    A. 高于1 000元   B. 等于1 000元

    C. 低于1 000元   D. 无法计算

二、判断题

1. 公司清算时，普通股股东对公司剩余财产的请求权位于优先股股东之前。

                                                  （　　　）

2. 我国《公司法》规定，股票发行价格可以等于票面金额（等价），也可以超过票面金额（溢价），但不得低于票面金额（折价）。（　　　）

3. 一般来讲，借款期限越长，风险越大，借款利率越高。（　　　）

4. 如果预期市场利率将持续下调，则企业更倾向于发行固定利率债券。（　　　）

5. 可转换债券的转换比率为债券面值与转换价格之商。（　　　）

三、问答题

1. 简述筹资的动机、分类、渠道和方式。

2. 什么是吸收直接投资和普通股筹资，各自的类型和优缺点是什么？

3. 股票发行的方式、发行价格和销售方式是什么？

4. 长期借款的种类、利率、偿还方式和优缺点是什么？

5. 债券筹资的概念、种类和优缺点是什么？

6. 债券的基本要素、发行方式、发行价格和偿还方式是什么？

7. 应付账款筹资的概念和种类是什么？

8. 短期借款筹资的条件和成本是什么？

四、计算题

1. 某公司拟于2005年1月1日发行面额为1 000元的债券，其票面利率为8%，每年1月1日付息，并于2009年12月31日到期。当时市场利率为10%。

要求：计算该债券的发行价格。

2. 某企业拟购入价值200 000元的材料，供应商提供的信用条件是1.5/20，N/60。在下列几种情况下，请为该企业是否享受现金折扣提供决策依据：

（1）企业现金不足，需用银行借款支付货款，此时银行贷款利率为5%；

（2）企业有支付能力，但另有一短期投资机会，预计投资报酬率为10%；

（3）企业资金短缺，暂时难以取得银行贷款，但企业预计90天后有支付能力，故企业拟展延信用期至90天，该企业一贯重合同，守信用。

案例分析

汤姆·F. 赫林的创业筹资

1954 年，赫林作为拉雷多市"猛狮俱乐部"主席，与他的妻子去纽约参加国际"猛狮俱乐部"会，在游览尼亚加拉大瀑布后，惊奇地发现，在这大好美景两岸的美国和加拿大，都没有为流连忘返的游人提供留宿的住所和其他设施，从此在赫林的心中就孕育了一个在风景区开设旅馆的想法。

要建造旅馆就得找地基，他在格拉德市找到了一所高中，因为校方想出售这座房子。可是当时赫林还只是一家木材公司的小职员，周薪仅为 125 美元，想买这幢房子，却苦于无资金。于是他向其工作的公司股东游说从事旅馆经营，但未成功。他只得独自筹集了 500 美元，请一位建筑师设计了一张旅馆示意图，并对示意图的可行性进行了慎重研究，当他带着示意图向保险公司要求贷款 60 万元时，保险公司非得要他找一个有 100 万资产的人作为担保，于是，他向另一家木材公司的总经理求援，总经理看了旅馆示意图后，以本公司独家承包家具制造为条件，同意做他的担保人。赫林再以发行股票的方式筹集资金，他提出两种优先股：一种股份出卖，取得现金；另一种以提供物资来代替股金。就这样他筹集到了创业所需的资金，建成了理想中的拉波萨多旅馆，汤姆·F. 赫林后来成为全美旅馆协会的主席，是全美旅馆业乃至旅游业的泰斗。

思考题：赫林在创业时是如何筹集资金的，这种筹集资金的方式有什么优缺点？

第四章 资金成本和资本结构

⊙ **学习目标**

通过学习本章，学生应掌握资金成本的含义和作用，并熟悉个别资金成本、加权平均资金成本和边际资金成本的计算；了解杠杆分析的基本假设，掌握经营杠杆、财务杠杆、综合杠杆的概念、计算方法及与企业有关风险管理的关系；了解资本结构的基本理论，理解影响企业资本结构的因素，掌握最佳资本结构的确定方法。

第一节 资金成本

一、资金成本概述

(一) 资金成本的概念

资金成本是指企业为筹集和使用资本而付出的代价，包括筹资费用和用资费用两部分。一般说来，资金成本是指投资资本的机会成本。这种成本不是实际支付的成本，是将资本用于本项目投资所放弃的其他投资机会的收益，因此被称为机会成本。

(二) 资金成本的构成

资金成本从绝对量的构成来看，包括资金筹集费和资金使用费。

资金筹集费是指在筹集资金过程中支付的各项费用，包括发行股票、债券支付的印刷费、发行手续费、律师费、资信评估费、公证费、担保费、广告费等，这些费用一般是一次性支付的，所以在计算资金成本时可以从所筹集的资金总额中一次扣除。

资金使用费是指企业在生产经营和投资过程中因使用资金而向资本提供者支付的费用。例如股票的股利、债券利息、银行借款利息等。资金使用费是随着所筹集资金的数量和使用时间的增加而递增的，它是构成资金成本的主要内容。

(三) 资金成本的表示方法

资金成本的表示方法有两种，即绝对数方法和相对数方法。在财务管理活动中资金成本通常以相对数的形式表示，称为资金成本率，简称资金成本，通常用百分号来表示。具体计量形式有：①个别资金成本，是指企业某种个别的长期资金的资金成本。包括普通股成本、长期借款成本、债券成本。它是比较各种筹资方式的依据。②加权平均资金成本，也叫综合资金成本，是在个别资金成本的基础上，根据各种资本在总资本中所占的比重，采用加权平均的方法计算的企业全部长期资本的成本。它在进行资本结构决策时使用，在多个筹资方案中选择综合资金成本最低的。③边际资金成本，是指资金每增加一个单位而增加的成本。它往往用在企业追加筹资的决策中。

（四）资金成本的性质

资金成本是一个重要的经济范畴，它是在商品经济社会由于资金所有权与资金使用权相分离而产生的。

（1）资金成本是资金使用者向资金所有者和中介机构支付的占用费和筹资费。作为资金的所有者，绝不会将资金无偿让给资金使用者去使用；而作为资金的使用者，也不能够无偿地占用他人的资金。

因此，企业筹集资金以后，暂时地取得了这些资金的使用价值，就要为资金所有者暂时地丧失其使用价值而付出代价，即承担资金成本。资金的时间价值反映了资金随着其运动时间的不断延续而不断地增值，是一种时间的函数，而资金成本除了可以看做是时间的函数外，还表现为资金占用额的函数。

（2）资金成本与资金的时间价值既有联系又有区别。资金成本是企业的耗费，企业要为占用资金而付出代价、支付费用，而且这些代价或费用最终也要作为收益的扣除额来得到补偿。

（3）资金成本具有一般产品成本的基本属性，但资金成本中只有一部分具有产品成本的性质，即这一部分耗费计入产品成本，而另一部分作为利润的分配，可直接表现为生产性耗费。

（五）资金成本的作用

资金成本是企业财务管理的一个重要概念，国际上将其列为一项"财务标准"。企业都希望以最小的资金成本获取所需要的资金数额，分析资金成本有助于企业选择筹资方案，确定筹资结构以及最大限度地提高筹资的效益。资金成本主要有以下几点作用：

1. 资金成本在企业筹资决策中的作用

（1）资金成本是影响企业筹资规模的一个重要因素。一般来说，随着筹资数量的增加，规模的扩大，企业的边际资金成本会随之上升，当边际资金成本超过企业的承受能力时，企业就不能再增加筹资了，因此，资金成本是影响企业筹资规模的一个重要因素。

（2）资金成本是选择资金来源和筹资方式的重要依据。不同的筹资渠道和方式筹集到的资金的成本是不同的，企业在筹资时总是要尽可能降低资金成本，为此，必须要在多种筹资来源和方式中选择。

（3）资金成本是企业进行资金结构决策的基本依据。企业的全部资本是由各种不同的资本组成的，企业的资本结构不同，面临的资本成本和财务风险也不同，企业会选择综合资金成本最低的资本结构，才是最佳的资本结构。

2. 资金成本在企业投资决策中的作用

资金成本是评价各种投资项目是否可行的一个重要尺度。一般来说，只有一个投资项目的收益率高于其资金成本时，这个项目在经济上才是合理可行的；否则，该项目无利可图，甚至会亏损。因此，通常将资金成本看作是一个项目的最低报酬率或者是采纳与否一个项目的"取舍率"。其具体表现详见第五章内容。

3. 资金成本在企业经营管理中的作用

资金成本也是衡量企业整个经营业绩的一项重要标准。只有企业的资本利润率高于企业的综合资金成本，企业的经营活动才是有利的。

二、个别资金成本的计算

个别资金成本是指各种长期资本的成本，包括债券成本、长期借款成本、普通股成本、优先股成本和留存收益成本。前两种成为债务资本成本，后三种称为权益资本成本。其基本公式见公式 4.1：

$$K = \frac{D}{P(1-f)} = \frac{D}{P-F} \tag{4.1}$$

式中：K 为资金成本率（一般通称为资金成本）；P 为筹集资金总额；D 为资金的使用费；F 为筹资费；f 为筹资费费率（即筹资费占筹集资本总额的比率）。

如果考虑到资金的时间价值因素，那么，资金成本就是企业取得资本净额的现值与各期支付的使用费用的现值相等时的折现率，见公式 4.2：

$$p_0(1-f) = \frac{CF_0}{(1+K)^0} + \frac{CF_1}{(1+K)^1} + \frac{CF_2}{(1+K)^2} + \cdots\cdots \frac{CF_n}{(1+K)^n} \tag{4.2}$$

式中：P_0 为企业筹集的资本总额现值；f 为筹资费用率（筹资费用与筹资总额的比率）；CF_t 为第 t 期支付的使用费和偿还得本金；K 为折现率表示资金成本。

（一）债券资本成本

债券资本成本主要包括债券筹资过程中的筹集费用和在债券期限内按债券面值和票面利率支付给债权人的利息。按照现行税法和会计制度的规定，债券利息可在所得税前列支，这样给企业起到了抵减所得税的作用。

（1）不考虑资金时间价值的情况，债券资金成本见公式 4.3：

$$K_b = \frac{I\ (1-T)}{B_0\ (1-f)} \qquad\qquad (4.3)$$

式中：K_b 为债券的资金成本；I 为债券的利息；T 为所得税税率；B_0 为债券发行总额（按发行价格计算）；f 为债券筹资费用率。

【例 4-1】某公司发行面额 500 万元的 10 年期债券，票面利率 12%，发行费用率 5%，发行价格 600 万元，所得税税率 33%。该债券的资金成本为：

$$Kb = \frac{I\ (1-T)}{B_0\ (1-f)}$$

$$= 500 \times 12\% \times\ (1-33\%)\ /600 \times\ (1-5\%)\ = 7.05\%$$

（2）考虑资金的时间价值的情况，债券资金成本的计算见公式 4.4：

$$B_0\ (1-f)\ = \sum_{t=1}^{n} \frac{It\ (1-T)}{(1+K_b)} + \frac{B_n}{(1+K_b)^n} \qquad\qquad (4.4)$$

式中：B_n 为债券面值；n 为债券的期限；其他见公式 4.3。

求解 K_b 需要使用"逐步测试法"。

【例 4-2】A 公司按面值发行了期限为 10 年的长期债券 1 000 元，票面利率是 12%，筹资费用率为 3%，每年付息一次，到期还本，所得税税率为 25%，则该债券的资金成本为：

$$1\ 000 \times\ (1-3\%)\ = \sum_{t=1}^{10} \frac{1\ 000 \times 12\% \times\ (1-25\%)}{(1+K_b)} + \frac{1\ 000}{(1+K_b)^{10}}$$

$$970 = 1\ 000 \times 12\% \times (1-25\%) \times (P/A,\ K_b,\ 10) + 1\ 000 \times (P/F,\ K_b,\ 10)$$

采用逐步测试法，当 $K_b = 9\%$ 时，

$B_0\ (1-f)\ = 999.993$

当 $K_b = 10\%$ 时，$B_0\ (1-f)\ = 938.514$

由此可见，所要求的 K_b 一定在 9%~10% 之间，运用"插值法"：

$$\frac{999.993 - 970}{9\% - K_b} = \frac{999.993 - 938.514}{9\% - 10\%}$$

求得：$K_b = 9.49\%$

【小贴士】如果企业发行的是到期一次还本付息的债券，那么又如何计算它的资金成本呢？

（二）长期借款的资金成本

企业长期借款的资金成本是由借款利息和筹资费用构成的，借款利息计入税前成本费用，可以起到抵税的作用。

（1）不考虑资金时间价值，一次还本、分期付息借款的资金成本的计算见公式 4.5：

$$K_L = \frac{I_L (1-T)}{L (1-f_L)} \tag{4.5}$$

式中：K_L 表示长期借款的资金成本；I_L 表示长期借款的年利息额；L 表示长期借款筹资总额；f_L 表示长期借款的筹资费用率；T 表示所得税率。

长期借款的手续费一般很低，可以忽略不计，则长期借款的资金成本见公式4.6：

$$K_L = \frac{i (1-T)}{1-f_L} = i (1-T) \tag{4.6}$$

式中：i 表示长期借款的利率，其他见公式4.5。

【例4-3】某企业从银行借入长期借款500万元，期限5年，年利率为12%，利息每年年末支付，到期一次还本，手续费为借款额的1%，公司所得税税率为25%，则该长期借款的资金成本为：

$$K_L = \frac{I_L (1-T)}{L (1-f_L)} = \frac{500 \times 12\% \times (1-25\%)}{500 (1-1\%)} = 9.09\%$$

（2）如果考虑到资金的时间价值，长期借款的资金成本可以通过公式4.7计算：

$$L (1-f) = \sum_{t=1}^{n} \frac{I (1-T)}{(1+K_L)^t} + \frac{L}{(1+K_L)^n} \tag{4.7}$$

【例4-4】某企业从银行借入长期借款100万元，期限5年，年利率为10%，利息每年年末支付，到期一次还本，手续费为借款额的1%，公司所得税税率为25%，则该长期借款的资金成本为多少？

$$K_L = 7.75\%$$

【小贴士】同上述债券资金成本的计算一样，要采用"逐步测试法"加"插值法"。同学们自己动手做一下吧。

（三）优先股资金成本

企业发行优先股，同发行债券和进行长期借款一样，都要支付筹资过程的手续费，其股息也要定期支付。但由于股息是税后支付的，没有享受所得税的优惠，因此，其资金成本计算见公式4.8：

$$K_P = \frac{D}{P (1-f)} \tag{4.8}$$

式中：K_P 表示优先股资金成本；D 表示优先股每年的股利；P 表示优先股发行价格；f 表示优先股筹资费用率。

【例4-5】某公司发行面值每股100元的优先股，年股利率为6%，发行费用率为发行总额的2%，则优先股的资金成本为：

$$K_P = \frac{100 \times 6\%}{100 \times (1 - 2\%)} = 6.12\%$$

（四）普通股资金成本

普通股的资金成本是普通股投资的必要报酬率，由于普通股的股利会随着企业经营情况的变化而变化，因此普通股资金成本在计算上比较困难。实务中我们常见的计算方法有三种：股利固定增长模型法、资本资产定价模型法和债券收益加风险补偿率法。

1. 股利固定增长模型法

股利固定增长模型的基本假定是：普通股股东长期持有股票，股票的现金股利是以固定的年增长率（g）递增，且增长率 g 小于投资者要求的收益率 K_c，则普通股的现值计算见公式4.9：

$$P_0 = \frac{D1}{K_C - g} \tag{4.9}$$

式中：P_0 表示当前普通股市场价格；D_1 表示预期年股利额；K_C 表示普通股股东要求的收益率；g 表示股利年增长率。

从上述公式可以推出投资者要求的收益率，也就是普通股资金成本见公式4.10：

$$K_C = \frac{D_1}{P_0} + g \tag{4.10}$$

如果是发行的新股，则需要将发行的费用考虑在内，则计算见公式4.11：

$$K_C = \frac{D_1}{P_0 (1 - f)} + g \tag{4.11}$$

【例4-6】某公司计划发行普通股筹资，每股面值1元，发行价格为20元，发行手续费为每股市价的3%，预计明年的现金股利为每股2元，并且以后每年按6%递增，则普通股资金成本为：

$$K_C = \frac{2}{20 (1 - 3\%)} + 6\% = 16.31\%$$

【例4-7】某公司普通股目前每股市价为56元，估计股利年增长率为12%，本年已发放股利为2元/股，则普通股资金成本为：

$$K_C = \frac{2 (1 + 12\%)}{56} + 12\% = 16\%$$

2. 资本资产定价模型法

采用股利固定增长模型法要假定股利增长率股东不变，事实上，估计未来的股利增长率是很困难的，因此可采用资本资产定价模型法，通过风险因素加以调整，确定普通股的资金成本。资本资产定价模型的计算见公式4.12：

$$Kc = R_F + \beta (R_M - R_F) \tag{4.12}$$

式中：Kc 为普通股成本；R_F 为无风险利率；β 为贝他系数；R_M 为证券市场的平均报酬率。

【例4-8】某公司普通股股票的贝他系数为 1.5，政府发行的国库券年利率为 5%，本年证券市场平均收益率 10%，则当年普通股资金成本为：

$$K_C = 5\% + 1.5 \times (10\% - 5\%) = 12.5\%$$

3. 债券收益加风险补偿率法

由于普通股的索赔权在债权和优先股之后，持有普通股的风险高于持有债券的风险。普通股持有人要求获得一定的风险补偿。按此方法计算的普通股资金成本见公式 4.13：

$$Kc = K_b + RP_C \tag{4.13}$$

式中，K_b 为长期债券的收益率；RP_C 为风险溢价。

这种方法的优点是不需要 β 值，且长期债券收益率的确定相对准确；缺点是风险报酬率在确定时不是很客观。在西方，风险报酬率一般确定在 4%~6% 之间。

（五）留存收益资金成本

留存收益是企业税后利润形成的，属于企业股东权益的资金来源。从表面上看，企业使用这部分资金没有花费代价，其实并非如此。因为，股东将这部分资金留存于企业，相当于股东对企业追加了投资，自然要求获得与购买普通股票一样的报酬率，只是不必考虑发行成本而已。因此，留存收益资金成本的计算与普通股资金成本的计算基本相同，见公式 4.14：

$$Ke = \frac{D_1}{P_0} + g \tag{4.14}$$

【例4-9】某公司普通股每股市价为 20 元，预计第一年年末每股盈利 2 元，每股发放 1 元股利，股利年增长率为 5%，则留存收益的资金成本为：

$$Ke = \frac{1}{16} + 5\% = 11.25\%$$

三、加权平均资金成本（WACC）

（一）加权平均资金成本的概念

加权平均资金成本是指分别以各种资金成本为基础，以各种资金占全部资金的比重为权数计算出来的综合资金成本。它是综合反映资金成本总体水平的一项重要指标。加权平均资金成本的计算见公式 4.15：

$$K_w = \sum_{j=1}^{n} W_j K_j \tag{4.15}$$

式中，K_w表示加权平均资金成本；W_j表示第 j 种筹资方式的资金占全部资金的比重；K_j表示第 j 种筹资方式的资金成本。

（二）加权平均资金成本的计算

计算加权平均资金成本取决于个别资金成本和资本的比重两个因素。个别资金成本的计算前面已经讲述，如何确定各种资本来源在全部资本中的比重，是计算加权平均资金成本的关键。

【例 4 - 10】假设某公司按每股 10 元的价格发行 10 万股普通股，筹资 100 万元，预期当年的股利为 0.2 元/股，股利年增长率为 5%，筹资费率为发行价格的 4%，同时发行面值为 1 000 元的长期债券 500 张，筹资 50 万元，年利息率为 8%，筹资费率为 3%，公司所得税税率为 30%。公司成立后，其初始资本结构和个别资金成本都按账面价值计算，这时公司的加权平均资金成本的计算如下：

$$K_c = \frac{0.2 \times (1+5\%)}{10 \times (1-4\%)} + 5\% = 7.19\% \qquad K_b = \frac{80 \times (1-30\%)}{1\,000 \times (1-3\%)} = 5.77\%$$

$$K_w = \sum_{j=1}^{n} W_j K_j = 7.19\% \times \frac{1\,000\,000}{1\,500\,000} + 5.77\% \times \frac{500\,000}{1\,500\,000} = 6.71\%$$

如果假定该公司普通股价格上涨到每股 12 元，由于市场利率的上升导致债券价格下跌到 950 元，这些变化并没有改变公司的账面资本情况，但由于个别资金成本以及基于市场价值的资本结构都发生了变化，该公司的加权平均资金成本的计算如下：

$$K_c = \frac{0.2 \times (1+5\%)}{12 - 10 \times 4\%} + 5\% = 6.81\% \qquad K_b = \frac{80 \times (1-30\%)}{950 - 1\,000 \times 3\%} = 6.09\%$$

普通股筹资总额为：100 000 × 12 = 1 200 000（元）

债券筹资总额为：950 × 500 = 475 000（元）

$$K_w = \sum_{j=1}^{n} W_j K_j = 6.81\% \times \frac{1\,200\,000}{1\,675\,000} + 5.77\% \times \frac{475\,000}{1\,675\,000} = 6.61\%$$

通过以上计算可以看出，基于资本的账面价值和市场价值计算的加权平均资金成本并不相同，那么，企业在计算其加权平均资金成本时应采用哪种价值基础呢？一般来说，资本价值的计价基础主要有以下三种：

（1）账面价值。账面价值与企业已经存在的资本相关，它的优点是资料易于取得，计算简单方便；缺点是资本的账面价值可能不符合其市场价值。如果市场价值已经严重偏离账面价值，计算的结果就会失去客观性，不利于企业的筹资决策。

（2）市场价值。采用市场价值可以反映企业目前实际的资本成本水平，有利于筹资、投资决策。但由于证券的市场价格处于经常变动之中，因此数据不易取得，且取得的数据也是过去的价格，不利于未来的筹资决策。

（3）目标价值。目标价值是预计各种资本未来的目标市场价值，并以此为基础计算其资本比例。其数据是财务人员根据企业未来筹资要求和企业债券、股票在资本市场上的变动趋势预测出来的，优点是能体现期望的目标资本结构；缺点是资本的目标价值难以客观地确定。

四、边际资金成本（Marginal Cost of Capital）

任何企业都无法用某一种固定的资本成本筹措到无限的资金，随着企业筹资规模的不断扩大，当其筹集的资金超过一定限度时，原来的资金成本就会增加。边际资金成本就是指资金每增加一个单位而增加的成本。

【小贴士】边际资金成本要采用加权平均的方法计算，而且使用市场价值权数，不应使用账面价值权数。

边际资金成本的计算步骤如下：

第一步，确定目标资本结构。目标资本结构是企业认为较为理想的资本来源构成比例。其确定方法在本章第三节讲述，此处假设目前的资本结构就是最佳的目标资本结构，企业追加筹资后仍维持原有的资本结构。

第二步，确定各种筹资方式的个别资金成本的临界点。在某一确定的资金成本下，企业难以筹到无限的资本，所以必须要找出各种方式下个别资金成本的临界点。此临界点是指个别资金成本发生变化前的最高筹资限额。

第三步，根据个别资金成本临界点和目标资本结构的要求，确定筹资总额分界点。筹资总额分界点是指当资本结构确定时，使某种资金成本发生变动的筹资总额，也叫筹资突破点。在突破点范围内筹资，原有的资金成本不会改变，一旦筹资额超过突破点，资金成本就会增加。筹资总额分界点的计算见公式4.16：

$$筹资总额分界点 = \frac{某筹资方式追加资本的临界点限额}{该项资本在目标资本结构中的比重} \tag{4.16}$$

第四步，计算不同筹资范围内的边际资金成本。根据分界点得出若干组新的筹资范围，再对各筹资范围计算加权平均资金成本。

【例4-11】假设某公司目前的资本结构较为理想，即长期借款占20%，债券占20%，普通股占60%。公司计划追加筹资，并以原有的资本结构为目标资本结构。根据对金融市场的分析，得出不同筹资数额的有关资金成本的数据，如表4.1所示：

表4.1　　　　　　　　筹资规模与资金成本的临界点表

资本来源	资本结构（%）	筹资规模（万元）	资金成本（%）
长期借款	20	0～100 100～800 ＞800	6 7 9

表4.1(续)

资本来源	资本结构（%）	筹资规模（万元）	资金成本（%）
债券	20	0~400 >400	8 10
普通股	60	0~600 600~1 500 >1 500	10 12 14

根据个别资本筹资临界点及目标资本结构，计算各种筹资方式的筹资总额分界点。见表4.2。

表4.2 筹资总额分界点及资金成本表

资本来源	筹资总额分界点（万元）	筹资范围（万元）	资金成本（%）
长期借款	100/0.2=500 800/0.2=4 000	0~500 500~4 000 >4 000	6 7 9
债券	400/0.2=2 000	0~2 000 >2 000	8 10
普通股	600/0.6=1 000 1 500/0.6=2 500	0~1 000 1 000~2 500 >2 500	10 12 14

根据表4.2的资料，可以得到6组筹资范围：①500万元以内（包括500万元）；②500万~1 000万元；③1 000万~2 000万元；④2 000万~2 500万元；⑤2 500万~4 000万元；⑥4 000万元以上。对以上6组筹资范围分别计算边际资金成本。结果如表4.3所示：

表4.3 边际资金成本计算表

筹资范围（万元）	边际资金成本（%）
0~500	0.2×6%+0.2×8%+0.6×10%=8.8
500~1 000	0.2×7%+0.2×8%+0.6×10%=9
1 000~2 000	0.2×7%+0.2×8%+0.6×12%=10.2
2 000~2 500	0.2×7%+0.2×10%+0.6×12%=10.6
2 500~4 000	0.2×7%+0.2×10%+0.6×14%=11.8
>4 000	0.2×9%+0.2×10%+0.6×14%=12.2

第二节　杠杆原理

财务管理中存在着类似于物理学中的杠杆效应，表现为：由于特定固定支出或费用的存在，导致当某一财务变量以较小幅度变动时，另一相关变量会以较大幅度变动。财务管理中的杠杆效应，包括经营杠杆、财务杠杆和总杠杆三种效应形式。杠杆效应既可以产生杠杆利益，也可能带来杠杆风险。

杠杆分析是企业财务人员在进行财务分析时经常用到的工具，为分析方便，有如下假设：

①企业仅生产和销售一种产品，且产销量相同，产品销售价格不变；

②经营成本中的单位变动成本和固定成本总额在相关范围内保持不变；

③企业对所有的债务都要支付利息；

④企业对所有发行在外的优先股都要支付股利。

一、经营杠杆（Operating Leverage）

（一）经营杠杆的含义

经营杠杆是指由于固定成本的存在而导致息税前利润变动率大于产销量变动率的杠杆效应，它反映了产销量与息税前利润之间的关系。如公式4.17所示：

$$EBIT = Q \times (P - V) - F \tag{4.17}$$

式中：EBIT表示息税前利润；Q表示产销量；P表示销售价格；V表示变动成本；F表示固定成本。

在其他条件不变的情况下，产销量的增长不会引起固定成本总额的变化，但会降低单位产品的固定成本，从而提高单位产品的利润，使得息税前利润的增长率大于销售量的增长率；反之亦然。如果存在固定成本，那么息税前利润的变动率就同产销量的变动率完全一致，就没有杠杆效应了。从公式4.17中也可以看出，在其他条件不变的情况下，固定成本占的比重越高，经营杠杆的效应就越强。

（二）经营杠杆系数（Degree of Operating Leverage）

对经营杠杆作用程度的计量最常用的指标是经营杠杆系数（DOL）。经营杠杆系数，是指息税前利润变动率相当于产销量变动率的倍数。计算如公式4.18和4.19所示：

$$DOL = \frac{\Delta EBIT/EBIT}{\Delta Q/Q} \tag{4.18}$$

或
$$DOL = \frac{\Delta EBIT/EBIT}{\Delta S/S} \tag{4.19}$$

式中：DOL 表示经营杠杆系数；△EBIT 表示息税前利润的变动额；EBIT 表示基期息税前利润；△Q 表示销售量的变动额；Q 表示基期销售量；△S 表示销售收入变动额；S 表示基期销售收入。

有时无法取得息税前利润变动额和销售额变动额，为了计算方便，可以将上述公式 4.18 和 4.19 简化为公式 4.20 或 4.21：

$$EBIT = Q（P-V）-F$$

$$△EBIT = △Q（P-V）$$

$$DOL = \frac{△Q（P-V）/Q（P-V）-F}{△Q/Q} = \frac{Q（P-V）}{Q（P-V）-F} \tag{4.20}$$

$$或 \quad DOL = \frac{S-C}{S-C-F} \tag{4.21}$$

式中：P 表示销售单价；V 表示单位变动成本；C 表示变动成本总额；F 表示固定成本总额。

影响经营杠杆系数的因素包括产品销售数量、产品销售价格、单位变动成本和固定成本总额等因素。

从公式 4.20 和公式 4.21 中可以看出，固定成本越高，经营杠杆系数越大；反之，则经营杠杆系数越小。固定成本等于 0，经营杠杆系数等于 1；固定成本等于边际贡献时，经营杠杆系数无穷大。

【小贴士】边际贡献，也叫贡献毛益，是产品销售收入与相应变动成本之间的差额。用公式表示为：边际贡献总额 =（销售单价 - 单位变动成本）× 产销量。

【例 4 - 12】A 企业生产某一种产品，固定成本总额为 50 万元，变动成本率为 60%，分别测算销售额为 500 万元、200 万元、150 万元、125 万元的经营杠杆系数。

$$DOL（500）= \frac{500 ×（1-60\%）}{500 ×（1-60\%）-50} = 1.33$$

$$DOL（200）= \frac{200 ×（1-60\%）}{200 ×（1-60\%）-50} = 2.67$$

$$DOL（150）= \frac{150 ×（1-60\%）}{150 ×（1-60\%）-50} = 6$$

$$DOL（125）= \frac{125 ×（1-60\%）}{125 ×（1-60\%）-50} = \infty$$

在固定成本不变的情况下，计算结果表明：①销售额增长（减少）引起息税前利润增长（减少）的幅度。比如上例中，DOL（500）= 1.33，说明销售额为 500 万元时，销售额增长（减少）会引起息税前利润增长（减少）1.33 倍；而在销售额为 150 万元时，销售额增长（减少）会引起息税前利润增长（减少）6 倍。②销售规模越大，经营杠杆系数越小，经营风险越小；反之，亦然。当销售额达到盈亏临界点时，经营杠杆系数会趋于无穷大，此时公司只能是保本经营。在这种情况下，只要销售额上升，企业便可获得利润；但如果销售额下降，企业便会亏损。

（三）经营杠杆与经营风险的关系

经营风险指企业因经营上的原因而导致利润变动的风险。引起企业经营风险的因素很多，主要有：①产品需求。市场对产品的需求越稳定，企业的经营风险就越小；反之，则经营风险越大。②产品售价。售价变动不大，经营风险小，否则经营风险大。③产品成本。产品成本变动大，则经营风险大，否则经营风险小。④调整价格的能力。当产品成本变动时，若企业具有较强的调整价格的能力，经营风险就小；反之，经营风险则大。⑤固定成本的比重。在企业全部成本中，固定成本所占比重较大时，单位产品分摊的固定成本额就多，若产品量发生变动，单位产品分摊的固定成本随之变动，最后导致利润更大幅度地变动，经营风险就大；反之，经营风险就小。

经营杠杆本身不是利润不稳定的根源。因而经营杠杆不是经营风险的来源，但经营杠杆扩大了市场和生产等不确定因素对利润变动的影响，因此，企业经营风险的大小与经营杠杆有重要关系。

二、财务杠杆（Financial Leverage）

（一）财务杠杆的含义

无论企业营业利润多少，债务利息和优先股的股利都是固定不变的。当息税前利润增大时，每一元盈余所负担的固定财务费用就会相对减少，这能给普通股股东带来更多的盈余。财务杠杆就是指由于固定财务费用的存在而导致普通股每股收益变动率大于息税前利润变动率的杠杆效应。它反映了息税前利润和普通股每股收益之间的关系。

（二）财务杠杆系数（Degree of Financial Leverage）

财务杠杆的作用程度可以通过财务杠杆系数（DFL）来表示。财务杠杆系数是指普通股每股利润的变动率相当于息税前利润变动率的倍数，计算见公式4.22：

$$DFL = \frac{\Delta EPS/EPS}{\Delta EBIT/EBIT} \tag{4.22}$$

式中：DFL 为财务杠杆系数；$\triangle EPS$ 为普通股每股利润变动额；EPS 为基期的普通股每股利润；$\triangle EBIT$ 为息税前利润变动额；EBIT 为基期的息税前利润。

为了方便计算，可将上列公式4.22变换为公式4.23：

$$EPS = \frac{(EBIT - I)(1 - T) - D}{N}$$

$$\Delta EPS = \frac{\Delta EBIT \ (1-T)}{N}$$

$$DFL = \frac{EBIT}{EBIT - I - \dfrac{D}{1-T}} \qquad\qquad (4.23)$$

式中：I 为利息；T 为所得税税率；N 为流通在外普通股股数；D 为优先股股利。

【例 4 - 13】某企业全部资本为 100 万元，债务比率为 40%，债务成本为 6%，企业所得税税率为 20%，当息税前利润分别是 5 万元、4 万元、2.4 万元时，计算财务杠杆系数。

$$DFL\ (5) = \frac{5}{5 - 100 \times 40\% \times 6\%} \approx 1.92$$

$$DFL\ (4) = \frac{4}{4 - 100 \times 40\% \times 6\%} \approx 2.5$$

$$DFL\ (2.4) = \frac{2.4}{2.4 - 100 \times 40\% \times 6\%} \approx \infty$$

从计算结果可以看出，如果资本总额和债务利息一定时，息税前利润越小，财务杠杆系数越大；反之，则财务杠杆系数越小。

【例 4 - 14】某公司资本总额为 200 万元，息税前利润为 20 万元，债务资金成本为 8%。现在假设如果该公司的债务比率分别是 0、30%、50% 几种情况，那么相应的财务杠杆系数分别是多少？

$$DFL\ (1) = \frac{20}{20 - 0} = 1$$

$$DFL\ (2) = \frac{20}{20 - 200 \times 30\% \times 8\%} \approx 1.32$$

$$DFL\ (1) = \frac{20}{20 - 200 \times 50\% \times 8\%} \approx 1.67$$

计算结果表明，在企业资本总额和盈利水平一定的条件下，如果债务比率增加，导致利息成本增加，那么财务杠杆系数就会加大，财务风险也在提高。

（三）财务杠杆与财务风险的关系

财务风险，也叫筹资风险，是指企业为取得财务杠杆利益而利用负债、优先股方式筹资时，增加了企业破产的机会或普通股每股利润大幅度变动的机会，而给普通股股东所带来的风险。

影响企业财务风险的因素主要有：①资本规模的变化。②债务利率水平的变动。如果债务利率较高，则企业的财务风险就会较大，反之，如果利率较低，企业面临的财务风险就会较小。③息税前利润的变动。如果息税前利润比较高，则企业的财务风险相对较小，反之，如果息税前利润较低，则企业的财务风险就会较大。④企业负债规模的变动，即财务杠杆的利用程度。其中，财务杠杆对财务风险的影响最大。如果企业举债比重越大，则财务杠杆系数越大，企业的财务风险也就越大。

三、复合杠杆（Combined Leverage）

（一）复合杠杆的概念

复合杠杆是指由于固定成本和固定财务费用的存在而导致的普通股每股利润变动率大于产销量变动率的杠杆效应。

（二）复合杠杆系数（Degree of Combined Leverage）

对复合杠杆计量的主要指标是复合杠杆系数（DCL）。复合杠杆系数是指普通股每股利润变动率相当于产销量变动率的倍数。其计算见公式4.24：

$$DCL = \frac{\Delta EPS/EPS}{\Delta Q/Q} \tag{4.24}$$

经过公式推导，可以得到公式4.25：

$$DCL = \frac{Q(P-V)}{Q(P-V)-F-I-\dfrac{D}{1-T}} \tag{4.25}$$

【例4-15】某公司生产甲产品，单位售价为50元，单位变动成本为25元，固定成本总额为100 000元。该公司的资本来源为：债券100 000元，年利率10%；优先股4 000股，每股面值100元，年股利率7%；普通股100 000股，每股收益0.35元，所得税税率30%，如果现在销量为8 000件，那么复合杠杆系数是多少？

$$DCL = \frac{8\,000(50-25)}{8\,000(50-25)-100\,000-10\,000-\dfrac{28\,000}{1-30\%}} = 4$$

（三）复合杠杆与企业总风险的关系

在企业经营中，由于经营杠杆和财务杠杆的综合作用，当企业的产销量以较小的幅度增长时，会使普通股每股收益发生较大幅度的增长，因此会产生复合杠杆利益；反之，当企业的产销量以较小的幅度下降时，会使普通股每股收益发生较大幅度的下降。由于复合杠杆作用使普通股每股利润大幅度波动而造成的风险，称为复合风险。复合风险直接反映企业的整体风险。在其他因素不变的情况下，复合杠杆系数越大，复合风险越大；复合杠杆系数越小，复合风险越小。

第三节　资本结构

一、资本结构的含义

资本结构是指企业各种资本的价值构成及其比例关系。资本结构有广义和狭义之分。广义的资本结构是指企业全部资本价值的构成及其比例关系；狭义的资本结构是指企业各长期资本的构成及其比例关系，尤其是指长期的股权资本与债权资本的构成及其比例关系。本节所指资本结构是指狭义的资本结构。资本结构问题总的来说是负债资金的比例问题，即负债在企业全部资金中所占的比重。

二、影响资本结构的因素

1. 企业经营状况的稳定性和成长性

稳定性好的企业可较多地负担固定的财务费用；成长率高的企业可以采用高负债的资本结构，以提升权益资本的报酬（EPS）。反之，如果企业经营状况不稳定，而且未来的成长性也不佳，则应较少采用负债资本。

2. 企业的财务状况和信用等级

企业的获利能力强、财务状况良好、信用等级高，就容易获得债务资本，也有能力承担财务上的风险；反之，则无力承担较多负债带来的风险。

3. 企业的资产结构

拥有大量固定资产的企业，主要通过长期负债和发行股票筹集资金；拥有较多流动资产的企业，更多地依赖流动负债筹集资金；资产适合于抵押贷款的企业，可以拥有较多的负债；以技术研发为主的企业，往往负债较少。

4. 企业产品的销售情况

企业产品的销售情况主要是从企业产品的销售增长率水平和销售的稳定性两个方面来看。如果企业销售量比较大，而且增长率比较稳定，那么企业的盈利状况和偿债能力就会比较强，可以承担比较高的负债率；反之，如果企业销售不稳定，现金流量也不稳定，对投资者的吸引力降低，从而负债筹资比较困难，故企业的负债率会比较低。即使，企业筹集较多负债，也会因资金周转不畅，无法偿还到期债务，而引发财务危机。

5. 投资者和管理人员的态度

从所有者角度看，如果企业股权比较分散，则可能更多地采用权益资本筹资以分散企业风险；如果企业为少数股东所控制，为防止控股权稀释，一般应尽量避免普通股筹资，采用优先股或债务资本筹资。

从管理当局角度看，稳健的管理当局偏好于选择低负债比例的资本结构；喜欢冒险的管理人员则会安排比较高的负债比例。

6. 行业特征和企业发展周期

企业所处的行业属性是决定资本结构的重要因素，例如，产品市场稳定的成熟产业可提高负债比重；高新技术企业应降低债务资本的比重；固定资产比重较大的企业应使负债比率相对较低。

企业的发展周期也会对资本结构有所影响，一般在初创阶段，企业的经营风险高，应控制负债比例；到了成熟阶段，经营风险降低，可适度增加债务资本比重；到了收缩阶段，经营风险逐步加大，应逐步降低债务资本比重。

7. 所得税税率政策

如果所得税税率高，则债务资本抵税作用大，企业应充分利用这种作用以提高企业价值；反之，如果所得税税率很低，则用举债方式减税的作用就不明显了。

8. 利率水平的变动趋势等

如果货币政策是紧缩的，则市场利率高，企业债务资本成本增大，则不宜采用较多负债筹资；如果目前利率比较低，而预测在不久可能上升的话，则企业会大量发行长期债券，这样可以在若干年内把利率锁定在较低水平上。

9. 债权人和信用评级机构的影响

企业的融资要受到贷款人和信用评级机构的制约，一般来说，信用评级机构的态度决定了债权人的态度。信用评级机构一般用偿债能力系数（预期利润对利息的倍数）和固定费用偿付比率等指标来判断企业的信用等级。在西方，一般认为企业的偿债能力系数低于 2.5 时，要想举借债务是非常困难的。因此，企业资本结构中负债比例的高低，应当以不影响企业的信用等级为限度。

三、资本结构的有关理论

（一）早期的资本结构理论

1. 净收益理论

该理论认为，利用债务可以降低企业的综合资金成本。由于债务成本一般较低，所以，负债程度越高，综合资金成本越低，企业价值越大。当负债比率达到 100% 时，企业价值将达到最大。

该理论虽然考虑到财务杠杆利益，但忽视了财务风险。如果企业负债比例过高，财务风险就会不断加大，股东和债权人要求的报酬率就会提高，这样企业的综合资金成本就会上升，企业价值反而会下降。见图 4.1。

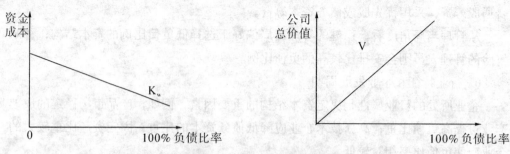

图 4.1 企业加权资金成本与企业价值的变动关系图

2. 净营业收益理论

该理论认为，资本结构与企业价值无关，决定企业价值高低的关键是企业的净营业收益。如果企业增加成本较低的债务资金，即使债务成本本身不变，但由于加大了企业的风险，导致权益资金成本的提高。这一升一降，相互抵消，企业的加权平均资金成本仍保持不变。也就是说，不论企业的财务杠杆程度如何，其整体的资金成本不变，企业的价值也就不受资本结构的影响，因而不存在最佳资本结构。

这是另一种极端的资本结构理论观点。这种观点虽然认识到债权资金比例的变动会产生财务风险，也可能影响公司的股权资金成本率，但实际上公司的加权平均资金成本不可能是一个常数。公司净营业收益的确会影响公司价值，但公司价值不仅仅取决于公司净营业收益的多少。见图 4.2。

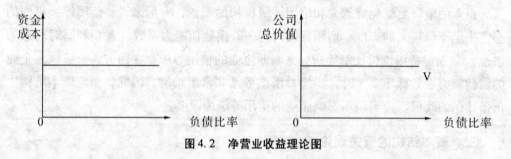

图 4.2 净营业收益理论图

（二）现代资本结构理论

1. MM 理论

MM 理论是莫迪格利安尼（Modigliani）和默顿·米勒（Miller）所建立的公司资本结构与市场价值不相干模型的简称。美国经济学家莫迪格利安尼和米勒于 1958 年发表的《资本成本、公司财务和投资管理》一文中，提出了最初的 MM 理论，这时的 MM 理论不考虑所得税的影响，得出的结论为企业的总价值不受资本结构的影响。此后，又对该理论做出了修正，加入了所得税的因素，由此而得出的结论为：企业的资本结构影响企业的总价值，负债经营将为公司带来税收节约效应。

MM 理论的假设前提包括：

（1）经营风险可以用息税前利润的方差来衡量，具有相同经营风险的公司称为风险同类（Homogeneous Risk Class）；

（2）投资者等市场参与者对公司未来的收益和风险的预期是相同的（Homogeneous Expectations）；

（3）完美资本市场（Perfect Capital Markets），即在股票与债券进行交易的市场中没有交易成本，且个人与机构投资者的借款利率与公司相同；

（4）借债无风险，即公司或个人投资者的所有债务利率均为无风险利率，与债务数量无关；

（5）全部现金流是永续的，即公司息税前利润具有永续的零增长特征以及债券也是永续的。

MM 理论主要有两种类型：无公司税时的 MM 模型和有公司税时的 MM 模型：

①无公司税时：MM 理论指出，一个公司所有证券持有者的总风险不会因为资本结构的改变而发生变动。因此，无论公司的融资组合如何，公司的总价值必然相同。

可以用公式来定义在无公司税时的公司价值。把公司的营业净利按一个合适的资本化比率转化为资本就可以确定公司的价值。见公式 4.26：

$$V_L = V_u = \frac{EBIT}{K} = \frac{EBIT}{K_u} \tag{4.26}$$

式中，V_L 为有杠杆公司的价值，V_u 为无杠杆公司的价值；$K = K_u$ 为合适的资本化比率，即贴现率；EBIT 为息税前净利。

根据无公司税的 MM 理论，公司价值与公司资本结构无关。也就是说，不论公司是否有负债，公司的加权平均资金成本是不变的。

②有公司税时：MM 理论认为，存在公司税时，举债的优点是负债利息支付可以用于抵税，因此财务杠杆降低了公司税后的加权平均资金成本。避税收益的现值如公式 4.27 所示：

避税收益的现值 = t × B　　　　　　　　　　　　　　　　　(4.27)

式中：t 为公司税率；B 为债务的市场价值。

由此可知，公司负债越多，避税收益越大，公司的价值也就越大。因此，原始的 MM 模型经过加入公司税调整后，有杠杆的公司的价值会超过无杠杆公司的价值（即负债公司的价值会超过无负债公司的价值）。负债越多，这个差异越大，当负债达到100%时，公司价值最大。

2. 权衡理论

产生于20世纪70年代的权衡理论认为：企业存在一个最优资本结构点，且资本结构最优点即为企业价值最大化点。制约企业无限追求免税优惠或负债最大值的关键因素是由债务上升而形成的企业风险和费用。企业债务的增加使企业陷入财务危机，甚至破产的可能性也增加，随着企业债务的增加而提高的风险和各种费用会增加企业的额外成本，从而降低市场价值。因此，企业最佳融资结构应当是在负债价值最大化和债务上升带来的财务危机成本及代理成本之间选择最适点。如图4.3所示。

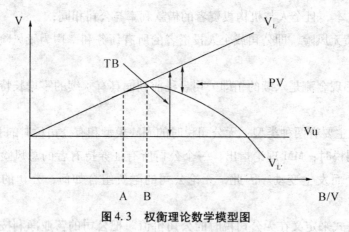

图4.3 权衡理论数学模型图

图4.3中，VL 表示有所得税和负债时企业的价值；VU 表示无负债时企业的价值；VL′表示权衡理论的企业价值；TB 表示债务抵税的现值；PV 表示财务困境成本的现值。

据图4.3分析：当负债比率未超过 A 点时，破产成本不明显；当负债比率达到 A 点时，破产成本开始变得重要，负债利息抵税利益开始被破产成本所抵消；当负债比率达到 B 点时，边际利息抵税利益恰好与边际破产成本相等，企业价值最大，达到最佳资本结构；当负债比率超过 B 点后，破产成本大于负债利息抵税利益，导致企业价值下降 。一个独立的企业存在着达到企业价值最大的最优资本结构，该资本结构存在于负债的节税利益与破产成本和代理成本相互平衡的点上。换言之，正是这些约束条件（其中最重要的是破产机制）致使企业不可能实现100%的债权融资结构，理想的债务与股权比率就是税前付息的好处与破产和代理成本之间的平衡。这一理论也可以说是对 MM 理论的再修正，从而更接近实际。

3. 代理理论

代理理论的创始人詹森和麦克林认为，企业资本结构会影响经理人员的工作水平和其他行为选择，从而影响企业未来现金流入和企业市场价值。该理论认为，债权筹资有很强的激励作用，并将债务视为一种担保机制。这种机制能够促使经理多努力工作，少个人享受，并且做出更好的投资决策，从而降低由于两权分离而产生的代理成本；但是，公司债务的违约风险是财务杠杆系数的增函数，随着公司债权资本的增加，债权人的监督成本随之上升，债权人会要求更高的利率，这种代理成本最终要由股东承担（即股权代理成本增加），公司资本结构中债权比率过高会导致股东价值的降低。均衡的企业所有权结构是由股权代理成本和债权代理成本之间的平衡关系来决定的，债权资本适度的资本结构会增加股东的价值。除债务的代理成本外，还有一些代理成本涉及公司雇员、消费者和社会等，在资本结构决策中也应予以考虑。

四、最佳资本结构的确定

最佳资本结构是指在一定条件下使企业加权平均资金成本最低、企业价值最大的资本结构。确定最佳资本结构的方法有比较资金成本法、每股利润无差别点法和公司价值分析法。

（一）比较资金成本法

比较资金成本法，是通过计算各方案加权平均的资金成本，并根据加权平均资金成本的高低来确定最佳资本结构的方法。最佳资本结构亦即加权平均资金成本最低的资本结构。

1. 初始筹资的资本结构决策

【例4-16】某企业初始成立时需要资本总额为7 000万元，有以下三种筹资方案：

方案一，长期借款500万元，长期债券1 000万元，优先股500万元，普通股5 000万元，资金成本分别为4.5%、6%、10%、15%；

方案二，长期借款800万元，长期债券1 200万元，优先股500万元，普通股4 500万元，资金成本分别为5.25%、6%、10%、14%；

方案三，长期借款500万元，长期债券2 000万元，优先股500万元，普通股4 000万元，资金成本分别为4.5%、6.75%、10%、13%。资料中债务资金成本均为税后资金成本，所得税税率为25%。

根据题中资料，可以计算三种方案的加权平均资金成本。

方案一：

$$K_{WACC} = \frac{500}{7\,000} \times 4.5\% + \frac{1\,000}{7\,000} \times 6\% + \frac{500}{7\,000} \times 10\% + \frac{5\,000}{7\,000} \times 15\% = 12.61\%$$

方案二：

$$K_{WACC} = \frac{800}{7\,000} \times 5.25\% + \frac{1\,200}{7\,000} \times 6\% + \frac{500}{7\,000} \times 10\% + \frac{4\,500}{7\,000} \times 14\% = 11.34\%$$

方案三：

$$K_{WACC} = \frac{500}{7\,000} \times 4.5\% + \frac{2\,000}{7\,000} \times 6.75\% + \frac{500}{7\,000} \times 10\% + \frac{4\,000}{7\,000} \times 13\% = 10.39\%$$

通过比较发现，方案三的加权平均资金成本最低。因此，企业应按照方案三的各种资金比例筹资，由此形成的资本结构也是最佳的资本结构。

2. 追加筹资的资本结构决策

按照最佳资本结构的要求，选择追加筹资方案时，可以计算各种追加筹资方案的边际资金成本，然后选取边际资金成本最低的方案。

【例 4 - 17】某企业原有的资本结构如表 4.4 所示，现需要追加筹资 500 万元，有两个方案可供选择：

方案一，追加筹资长期借款 100 万元，债券 100 万元，普通股 300 万元，资金成本分别为 5.2%、6.6%、7.5%；

方案二，追加筹资长期借款 150 万元，债券 80 万元，普通股 270 万元，资金成本分别为 5.3%、6.5%、7.5%。资金成本均为税后资金成本。

表 4.4　　　　　　　　　　企业原有资本结构及资金成本表

筹资方式	原资本结构	
	资本额（万元）	资金成本（%）
长期借款	500	5
债券	350	6.5
优先股	250	6.8
普通股	900	7
合计	2 000	—

解法一：分别测算两个追加筹资方案的边际资金成本：

追加方案一：

$$K_1 = \frac{100}{500} \times 5.2\% + \frac{100}{500} \times 6.6\% + \frac{300}{500} \times 7.5\% = 6.86\%$$

追加方案二：

$$K_2 = \frac{150}{500} \times 5.3\% + \frac{80}{500} \times 6.5\% + \frac{270}{500} \times 7.5\% = 6.68\%$$

根据计算结果，可知追加筹资方案二的边际资金成本较低，应选择方案二的筹资方案。

解法二：将追加筹资方案与原有资本结构汇总，计算各追加筹资方案下的综合资金成本，比较各筹资方案，寻求最佳资本结构。

追加筹资方案一的综合资金成本：

$$K_1 = \frac{500}{2\,500} \times 5\% + \frac{100}{2\,500} \times 5.2\% + \frac{350}{2\,500} \times 6.5\% + \frac{100}{2\,500} \times 6.6\% + \frac{250}{2\,500} \times$$

$$6.8\% + \frac{900+300}{2\,500} \times 7.5\% = 6.66\%$$

追加筹资方案二的综合资金成本：

$$K_2 = \frac{500}{2\,500} \times 5\% + \frac{150}{2\,500} \times 5.3\% + \frac{350+80}{2\,500} \times 6.5\% + \frac{250}{2\,500} \times 6.8\% + \frac{900+270}{2\,500} \times$$

$7.5\% = 6.626\%$

根据计算结果，可知采用方案二追加筹资后的综合资金成本比较低，因此，应该采用方案二的筹资方式。

【小贴士】根据股票的同股同利原则，原有股票应按新发行股票的资金成本计算，即全部股票按新发行股票的资金成本计算总的资金成本。

比较资金成本法通俗易懂，计算过程并不复杂。但这种方法只是比较了各种筹资方案的资金成本，难以区分它们各自的财务风险，而且实际中难以确定各种筹资的比例情况，有可能把最优方案漏掉。

（二）每股利润无差别点法

每股利润无差别点法，又称息税前利润—每股利润分析法（EBIT - EPS 分析法），是通过分析资本结构与每股利润之间的关系，计算各种筹资方案的每股利润的无差别点，进而确定合理的资本结构的方法。所谓的无差别点是指使不同资本结构的普通股每股收益相等时的息税前利润点。在此点上，不同资本结构的每股收益都相等，因此在理论上说，选择何种筹资方式都是一样的，对普通股每股收益都没有影响。每股利润无差别点处的息税前利润的计算见公式4.28：

$$\frac{(\overline{EBIT} - I_1)\ (1-T)\ - D_1}{N_1} = \frac{(\overline{EBIT} - I_2)\ (1-T)\ - D_2}{N_2} \tag{4.28}$$

式中，$\overline{EBIT}$ 为每股利润无差别点处的息税前利润；I_1、I_2 为两种筹资方式下的年利息；D_1、D_2 为两种筹资方式下的优先股股利；N_1、N_2 为两种筹资方式下的流通在外的普通股股数。

【例4-18】某企业原有资本800万元，其中债务资本200万元，年利率5.6%，优先股资本150万元，年股利率6%，普通股资本450万元，每股面值10元，现拟追加筹资200万元，有如下两种筹资方式：方式一，发行普通股筹资，每股面值10元，共计20万股；方式二，举借长期债务200万元，年利率5.8%。企业所得税税率30%。

要求：运用每股收益无差别点，分析如何选择筹资方式。

将题目的已知数据代入上述公式4.28，则：

$$\frac{(\overline{EBIT} - 200 \times 5.6\%)\ (1-30\%)\ - 150 \times 6\%}{45 + 20}$$

$$= \frac{(\overline{EBIT} - 200 \times 5.6\% - 200 \times 5.8\%)\ (1-30\%)\ - 150 \times 6\%}{45}$$

解得，$\overline{EBIT} \approx 112.16$（万元）。再将该值代入上式，可计算出两种方式的每股收益为：

$EPS_1 = EPS_2 \approx 0.95$（元／股）

下面将上例中每股收益无差别点的分析结果用图4.4表示如下：

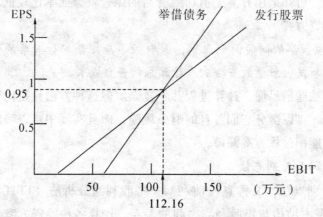

图4.4　每股收益无差别点分析图

从图4.4可以看出，当 EBIT ＞ 112.16 万元时，利用债务筹资较为有利；当 EBIT ＜ 112.16 万元时，发行普通股比较有利；当 EBIT ＝ 112.16 万元时，采用两种方式无差别。

这种方法只考虑了资本结构对每股利润的影响，并假定每股利润最大，股票价格也就最高，没有考虑随着负债增加，投资者风险加大，股票价格和企业价值也会下降。

（三）公司价值分析法

上面以每股收益的高低作为衡量标准的缺点是没有考虑风险因素。从根本上说，财务管理的目标在于追求公司价值的最大化，然而，只有在风险不变的情况下，每股收益的增长才会直接导致股价的上升，而实际上，经常是随着每股收益的增长，风险也会加大。如果每股收益的增长不足以补偿风险增加所需要的报酬时，即便每股收益在增加，股价仍然会下降。

所以，最佳资本结构应该是使企业价值最大的资本结构，同时企业的资金成本也是最低的。

公司价值分析法，就是通过计算和比较各种资本结构下公司的市场总价值来确定最佳资本结构的方法。最佳资本结构亦即公司市场价值最大的资本结构。

公司的市场总价值（V）＝股票的总价值（S）＋长期债务的价值（B）

为简化起见，假定长期债务（长期借款和长期债券）的市场价值，即现值等于其面值。

股票市场价值等于企业未来的净收益按股东要求的报酬率贴现。假设企业经营利润永续，股东要求的报酬率不变。则股票的市场价值的计算如公式 4.29 所示：

$$S = \frac{(EBIT - I)(1 - T) - D}{K_e} \tag{4.29}$$

式中：EBIT 为息税前利润；I 为年利息额；T 为所得税税率；K_e 为权益资金成本；D 为优先股股息。

采用资本资产定价模型计算股票的资本成本 K_e 见公式 4.30：

$$K_e = R_F + \beta (R_m - R_F) \tag{4.30}$$

式中：R_F 为无风险报酬率；β 为股票的贝他系数；R_m 为市场平均报酬率。

采用上式计算，以得出的企业总价值最大为标准确定最佳资本结构，此时加权平均资金成本最低，如公式 4.31 所示。

$$K_{WACC} = K_d (1 - T) \times \frac{D}{V} + K_e \times \frac{S}{V} \tag{4.31}$$

式中：K_{WACC} 为企业的加权平均资金成本；K_d 为税前的债务资金成本。

【例 4-19】某企业长期资本构成均为普通股，无债权资本和优先股。股票账面价值 3 000 万元。预计未来每年的 EBIT 为 600 万元，所得税税率为 25%。该企业认为目前的资本结构不合理，想要发行债券回购部分股票，以此调整资本结构，提高企业价值。目前，长期债务利率和权益资本成本的情况如表 4.5 所示：

表 4.5　　　　　　　不同债务水平下的债务资金成本和权益资金成本表

债券市场价值 B（万元）	税前债务资金成本 K_d（%）	股票 β 值	无风险报酬率 R_F（%）	市场平均报酬率 R_m（%）	权益资金成本 K_e（%）
0	—	1.2	8	12	12.8
300	10	1.3	8	12	13.2
600	10	1.4	8	12	13.6
900	12	1.55	8	12	14.2
1 200	14	1.7	8	12	14.8
1 500	16	2.1	8	12	16.4

根据表 4.5 的资料，可计算出不同债务规模下的企业价值和加权平均资金成本，见表 4.6：

表4.6   企业市场价值和加权平均资金成本表

企业市场价值 V① = ② + ③	债务市场价值 B②	股票市场价值 S③	税前债务资金成本 K_d（%）	权益资金成本 K_e（%）	加权平均资金成本 K_{WACC}（%）
3 515.63	0	3 515.63	—	12.8	12.8
3 538.64	300	3 238.64	10	13.2	12.72
3 577.94	600	2 977.94	10	13.6	12.58
3 498.59	900	2 598.59	12	14.2	12.86
3 389.19	1 200	2 189.19	14	14.8	13.28
3 146.34	1 500	1 646.34	16	16.4	14.3

从表4.6可以看出，一开始企业没有长期债务，企业的总价值为3 515.63万元；加权平均资金成本为12.8%。当企业开始发行债券回购股票时，企业的市场价值开始上升，加权平均资金成本降低，直到债务为600万元时，企业价值达到最大3 577.94万元，加权平均资金成本降到最低12.58%。若企业继续增加负债，企业价值反而会下降，加权平均资金成本反而上升。因此，长期债务为600万元时的资本结构为企业最佳的资本结构。

本章小结

本章阐述了资金成本、杠杆原理和资本结构的基本内容。具体来说，明确了资金成本的概念以及作用；阐述了个别资金成本、综合资金成本以及边际资金成本的计算；阐述了经营杠杆的含义、经营杠杆的计算以及如何利用经营杠杆管理经营风险；阐述了财务杠杆的含义、财务杠杆的计算以及如何利用财务杠杆管理企业的财务风险；明确了资本结构的含义以及资本结构的基本理论；分析了影响资本结构的因素；探讨了什么是最佳资本结构以及最佳资本结构的确定方法。

复习思考题

一、单项选择题

1. 某公司所有者权益和长期负债比例为5∶4，当长期负债增加量在100万元以内时，资金成本为8%；当长期负债增加量超过100万元时，资金成本为10%，假定资本结构保持不变，则筹资总额分界点为（　　）万元。

    A. 200　　　　　　　B. 225　　　　　　　C. 385　　　　　　　D. 400

2. 根据无税条件下的 MM 理论，下列表述中正确的是（　　）。

    A. 企业存在最优资本结构　　　　　　B. 负债越小，企业价值越大

    C. 负债越大，企业价值越大　　　　　　D. 企业价值与企业资本结构无关

3. 某产品预计单位售价 12 元，单位变动成本 8 元，固定成本总额 120 万元，适用的企业所得税税率为 25%。要实现 750 万元的净利润，企业完成的销售量至少应为（　　）单位。

    A. 105　　　　　　　B. 157.5　　　　　　C. 217.5　　　　　　D. 280

4. 某公司经营风险较大，准备采取系列措施降低经营杠杆程度，下列措施中，无法达到这一目的的是（　　）。

    A. 降低利息费用　　　　　　　　　　B. 降低固定成本水平

    C. 降低变动成本水平　　　　　　　　D. 提高产品销售单价

5. 某企业 2009 年的销售额为 1 000 万元，变动成本 600 万元，固定经营成本 200 万元，利息费用 10 万元，没有融资租赁和优先股，预计 2010 年息税前利润增长率为 10%，则 2010 年的每股利润增长率为（　　）。

    A. 10%　　　　　　　B. 10.5%　　　　　　C. 15%　　　　　　　D. 12%

二、判断题

1. 其他条件不变动的情况下，企业财务风险大，投资者要求的预期报酬率就高，企业筹资的资本成本相应就大。　　　　　　　　　　　　　　　（　　）

2. 某企业发行股利固定增长的普通股，市价为 10 元/股，预计第一年的股利为 2 元，筹资费率 4%，已知该股票资金成本为 23.83%，则股利的年增长率为 2.5%。
　　　　　　　　　　　　　　　　　　　　　　　　　　　　　　（　　）

3. 净收益理论认为资金结构不影响企业价值，企业不存在最佳资金结构。
　　　　　　　　　　　　　　　　　　　　　　　　　　　　　　（　　）

4. 从成熟的证券市场来看，企业的筹资优序模式首先是内部筹资，其次是借款、发行债券、可转换债券，最后是发行新股筹资。　　　　　　　　　（　　）

5. 使用每股利润无差别点法进行最佳资金结构的判断时考虑了风险的因素。
　　　　　　　　　　　　　　　　　　　　　　　　　　　　　　（　　）

三、计算题

1. 某公司目前拥有资金 2 000 万元，其中，长期借款 800 万元，年利率 10%；普通股 1 200 万元，上年支付的每股股利 2 元，预计股利增长率为 5%，发行价格 20

元，目前价格也为 20 元，该公司计划筹集资金 100 万元，企业所得税率为 33%，有两种筹资方案：

方案 1：增加长期借款 100 万元，借款利率上升到 12%，股价下降到 18 元，假设公司其他条件不变。

方案 2：增发普通股 40 000 股，普通股市价增加到每股 25 元，假设公司其他条件不变。

要求：①计算该公司筹资前加权平均资金成本；②计算采用方案 1 的加权平均资金成本；③计算采用方案 2 的加权平均资金成本；④用比较资金成本法确定该公司最佳的资金结构。

2. B 公司为一上市公司，适用的企业所得税税率为 25%，相关资料如下：

资料一：2008 年 12 月 31 日发行在外的普通股为 10 000 万股（每股面值 1 元），公司债券为 24 000 万元（该债券发行于 2006 年年初，期限 5 年，每年年末付息一次，利息率为 5%），该年息税前利润为 5 000 万元。假定全年没有发生其他应付息债务。

资料二：B 公司打算在 2009 年为一个新投资项目筹资 10 000 万元，该项目当年建成并投产。预计该项目投产后公司每年息税前利润会增加 1 000 万元。现有甲、乙两个方案可供选择，其中：甲方案为增发利息率为 6% 的公司债券；乙方案为增发 2 000 万股普通股。假定各方案的筹资费用均为零，且均在 2009 年 1 月 1 日发行完毕。部分预测数据如表 4.7 所示：

表 4.7　　　　　　　　　　　甲、乙方案数据表　　　　　　　　　单位：万元

项目	甲方案	乙方案
增资后息税前利润	6 000	6 000
增资前利息	*	1 200
新增利息	600	*
增资后利息	(A)	*
增资后税前利润	*	4 800
增资后税后利润	*	3 600
增资后普通股股数（万股）	*	*
增资后每股收益（元）	0.315	(B)

说明：上表中"＊"表示省略的数据。

要求：（1）根据资料一计算 B 公司 2009 年的财务杠杆系数。

（2）确定表 4.7 中用字母表示的数值（不需要列示计算过程）。

（3）计算甲、乙两个方案的每股收益无差别点息税前利润。

（4）用 EBIT—EPS 分析法判断应采取哪个方案，并说明理由。

四、问答题

1. 什么是资金成本？其内容和作用是什么？

2. 个别资金成本、综合资金成本和边际资金成本的概念和作用是什么？

3. 什么是营业杠杆？如何利用营业杠杆系数衡量企业的经营风险？

4. 什么是财务杠杆？如何利用财务杠杆系数衡量企业的财务风险？

5. 什么是杠杆效应？试分析杠杆原理在财务管理中的应用。

6. 什么是资本结构？什么是最佳资本结构？资本结构的决策方法有哪些？

7. 你认为目前我国上市公司的资本结构存在哪些问题？如何改进？

案例分析

A公司是一家位于某市高校园区的快餐连锁店，假设你是这家店的财务经理。该公司上年的息税前利润为50万元，由于高校扩招，预期公司的息税前利润将会持续稳定。由于公司不需要扩张资金，公司以后的盈余准备全部用来发放股利。

A公司现有的资金全部都是自由资金，有10万股股票流通在外，每股面值20元。作为财务经理的你向老板建议采用负债筹资，并得到认可，要求你拟出一份报告。假设你从公司的投资银行得到以下不同债务水平下有关债务成本和权益成本的资料：

表4.8　　　　　　　　　　债务成本和权益成本的资料　　　　　　　　单位：万元

总负债	0	25	50	75	100
债务成本（%）	—	10	11	13	16
股票成本（%）	15	15.5	16.5	18	20

如果公司准备筹资，将会举借债务，并用于回购公司的股票。公司适用的所得税税率为25%。要求你对下面问题进行分析：计算公司在不同负债水平下的每股收益。假设公司最初是以零负债开始，然后逐步改变资本结构，当每股收益最大时是否公司的股价也最高？

第五章　项目投资

学习目标

通过学习本章，学生应了解项目投资的含义、特点和程序、熟悉项目投资现金流量的概念及计算；掌握项目投资评价指标的分类、特点和计算方法；了解项目投资评价方法的选择以及与各种方法之间的关系，熟练掌握独立和互斥方案的投资决策方法。

第一节　项目投资概述

一、项目投资的含义和特点

项目投资是一种以特定建设项目为对象，直接与新建项目或更新改造项目有关的长期投资行为。与其他形式的投资相比，项目投资具有如下特点：

1. 投资数额大

项目投资与固定资产的新建、改建、扩建有关，一般涉及的金额都比较大，从前期调查、项目立项到具体资源的投入以及项目工程的实施，整个过程都需要大量的资金投入，对企业资金运用、资金筹措以及未来现金流量都会产生很大的影响。

2. 影响时间长

项目的初始投资是一次性的，巨额的投资只有在以后较长的一个时期内才能逐步收回，占用在固定资产上的资金数额较大，周期较长，所以必须对项目进行严格的技术上和经济上的可行性分析，合理估计项目回收期。

3. 发生频率低

企业内部长期投资一般较少发生，特别是大规模的固定资产投资，一般要几年甚至几十年才发生一次。但每次资金的投放量却比较多，对企业未来的财务状况有较大的影响。

4. 变现能力差

项目投资的实物形态主要是厂房和机器设备等固定资产，这些资产不易改变用途，出售困难，变现能力较差。因此，有人称项目投资具有不可逆转性。

5. 投资风险高

项目投资一旦形成，就会在一个较长的时间内固化为一定的物质形态，具有投资刚性，即无法在短期内做出更改，且面临较大的市场不确定性和其他风险，一旦决策失误将造成不可挽回的损失。所以，在投资之前一定要采用专门的方法进行风险决策分析。

二、项目投资的程序

1. 项目提出

企业各级领导都可以提出新的投资项目。一般情况下，企业的高层领导提出的投资项目，大多数是大规模的战略性投资，其方案一般由生产、市场、财务等各方面的专家组成的专门小组做出。基层或中层人员提出的主要是战术性投资项目，方案由主管部门组织人员拟定。

2. 项目评价

对投资项目进行评价是可行性研究的核心内容。企业在确定投资项目的可行性后就要对项目进行评价，测量各个项目的成本、收益，并考虑与此相关的风险，为投资决策提供财务数据，然后采用一定的财务评价指标，对各个项目的风险和报酬做出评估，以此为选择最好的项目做准备。

3. 项目决策

投资项目经过评价后，企业领导要做出最后的决策。投资额较小的项目，有时中层领导就有决策权；投资额较大的项目，一般由总经理做出决策；投资额特别大的项目，要由董事会甚至股东大会投票表决。测算项目的风险和报酬以及选择项目是投资决策中最重要的两个环节。

4. 项目实施

决定对某项目进行投资后，要积极筹措资金实施投资。企业应该根据筹资方案，及时足额筹集资金，以顺利实施投资。在项目实施过程中，要对工程进度、工程质量、施工成本进行控制，以便使投资项目按预算规定完成。

5. 项目监测

对投资项目进行监测，可以评价企业在选择投资方案的过程中，对投资项目的收益、成本与风险的估计是否正确，是否要根据实际情况对计划进行修订和调整。

三、项目投资的几个相关概念

1. 项目计算期的构成

项目计算期是指从投资建设开始到最终清理结束整个过程的全部时间，包括建设期和运营期。其中，建设期，是指项目资金正式投入开始到项目建成投产为止所需要的时间，建设期的第一年初称为建设起点，建设期的最后一年末称为投产日。项目计算期的最后一年年末称为终结点，假定项目最终报废或清理均发生在终结点（但更新改造除外），从投产日到终结点之间的时间间隔称为运营期。如图 5.1 所示。

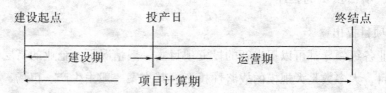

图 5.1　项目计算的期间图

2. 原始投资与项目总投资的关系

项目总投资是反映项目投资总体规模的价值指标，等于原始投资与建设期资本化利息之和。原始投资，是指为使项目完全达到设计生产能力、开展正常经营而投入的全部现实资金，包括建设投资和流动资金投资。

项目总投资 = 原始投资 + 建设期资本化利息

原始投资 = 建设投资 + 垫支流动资金

建设投资 = 固定资产投资 + 无形资产投资 + 开办费投资

固定资产原值 = 固定资产投资 + 建设期资本化利息

【例 5 - 1】A 企业拟新建一条生产线，需要在建设起点一次投入固定资产投资 200 万元，在建设期末投入无形资产投资 25 万元。建设期为 1 年，建设期资本化利息为 10 万元，全部计入固定资产原值。流动资金投资合计为 20 万元。

根据上述资料可计算该项目有关指标如下：

（1）固定资产原值 = 200 + 10 = 210 （万元）

（2）建设投资 = 200 + 25 = 225 （万元）

（3）原始投资 = 225 + 20 = 245 （万元）

（4）项目总投资 = 245 + 10 = 255 （万元）

3. 项目投资资金的投入方式

① 一次投入：投资行为集中一次性发生在项目计算期第一个年度的年初或年末。如果投资发生在建设期初，计算净现值时，投资额不必折现；如果投资额发生在期末，计算净现值时，投资额应该折现。

②分次投入：投资行为涉及两个或两个以上年度，或虽涉及一个年度，但投资分别发生在该年的期初和期末。计算净现值时，分次投入的投资要予以折现。

第二节　项目投资现金流量分析

在公司项目投资决策过程中，通常采用现金流量作为对投资方案进行经济评价的基础。正确地计算项目各期的现金流量，是投资决策中最关键也是难度最大的环节。

一、现金流量的含义

现金流量是指投资项目在其计算期内因资本循环而可能或应该发生的各项现金流入量与现金流出量的统称，它是计算项目投资决策评价指标的主要依据和重要信息之一。

【小贴士】如何理解项目的现金流量：

(1) 是投资项目在计算期内可能发生的，既包括流入量也包括流出量，是一个统称；

(2) 财务管理中的现金流量，针对特定投资项目，不是针对特定会计期间。与会计上现金流量表的现金流量是完全不同的两个概念；

(3) 现金流量是广义的，不仅包括货币资金，而且包括非货币资源的变现价值。例如，一个项目需要使用原有的厂房、设备和材料等，则相关的现金流量是指它们的变现价值，而不是其账面价值。

项目投资决策之所以要以现金流量作为投资评价的依据，其主要原因如下：①采用现金流量有利于科学地考虑时间价值因素；②采用现金流量保证了评价的客观性；③在投资分析中，现金流动状况比盈亏状况更为重要；④采用现金流量考虑了项目投资的逐步回收问题。

二、估算现金流量的假设以及应注意的问题

（一）假设

(1) 投资项目类型的假设：假设投资项目只包括单纯固定资产投资项目、完整

工业投资项目和更新改造投资项目三种类型。

（2）财务可行性分析假设：在实际工作中，评价一个项目是否可行，不仅要考虑财务可行性，也要考虑环境（是否产生污染）、技术上是否可行，人力资源能否跟上等各方面。在财务管理中，评价一个项目是否可行只考虑财务可行性问题。

（3）全投资假设：即使实际存在借入资金，也将其作为自有资金对待（但在计算固定资产原值和总投资额时，还需要考虑借款利息因素）。

（4）建设期投入全部资金假设：不论项目的原始总投资是一次投入，还是分次投入，除个别情况外，假定它们都是在建设期投入的，即在项目的经营期没有原始投资投入。

（5）经营期与折旧年限一致假设：假设项目主要固定资产的折旧年限或使用年限与经营期相同。

（6）时点指标假设：对于建设投资假设在建设期内有关年度的年初或年末发生；流动资金投资则假设在年初发生；经营期内各年的收入、成本、折旧、摊销、利润、税金等项目的确认均假设在年末发生；假设项目最终报废或清理均发生在终结点（但更新改造项目除外）。

（7）确定性假设。假设与项目现金流量有关的价格、产销量、成本水平、所得税税率等因素均为已知常数。

（二）应注意的问题

（1）只有增量现金流量才是与项目相关的现金流量。所谓增量现金流量是指接受或者拒绝某一投资方案后，企业总现金流量因此而发生的变动。

（2）尽量利用现有会计利润数据。

（3）不能考虑沉没成本因素。

（4）充分关注机会成本。机会成本指在决策过程中选择某个方案而放弃其他方案所丧失的潜在收益。

（5）要考虑项目对公司其他部门的影响。

三、投资项目的现金流量的内容和估算

（一）按现金流动的方向划分

1. 现金流入量

现金流入量是指整个项目投资及其回收过程中所形成的实际现金流入量。具体包括：

（1）营业现金收入。它是指项目投产后，各期正常的生产经营活动中形成的现金流入。

（2）回收收入的固定资产余值。它是指项目投资形成的固定资产在项目期满或

中途处置时，如报废、清理、出售、变卖或转让等，估计可以回收的价值。

（3）回收的流动资金。它是指项目期满，因项目终结而回收的原项目进行期间垫支的流动资金（即营运资本）投资额。

（4）补贴收入：与经营期收益有关的政府补贴（退税、定额补贴、财政补贴）。

（5）其他现金流入量。

2. 现金流出量

现金流出量是指整个项目计算期内，项目投资及回收过程中所发生的实际现金支出。主要包括：

（1）建设投资，包括固定资产投资、无形资产投资以及其他资产投资，是建设期主要的流出量。其中固定资产投资主要包括各项建筑工程费用、设备购置成本、安装工程费用等。

【小贴士】建设投资中不包括资本化利息。

（2）流动资金投资，是指垫支的流动资金，项目投产前后分次或一次投放于流动资产上的资本增加额，用于生产经营周转的营运资金。某年流动资金需用数计算见公式5.1：

某年流动资金投资额（垫支数）＝本年流动资金需用数－截至上年的流动资金投资额

或　　＝本年流动资金需用数－上年流动资金需用数

本年流动资金需用数＝本年流动资产需用数－本年流动负债可用数　　　（5.1）

上式中的流动资产只考虑存货、现实货币资金、应收账款和预付账款等项内容；流动负债只考虑应付账款和预收账款。

（3）经营成本，也叫付现成本，是指经营期内为满足正常生产经营活动而需要实际支付现金的有关成本费用，如产品制造成本、管理费用、营业费用中需要支付现金的部分，不包括财务费用。

（4）有关税金，主要指项目投产后需要依法缴纳的、单独列示的各项税款，如流转税和所得税等。

（5）其他现金流出量。

【例5-2】B企业拟建的生产线项目，预计投产第一年的流动资产需用额为30万元，流动负债需用额为15万元，假定该项投资发生在建设期末；预计投产第二年流动资产需用额为40万元，流动负债需用额为20万元，假定该项投资发生在投产后第一年年末。根据上述资料可估算该项目各项指标如下：

投产第一年的流动资金需用额＝30－15＝15（万元）

第一次流动资金投资额＝15－0＝15（万元）

投产第二年的流动资金需用额 = 40 - 20 = 20（万元）

第二次流动资金投资额 = 20 - 15 = 5（万元）

流动资金投资合计 = 15 + 5 = 20（万元）

3. 净现金流量（Net Cash Flow）

净现金流量（NCF），是指在项目计算期内由每年现金流入量与同年现金流出量之间的差额所形成的序列指标。在建设期内的净现金流量一般小于或等于零；在经营期内的净现金流量则多为正值。

净现金流量 = 该年现金流入量 - 该年现金流出量。

（二）按现金流动的时间划分

1. 初始现金流量

初始期是指从投资开始日至取得营业收入前的期间。主要的现金流项目包括：①固定资产投资；②流动资产投资（垫支的营运资金）；③其他投资费用，指不属于以上各项的投资费用，如投资项目的筹建费、职工培训费等；④原有固定资产的变价收入，指固定资产重置时，旧设备出售所得的净现金流量；⑤所得税效应，是指固定资产重置时，旧设备出售所得的净现金流量以及相应的税赋损益。按规定，出售资产时，如果售价高于原价或账面净值，应缴纳所得税，多缴的所得税构成现金流出量；如果出售时，售价低于账面净值，可以抵减当年所得税支出，少缴的所得税构成现金流入量。

2. 营业现金流量

营业现金流量是指项目投入使用后，在寿命期内由于生产经营所带来的现金流入和流出的数量。这里的现金流入是指营业现金流入；现金流出是指营业现金流出和缴纳的税金。营业现金流量的计算见公式 5.2：

营业现金流量 = 营业收入 - 付现成本 - 所得税

或   营业现金流量 = 营业收入 - （营业成本 - 折旧）- 所得税

= 营业收入 - 营业成本 - 所得税 + 折旧

= 税后净利 + 折旧   (5.2)

3. 终结现金流量

终结现金流量是指项目经济寿命终了时发生的非经营现金流量。包括以下两个方面：

①固定资产变价净收入及出售时的税负损益。出售时税负损益的确定方法与初始投资时出售旧设备发生的税负损益相同，如果报废时，固定资产残值收入大于税法规定的数额，应上缴所得税，形成现金流出；反之，则可抵减所得税，形成现金流入。

②收回的垫支营运资金。这部分资金不受税收因素的影响，税法将其视为资金的内部转移，因此，收回的流动资金仅仅是现金流量的增加。

当然，在营业期的最后一年仍然有生产经营的现金流入量和流出量，其计算和营业现金流量的计算一样。

【例5-3】A公司准备购入一台设备以扩大生产能力，现有甲、乙两个方案可供选择。甲方案需投资15 000万元，一年后建成投产。使用寿命6年，采用直线法计提折旧，6年后设备无残值。6年中每年的销售收入为6 000元，每年的付现成本为2 500元。乙方案需投资18 000元，一年后建成投产时需另外增加营运资金3 000元。该方案的使用寿命也是6年，采用直线法计提折旧，6年后残值3 000元。6年中每年的销售收入为8 500元，付现成本第一年为3 000元，以后每年将增加维修费300元。假设所得税税率为25%，试计算两方案的现金流量。

两方案的现金流量计算过程如下：

（1）计算两方案每年的折旧额

$$甲方案每年的折旧额 = \frac{15\ 000}{6} = 2\ 500（元）$$

$$乙方案每年的折旧额 = \frac{18\ 000 - 3\ 000}{6} = 2\ 500（元）$$

（2）计算两个方案的营业现金流量（见表5.1）

表5.1 　　　　　　　　　　　　两个方案的营业现金流量表 　　　　　　　　　单位：元

	第2年	第3年	第4年	第5年	第6年	第7年
甲方案： 销售收入（1）	6 000	6 000	6 000	6 000	6 000	6 000
付现成本（2）	2 500	2 500	2 500	2 500	2 500	2 500
折旧（3）	2 500	2 500	2 500	2 500	2 500	2 500
税前利润（4）＝（1）-（2）-（3）	1 000	1 000	1 000	1 000	1 000	1 000
所得税（5）＝（4）×25%	250	250	250	250	250	250
税后利润（6）＝（4）-（5）	750	750	750	750	750	750
营业现金流量 = （3）+（6）	3 250	3 250	3 250	3 250	3 250	3 250
乙方案： 销售收入（1）	8 500	8 500	8 500	8 500	8 500	8 500
付现成本（2）	3 000	3 300	3 600	3 900	4 200	4 500
折旧（3）	2 500	2 500	2 500	2 500	2 500	2 500
税前利润（4）＝（1）-（2）-（3）	3 000	2 700	2 400	2 100	1 800	1 500
所得税（5）＝（4）×25%	250	675	600	525	450	375
税后利润（6）＝（4）-（5）	2 250	2 025	1 800	1 575	1 350	1 125
营业现金流量 = （3）+（6）	4 750	4 525	4 300	4 075	3 850	3 625

（3）再结合初始现金流量和终结现金流量编制两方案的全部现金流量（见表5.2）。

表 5.2 　　　　　　　　　两个方案的营业现金流量表 　　　　　　单位：元

	0	1	2	3	4	5	6	7
甲方案： 固定资产投资 营业现金流量	−15 000		3 250	3 250	3 250	3 250	3 250	3 250
现金流量合计	−15 000		3 250	3 250	3 250	3 250	3 250	3 250
乙方案： 固定资产投资 流动资产投资 营业现金流量 固定资产残值 营运资金回收	−18 000	−3 000	4 750	4 525	4 300	4 075	3 850	3 625 3 000 3 000
现金流量合计	−18 000	−3 000	4 750	4 525	4 300	4 075	3 850	9 625

【小贴士】在表5.1和表5.2中，0表示第一年年初，1表示第一年年末，2表示第二年年末，以此类推。一般我们假定固定资产投资在年初进行，各年营业现金流量在年末发生，终结现金流量在最后一年年末发生。

第三节 　项目投资决策评价指标

在投资决策中，正确估计项目的现金流量很重要，但是现金流量的多少并不能告诉管理者该项目是否可行。因此，还需要采用一定的方法，借助一系列指标对投资项目进行分析和评价，从而做出决策。

一、投资决策评价指标的分类

（一）按是否考虑资金时间价值分为静态评价指标和动态评价指标

动态评价指标包括净现值、获利指数、内含收益率；静态评价指标包括投资回收期和会计收益率。

（二）按指标性质不同分为正指标和反指标

正指标意味着指标值的大小与投资的好坏成正相关关系，即指标值越大，该项目越好，越值得投资，包括净现值、获利指数、内含报酬率、会计收益率等；

反指标意味着指标值的大小与投资项目的好坏成负相关关系，即指标值越小，该项目越好，越值得投资，反指标包括静态投资回收期。

（三）按指标数量特征分类分为绝对数指标和相对数指标

绝对数指标包括净现值、投资回收期；相对数指标包括获利指数、会计收益率、内含收益率等。

（四）按指标重要性分为主要指标和次要或辅助指标

主要指标包括净现值、内含收益率、获利指数；次要指标包括投资回收期；辅助指标包括会计收益率。

二、静态评价指标的计算方法及特征

（一）静态投资回收期（Payback Period）

静态投资回收期（简称回收期），是指以投资项目经营净现金流量抵偿原始总投资所需要的全部时间，它有"包括建设期的投资回收期（PP）"和"不包括建设期的投资回收期（PP′）"两种形式。回收年限越短，项目越有利。

在原始投资一次支出、每年现金净流入量相等时，回收期的计算见公式 5.3：

$$回收期（PP）= \frac{原始投资额}{每年现金净流入量} \tag{5.3}$$

如果每年的现金净流入量不等，或原始投资是分几年投入的，则按下列公式 5.4 求回收期 n：

$$\sum_{K=0}^{n} IK = \sum_{K=0}^{n} OK \tag{5.4}$$

【例 5-4】某企业有三项投资项目，有关数据如表 5.3 所示：

表 5.3　　　　　　　　　三个项目的数据资料表　　　　　　　　单位：万元

年份	A 项目			B 项目			C 项目		
	净收益	折旧	NCF	净收益	折旧	NCF	净收益	折旧	NCF
0			(20 000)			(9 000)			(12 000)
1	1 800	10 000	11 800	(1 800)	3 000	1 200	600	4 000	4 600
2	3 240	10 000	13 240	3 000	3 000	6 000	600	4 000	4 600
3				3 000	3 000	6 000	600	4 000	4 600
合计	5 040		5 040	4 200		4 200	1 800		1 800

其中，回收期（C）$= \dfrac{12\ 000}{4\ 600} = 2.61$（年）

A 项目和 B 项目的回收期分别为 1.62 年和 2.30 年，A 项目的计算过程如表 5.4 所示。

表 5.4　　　　　　　　　　　　回收期的计算过程表　　　　　　　　单位：万元

年份	投资额	每年净现金流量	每年尚未收回的投资额
0	(20 000)		
1		11 800	8 200
2		13 240	0
回收期（A）＝1＋（8 200÷13 240）＝1.62（年）			

决策标准：只有静态投资回收期指标小于或等于基准投资回收期的投资项目才具有财务可行性。

回收期法的优点是：计算简便；容易为决策者正确理解；可以大体上衡量项目的流动性和风险。

回收期法的缺点是：忽视了时间价值，把不同时间的货币收支看成是等效的，无法体现回收期内现金流量的分布先后而导致的项目实际优劣；没有考虑回收期以后的现金流，也就是没有衡量项目的盈利性；容易促使公司接受短期项目，而放弃有战略意义的长期项目。

【小贴士】以上例题假设没有建设期，如果有建设期的话，则不包括建设期的回收期 PP′＝包括建设期的回收期 PP－建设期。

（二）会计收益率

会计收益率，又称总投资报酬率（ROI），是指达产期正常年份的年息税前利润或运营期年均息税前利润占项目总投资的百分比。

$$会计收益率 = \frac{年均息税前利润}{项目总投资} \times 100\% \tag{5.5}$$

仍以例 5－4 的资料计算：

$$ROI（A）= \frac{(1\,800 + 3\,240) \div 2}{20\,000} \times 100\% = 12.6\%$$

$$ROI（B）= \frac{(-1\,800 + 3\,000 + 3\,000) \div 3}{9\,000} \times 100\% = 15.6\%$$

$$ROI（C）= \frac{600}{12\,000} \times 100\% = 5\%$$

计算时公式的分母也可使用平均投资额，这样计算的结果可能会提高一倍，但不改变项目的优先次序。

决策标准：只有总投资收益率指标大于或等于基准总投资收益率指标的投资项目才具有财务可行性。

会计收益率法的优点：计算公式简单；使用财务报告的数据容易取得；考虑了

整个项目寿命期的全部利润；能够说明各投资方案的收益水平。

会计收益率法的缺点：①没有考虑资金时间价值因素，这样净收益的时间分布对项目经济价值的影响没有被考虑在内；②不能正确反映建设期长短及投资方式不同和回收额的有无等条件对项目的影响；③分子、分母计算口径的可比性较差，分子是时期指标，分母是时点指标；④无法直接利用净现金流量信息。

三、动态评价指标的计算方法及特征

（一）净现值法（Net Present Value，NPV）

净现值（NPV），是指项目在未来现金流入的现值与未来现金流出的现值之间的差额，它是评估项目是否可行的最重要的指标。按照这种方法，在项目计算期内，所有未来的现金流入流出都要按设定的折现率或资本成本折算现值。如果计算的净现值为正数，表明投资报酬率大于资本成本，该项目可以增加股东财富，可以采纳。如果净现值为零，表明投资报酬率等于资本成本，不改变股东财富，没有必要采纳。如果净现值为负数，表明投资报酬率小于资本成本，该项目会减少股东财富，应该放弃。如果有多个备选方案，则应该选择净现值最大的方案。

$$净现值（NPV） = \sum_{t=0}^{n} \frac{I_t}{(1+i)^t} - \sum_{t=0}^{n} \frac{O_t}{(1+i)^t} \tag{5.6}$$

$$或 \quad 净现值（NPV） = \sum_{t=0}^{n} \frac{NCF_t}{(1+i)^t}$$

式中：NPV 为净现值；NCF_t 为第 t 年的现金净流量；i 为折现率（企业的资本成本或要求的报酬率）；n 为项目的预计使用年限。

根据例 5-4 的资料，假设该企业的资金成本为 10%。

净现值（A） = （11 800×0.909 1 + 13 240×0.826 4） - 20 000
= 21 669 - 20 000 = 1 669（万元）

净现值（B） = （1 200×0.909 1 + 6 000×0.826 4 + 6 000×0.751 3） - 9 000
= 10 557 - 9 000 = 1 557（万元）

净现值（C） = 4 600×（P/A，10%，3） - 12 000 = 11 440 - 12 000 = -560（万元）

A、B 两项目的净现值为正数，说明这两个项目的投资报酬率均超过 10%，都可以采纳。C 项目净现值为负数，说明该项目的报酬率达不到 10%，应该放弃。

影响净现值大小的因素有两个：项目的现金流量和折现率。前者与净现值的大小呈同向变化，后者与净现值的大小呈反向变化。

净现值法考虑了项目整个寿命期的各年的现金流量的状况，而且进行折现，既体现了时间价值因素，也反映了项目的收益状况，在理论上较为完善。但是这一指

标的缺点之一是无法直接反映投资项目的实际收益率水平的；另外一个不足就是该指标是一个绝对量指标，不便于不同投资项目获利能力的比较。为了弥补这一不足，有人提出净现值率（NPVR）指标。

净现值率＝投资项目净现值/原始投资的现值合计×100%

净现值率是一个折现的相对量正指标。它的优点在于可以从动态的角度反映项目投资的资金投入与净产出之间的关系，而且其计算比其他折现相对指标简单。它的缺点是与净现值指标相似，无法直接反映投资项目的实际收益率。

决策原则：NPVR≥0，方案可行。

净现值法在应用中的主要难点是如何确定折现率。在项目评价中，正确选择折现率至关重要。如果选择的折现率过低，会导致一些经济效益差的项目得以通过，浪费了有限的社会资源；如果折现率选择得过高，会导致一些效益较好的项目不能通过，使得社会资源不能充分发挥作用。

在财务可行性评价中，折现率可以按以下方法确定：第一，以投资项目的资本成本作为折现率，企业进行投资是为了在未来获得收益，这个收益至少应该补偿为了筹资而花费的成本。第二，以资本的机会成本作为折现率。资本的机会成本是指如果不用于这个项目，而用于其他项目可能获得的投资收益率，这个收益率是确定该项目是否可以接受的最低收益率。第三，根据不同阶段采用不同的折现率。在计算项目建设期现金流量现值时，以贷款的实际利率作为折现率；在计算项目生产期现金流量的现值时，以全社会资金平均收益率作为折现率。第四，以行业平均收益率作为项目折现率。

（二）获利指数法（Profitability Index）

上例中，A 和 B 项目相比哪个更好呢？不能根据净现值直接判断，两个项目的期限和投资额都不同，A 项目用 20 000 万元投资、两年时间取得较多的净现值，B 项目用 9 000 万元投资、三年时间取得较少的净现值，两个净现值没有可比性。为了比较投资额不同的项目的盈利性，我们提出了现值指数法，也叫获利指数法，是未来现金流入现值与现金流出现值的比率。

$$现值指数 = \sum_{t=0}^{n} \frac{I_t}{(1+i)^t} \div \sum_{t=0}^{n} \frac{O_t}{(1+i)^t} \qquad (5.7)$$

根据例 5 - 4 的资料，三个项目的现值指数如下：

现值指数（A）＝21 669÷20 000＝1.08

现值指数（B）＝10 557÷9 000＝1.17

现值指数（C）＝11 440÷12 000＝0.95

获利指数其实是净现值的变形，所以获利指数的决策原则是：接受获利指数大于1 的项目，放弃获利指数小于 1 的项目。若有多个方案备选，则应选获利指数最大的。

　　获利指数是个相对数指标，反映投资的效率。当备选方案的投资额不等且彼此之间相互独立，可用获利指数法确定方案的优劣次序；若为互斥方案，当采用净现值法和获利指数法出现不一致结果时，应以净现值法的结果为准。因为净现值是一个绝对指标，反映投资的效益，更符合财务管理的目标。

　　（三）内含报酬率法（Internal Rate of Return，IRR）

　　内含报酬率（IRR），是指项目投资实际可望达到的收益率。它与投资折现率的选择无关，实质上，它是能使项目的净现值等于零时的折现率。

$$\text{NPV} = \sum_{t=0}^{n} \frac{\text{NCF}_t}{(1+\text{IRR})^t} = 0 \tag{5.8}$$

　　净现值法和获利指数法虽然考虑了时间价值，可以说明投资项目的报酬率高于或低于资本成本，但没有揭示项目本身可以达到的报酬率是多少。内含报酬率是根据项目本身的现金流量状况计算得出的，是项目本身的投资报酬率。

　　内含报酬率法的决策准则是：IRR≥基准收益率或资本成本，方案可行；否则，方案不可行。

　　内含报酬率的计算，通常需要"逐步测试法"。首先，估计一个折现率，用它计算项目的净现值。如果净现值为正数，说明项目本身的报酬率超过了折现率，应提高折现率后进一步测试；如果净现值为负数，说明项目本身的报酬率低于折现率，应降低折现率后进一步测试。经过多次测试，找到使净现值接近于零的折现率，再通过"插值法"来精确计算项目的内含报酬率。

　　根据例 5-4 的资料，已知 A 项目的净现值为正数，说明它的投资报酬率大于10%，因此，应提高折现率作进一步测试。测试过程如表5.5所示。

表5.5　　　　　　　　　　　A 项目内含报酬率的测试表　　　　　　　　单位：万元

年份	现金净流量	折现率＝18%		折现率＝16%	
		折现系数	现值	折现系数	现值
0	(20 000)	1	(20 000)	1	(20 000)
1	11 800	0.847		0.862	10 172
2	13 240	0.718		0.743	9 837
净现值			(499)		9

　　接下来采用"插值法"可以精确计算出内含报酬率。

　　内含报酬率（A）＝16%＋（2%×$\frac{9}{9+499}$）＝16.04%

　　同样的方法可以计算 B 项目和 C 项目的内含报酬率。

内含报酬率（B）=16% +（2% × $\dfrac{338}{22+338}$）= 17.88%

【小贴士】C 项目各期现金流量相等，符合年金形式，内含报酬率的计算可以直接用年金现值表来确定，不需要进行逐步测试。

原始投资 = 每年现金流入量 × 年金现值系数

12 000 = 4 600 ×（P/A，i，3）

（P/A，i，3）= 2.609

采用"插值法"可以得出 C 项目的内含报酬率：

内含报酬率（C）= 7% +（1% × $\dfrac{2.624-2.609}{2.624-2.577}$）= 7.32%

计算出个项目的内含报酬率之后，根据企业的资本成本对项目进行取舍。由于企业的资本成本为 10%，那么 A、B 两个项目可以接受，C 项目应放弃。

内含报酬率法的优点是：可以从动态的角度直接反映投资项目的实际收益率水平；不受基准收益率高低的影响，比较客观。缺点是计算复杂；当运营期大量追加投资时，可能出现多个 IRR，或偏高或偏低，缺乏实际意义。

内含报酬率法和获利指数法都是采用相对比率来评估项目，而不像净现值法那样使用绝对数来评估项目；但是，在计算内含报酬率时不必事先估计资本成本，只是最后需要用一个实际的资本成本来判断项目是否可行，而获利指数法则需要事先确定一个合适的资本成本作为折现率，才能进行计算。

第四节　项目投资决策评价指标的运用

一、独立项目财务可行性评价及投资决策

独立项目是指一组互相独立、互不排斥的项目。独立项目投资决策就是指对特定投资项目采纳与否的决策，而且该项目的取舍只取决于项目本身的经济价值，而不用考虑其他项目采纳与否的影响。

（一）判断项目完全具备财务可行性的条件

如果某一投资项目的所有评价指标均处于可行区间，则可以断定该投资项目无论从哪个方面来看都具备财务可行性，或完全具备可行性。

（二）判断项目是否完全不具备财务可行性的条件

如果某一投资项目的评价指标均处于不可行区间，则可以断定该投资项目无论从哪个方面看都不具备财务可行性，或完全不具备可行性，应当彻底放弃该投资方案。

（三）判断项目是否基本具备财务可行性的条件

如果在评价过程中发现某项目的主要指标处于可行区间（如 NPV ≥ 0，PI ≥ 1，IRR ≥ i），但次要或辅助指标处于不可行区间（如 PP > $\frac{n}{2}$ 或 ROI < i），则可以断定该项目基本上具有财务可行性。

（四）判断项目是否基本不具备财务可行性的条件

如果在评价过程中发现某项目出现 NPV < 0，PI < 1，IRR < i 的情况，即使有 PP ≤ $\frac{n}{2}$ 或 ROI ≥ i 发生，也可断定该项目基本上不具有财务可行性。

【例 5 - 5】某项目建设期为 1 年，建设期期初投资 1 000 万元，运营期期初投资 1 000 万元，运营期 5 年，每年的净现金流量分别为 100 万元、1 000 万元、1 800 万元、1 000 万元、1 000 万元，折现率为 6%。计算该项目的静态投资回收期和净现值，并评价该项目的财务可行性。

解：静态投资回收期：

包括建设期的静态投资回收期 $= 3 + \frac{900}{1\ 800} = 3.5$（年）

不包括建设期的静态投资回收期 = 3.5 - 1 = 2.5（年）

NPV = 100 × （P/F，6%，2）+ 1 000 × （P/F，6%，3）+ 1 800 × （P/F，6%，4）+ 1 000 × （P/F，6%，5）+ 1 000 × （P/F，6%，6）- 1 000 - 1 000 × （P/F，6%，1）= 1 863.3（万元）

因为该项目的净现值 > 0，包括建设期的投资回收期 3.5 年 > $\frac{6}{2}$ 年，所以该项目基本具备财务可行性。

二、多个互斥项目的比较决策

（一）原始投资相同且项目计算期相等时

此种情况应采用净现值法，运用净现值指标。决策原则：选择净现值大的方案作为最优方案。

【例 5 - 6】某企业面临 A、B 两个投资项目：A 项目投资额为 1 000 万元，无建设期，运营期 4 年，每年产生的净现金流量分别为 200 万元、400 万元、580 万元和 750 万元；B 项目投资额也为 1 000 万元，无建设期，运营期为 4 年，每年产生的净现金流量均为 450 万元。该企业的最低投资报酬率为 9%。分析该选择哪个项目投资。

解：NPV（A）= 200 × （P/F，9%，1）+ 400 × （P/F，9%，2）+ 680 ×

（P/F，9%，3）＋800×（P/F，9%，4）−1 000＝183.48＋336.68＋448.88＋531.3−1 000＝500.34（万元）

NPV（B）＝450×（P/A，9%，4）−1 000＝457.87（万元）

由于A、B两个项目投资额和项目计算期都相同，而A项目的净现值大于B项目，所以应该选择A项目。

（二）原始投资不相同，但项目计算期相同时

此种情况应采用差额内部收益率法。差额内部收益率是根据差量净现金流量的计算使得净现值为0的折现率。其计算方法与内部收益率是一样的，只不过所依据的是差量净现金流量。

决策原则：当差额内部收益率指标大于或等于基准收益率或设定折现率时，原始投资额大的方案较优；反之，则投资少的方案为优。差额投资内部收益率法特别适用于更新改造项目的决策。

$$\sum_{t=0}^{n}[\Delta NCF_t \times (P/F, \Delta IRR, t)] = 0 \tag{5.9}$$

【例5−7】A项目原始投资的现值为150万元，1～10年的净现金流量为29.29万元；B项目的原始投资额为100万元，1～10年的净现金流量为20.18万元。行业基准折现率为10%。要求：①计算差量净现金流量△NCF；②计算差额内部收益率△IRR；③用差额内部收益率法做出比较投资决策。

解：（1）差量净现金流量：

$\Delta NCF_0 = -150 - (-100) = -50$（万元）

$\Delta NCF_{1\sim10} = 29.29 - 20.18 = 9.11$（万元）

（2）差额内部收益率△IRR

（P/A，△IRR，10）＝50/9.11≈5.488 5

（P/A，12%，10）＝5.650 2＞5.488 5

（P/A，14%，10）＝5.216 1＜5.488 5

采用插值法：

（△IRR−12%）/（14%−12%）＝（5.488 5−5.650 2)/(5.216 1−5.650 2)

$\Delta IRR = 12\% + [(5.650\ 2 - 5.488\ 5)/(5.650\ 2 - 5.216\ 1) \times (14\% - 12\%)] \approx 12.74\%$

（3）用差额投资内部收益率法决策

由于计算出差额内部收益率为12.74%，

∵△IRR＝12.74%＞i＝10%，∴应当投资A项目。

如果已知行业基准折现率是14%，则因为△IRR＝12.74%＜14%，所以应投资B项目。

（三）项目计算期不同时的决策

1. 最小公倍数法

最小公倍数法是使项目的寿命期相等的方法。也就是通过求出两个项目使用年限的最小公倍数，对两个项目的净现值分别进行调整，按照调整后的净现值最大的方案为最优方案。

【例5-8】某公司要在两个投资项目中选取一个，A项目初始投资170 000元，项目使用寿命为3年，每年产生80 000元的现金净流量，3年后报废无残值；B项目初始投资240 000元，项目使用寿命6年，每年产生64 000元的现金净流量，6年后报废无残值。公司的资本成本为10%，那么，该选择哪个项目呢？

两个项目的净现值计算如下：

NPV（A）=80 000×（P/A，10%，3）-170 000=28 952（元）

NPV（B）=64 000×（P/A，10%，6）-240 000=38 739.2（元）

项目的净现值表明B项目优于A项目，但是这种分析是不正确的，因为没有考虑两个项目的寿命期是不同的。如果采用A项目，在3年后还要进行相同的投资才能与B项目的寿命相同。因此，采用最小公倍数法，求出两个项目寿命的最小公倍数，本题为6年，那么，B项目原来就是按6年计算的净现值，不用调整。对于A项目，必须要重新计算一个假设寿命为6年的净现值，如表5.6所示。

表5.6　　　　　　　　投资项目的现金流量表　　　　　　　单位：万元

项目	0	1	2	3	4	5	6
第0年投资的现金流量	-17	8	8	8			
第3年投资的现金流量				-17	8	8	8

计算A项目6年现金流量的净现值：

NPV（A）=28 952+28 952×（P/F，10%，3）=50 703.6（元）

这样才能对两个项目进行比较，因为A项目的净现值大于B项目的，所以该选择A。

由于本题中两个项目的最小公倍数是6，计算相对简单，如果一个项目的寿命为8年，另一个项目的寿命为9年，那么最小公倍数为72年。这样，采用此法工作量非常大，很不方便。

2. 等额年金法

等额年金法又叫等值年金法，是将互斥项目的净现值按资本成本等额分摊到每年，求出项目每年的平均净现值。由于转化成了年金，项目在时间上是可比的，而且从净现值转化为年金只是做了货币时间价值的一种等值交换，两种方法是等价的。

因此，等额年金法和净现值法得出的结论应该是一致的。

$$等额年金 = \frac{NPV}{(P/A, i, n)} \tag{5.10}$$

决策原则：选择等额年金最大的方案为优。

两个项目的等额年金分别为：

$$A 项目的等额年金 = \frac{28\ 952}{(P/A, 10\%, 3)} = 11\ 641.8$$

$$B 项目的等额年金 = \frac{38\ 739.2}{(P/A, 10\%, 6)} = 8\ 894.7$$

通过计算得知，A 项目的等额年金比 B 项目大，所以，应该选择 A 项目。这个计算结果与最小公倍数法计算的结果是一致的。而且等额年金法计算简单，在寿命期不等的互斥项目的比较决策中较为常用。

（四）固定资产更新决策

固定资产更新是指对技术上或经济上不宜继续使用的旧资产，用新的资产更换或用先进的技术对原有设备局部改造。固定资产更新决策主要研究两个问题：一个是决定是否更新；另一个是决定选择什么样的资产进行更新。

更新决策不同于一般的投资决策。一般来说，更新设备并不改变企业的生产能力，不增加企业的现金流入，而主要是现金流出。这就给采用贴现现金流量分析带来了困难，无论对哪个方案都很难计算期净现值和内含报酬率。如果新旧设备的未来使用年限相等，在分析时主要采用差额分析法；如果新旧设备的寿命期不等，则主要采用年均成本法。

（一）寿命期相等的更新决策——差额分析法

在新旧设备未来使用年限相等的情况下，通常采用差额分析法，包括差额净现值法和差额投资内部收益率法。

决策原则：当更新改造项目的差额净现值大于 0，应当进行更新；反之，则不应当进行更新。当更新改造项目的差额内部收益率指标大于或等于基准折现率或设定折现率时，应当进行更新；反之，就不应当进行此项更新。

【小贴士】

（1）需要考虑在建设起点旧设备可能发生的变价净收入；

（2）旧固定资产提前报废发生净损失而抵减的所得税额 = 旧固定资产清理净损失 × 适用的企业所得税税率。在没有建设期时，发生在第一年年末；有建设期时，发生在建设期期末。

（3）差量折旧 =（差量原始投资 - 差量回收残值）÷ 尚可使用年限

【例 5 - 9】甲企业打算在 2005 年年末购置一套不需要安装的新设备，以替换一套尚可使用 5 年、折余价值为 91 000 元、变价净收入为 80 000 元的旧设备。取得新设备的投资额为 285 000 元。到 2010 年年末,新设备的预计净残值超过继续使用旧设备的预计净残值 5 000 元。使用新设备可使企业在 5 年内每年增加营业利润 10 000元。新旧设备均采用直线法计提折旧。假设全部资金来源均为自有资金,适用的企业所得税税率为 25%,折旧方法和预计净残值的估计均与税法的规定相同。该企业的资本成本为 10%。

要求:

(1) 计算更新设备比继续使用旧设备增加的投资额。

更新设备比继续使用旧设备增加的投资额 = 285 000 - 80 000 = 205 000 (元)

(2) 计算经营期因更新设备而每年增加的折旧。

更新设备而每年增加的折旧 = (205 000 - 5 000) /5 = 40 000 (元)

(3) 计算经营期每年因营业利润增加而导致的所得税变动额。

每年因息税前利润增加而导致的所得税变动额 = 10 000 × 25% = 2 500 (元)

(4) 计算经营期每年因营业利润增加而增加的净利润。

每年因营业利润增加而增加的净利润 = 10 000 - 2 500 = 7 500 (元)

(5) 计算因旧设备提前报废发生的处理固定资产净损失。

因旧设备提前报废发生净损失 = 91 000 - 80 000 = 11 000 (元)

(6) 计算经营期第 1 年因旧设备提前报废发生净损失而抵减的所得税额。

因旧设备提前报废发生净损失而抵减的所得税额 = 11 000 × 25% = 2 750 (元)

(7) 计算建设期起点的差量净现金流量 $\triangle NCF_0$。

$\triangle NCF_0 = - (285 000 - 80 000) = -205 000$ (元)

(8) 计算经营期第 1 年的差量净现金流量 $\triangle NCF_1$。

$\triangle NCF_1 = 7 500 + 40 000 + 2 750 = 50 250$ (元)

(9) 计算经营期第 2~4 年每年的差量净现金流量 $\triangle NCF_{2~4}$。

$\triangle NCF_{2~4} = 7 500 + 40 000 = 47 500$ (元)

(10) 计算经营期第 5 年的差量净现金流量 $\triangle NCF_5$。

$\triangle NCF_5 = 7 500 + 40 000 + 5 000 = 52 500$ (元)

$\triangle NPV = - 205 000 + 50 250 \times (P/F, 10\%, 1) + 47 500 \times (P/A, 10\%, 3) \times (P/F, 10\%, 1) + 52 500 \times (P/F, 10\%, 5) = - 205 000 + 45 682.275 + 107 389.94 + 32 597.25 = 19 330.5$ (元)

由于差额净现值为正数,说明资产更新后比不更新获利更大,应选择购买新设备。

(二) 寿命期不相等的更新决策——年均成本法

固定资产的年均成本,是指该资产引起的现金流出的年平均值。如果不考虑货币的时间价值，它是未来使用年限内的现金流出总额与使用年限的比值，如果考虑时间价值因素，它是未来使用年限内现金流出总现值与年金现值系数的比值，即平均每年的现金流出。

【例 5 - 10】某企业有一旧设备，使用部门提出更新要求，有关数据如表 5.7 所示。

表 5.7 　　　　　　　　　　新旧设备的资料表 　　　　　　　　　单位：元

	旧设备	新设备
原值	2 200	2 400
预计使用年限	10	10
已经使用年限	4	0
最终残值	200	300
变现价值	600	2 400
年运行成本	700	400

假设该企业的最低报酬率为 15%，不考虑所得税的影响。

1. 不考虑货币的时间价值

$$旧设备的年均成本 = \frac{600 + 700 \times 6 - 200}{6} = 767（元）$$

$$新设备的年均成本 = \frac{2\ 400 + 400 \times 10 - 300}{10} = 610（元）$$

2. 考虑货币的时间价值

如果考虑货币的时间价值，有三种计算方法：

（1）计算现金流出的总现值，然后分摊给每一年。

$$旧设备年均成本 = \frac{600 + 700 \times (P/A, 15\%, 6) - 200 \times (P/F, 15\%, 10)}{(P/A, 15\%, 6)}$$

$$= \frac{600 + 700 \times 3.784 - 200 \times 0.432}{3.784} = 836（元）$$

$$新设备年均成本 = \frac{2\ 400 + 400 \times (P/A, 15\%, 10) - 300 \times (P/F, 15\%, 10)}{(P/A, 15\%, 10)}$$

$$= \frac{2\ 400 + 400 \times 5.019 - 300 \times 0.247}{5.019} = 863（元）$$

（2）由于各年已经有相等的运行成本，只要将原始投资和残值摊销到每年，然后求和，也可以得到每年平均的现金流出量。

$$旧设备年均成本 = \frac{600}{(P/A, 15\%, 6)} + 700 - \frac{200}{(F/A, 15\%, 6)} = 836（元）$$

新设备年均成本 $= \dfrac{2\,400}{(P/A,\ 15\%,\ 10)} + 400 - \dfrac{300}{(F/A,\ 15\%,\ 10)} = 863$（元）

（3）将残值在原投资中扣除，视同每年承担相应的利息，然后与净投资额摊销及年运行成本总计，求出每年的年均成本。

旧设备年均成本 $= \dfrac{600 - 200}{(P/A,\ 15\%,\ 6)} + 200 \times 15\% + 700 = 836$（元）

新设备年均成本 $= \dfrac{2\,400 - 300}{(P/A,\ 15\%,\ 10)} + 300 \times 15\% + 400 = 863$（元）

通过上述计算可知，使用旧设备的年均成本较低，不宜进行设备更新。

本章小结

本章阐述了项目投资的基本概念以及项目现金流量的含义以及计算。重点介绍了项目评估的方法，包括不考虑时间价值的非贴现方法以及考虑时间价值的贴现方法。非贴现方法主要通过静态投资回收期和会计收益率指标来进行分析；贴现方法主要通过净现值、现值指数、内含报酬率指标进行分析。通过各种指标的运用，熟悉了各种项目评价的具体方法，并对方法进行比较，得出在所有的评价方法中，净现值法是最好的评价方法，因其符合企业价值最大化的财务管理目标。

复习思考题

一、单项选择题

1. 某公司拟进行一项固定资产投资决策，设定折现率为10%，有四个方案可供选择。其中甲方案的净现值率为 -12%；乙方案的内部收益率为9%；丙方案的项目计算期为10年，净现值为960万元，（P/A，10%，10）=6.144 6；丁方案的项目计算期为11年，年等额净回收额为136.23万元。最优的投资方案是（　　）。

　　A. 甲方案　　　　B. 乙方案　　　　C. 丙方案　　　　D. 丁方案

2. 已知某完整工业投资项目预计投产第一年的流动资产需用数100万元，流动负债可用数为40万元；投产第二年的流动资产需用数为190万元，流动负债可用数为100万元。则投产第二年新增的流动资金额应为（　　）万元。

　　A. 150　　　　　B. 90　　　　　　C. 60　　　　　　D. 30

3. 下列各项中，不属于静态投资回收期优点的是（　　）。

A. 计算简便   B. 便于理解

C. 直观反映返本期限   D. 正确反映项目总回报

4. 下列各项中，不属于投资项目现金流出量内容的是（　　）。

A. 固定资产投资   B. 折旧与摊销

C. 无形资产投资   D. 新增经营成本

5. 已知某完整工业投资项目的固定资产投资为 2 000 万元，无形资产投资为 200 万元，开办费投资为 100 万元。预计投产后第二年的总成本费用为 1 000 万元，同年的折旧额为 200 万元、无形资产摊销额为 40 万元，计入财务费用的利息支出为 60 万元，则投产后第二年用于计算净现金流量的经营成本为（　　）万元。

A. 1 300   B. 760   C. 700   D. 300

二、判断题

1. 在项目投资假设条件下，从投资企业的立场看，企业取得借款应视为现金流入，而归还借款和支付利息则应视为现金流出。（　　）

2. 在项目投资决策中，净现金流量是指经营期内每年现金流入量与同年现金流出量之间的差额所形成的序列指标。（　　）

3. 投资项目的经营成本不应包括运营期间固定资产折旧费、无形资产摊销费和财务费用。（　　）

4. 投资项目的所得税前净现金流量不受融资方案和所得税政策变化的影响，它是全面反映投资项目本身财务盈利能力的基础数据。（　　）

5. 在对独立方案进行分析评价时，净现值与内含报酬率的结论总是一致的。（　　）

三、计算题

某投资项目的 A 方案如下：项目原始投资 1 000 万元，其中，固定资产投资 750 万元，流动资金投资 200 万元，其余为无形资产投资（投产后在经营期内平均摊销），全部投资的来源均为自有资金。该项目建设期为 2 年，经营期为 10 年，固定资产投资和无形资产投资分 2 年平均投入，流动资金投资在项目完工时（第 2 年年末）投入。固定资产的寿命期为 10 年，按直线法计提折旧，期满有 50 万元的净残值；流动资金于终结点一次收回。预计项目投产后，每年发生的相关营业收入（不含增值税）和经营成本分别为 600 万元和 200 万元，所得税税率为 25%，该项目不享受减免所得税的待遇。

要求：

（1）计算项目 A 方案的下列指标：①项目计算期；②固定资产原值；③固定资

产年折旧；④无形资产投资额；⑤无形资产年摊销额；⑥经营期每年总成本；⑦经营期每年息税前利润；⑧经营期每年息前税后利润。

（2）计算该项目 A 方案的下列税后净现金流量指标：①建设期各年的净现金流量；②投产后 1～10 年每年的经营净现金流量；③终结点净现金流量。

（3）按 14% 的行业基准折现率，计算 A 方案净现值指标，并据此评价该方案的财务可行性。

（4）该项目的 B 方案原始投资为 1 200 万元，于建设起点一次投入，建设期 1 年，经营期不变，经营期各年现金流量 $NCF_{2-11} = 300$ 万元，计算该项目 B 方案的净现值指标，并据以评价该方案的财务可行性。

四、问答题

1. 试述投资决策中用现金流量代替利润指标的原因。
2. 项目投资的决策指标有哪些？各有什么优缺点？
3. 为什么在进行独立项目和互斥项目方案决策时，净现值法要优于内含报酬率法？
4. 在企业资金受限的情况下，如何运用各种指标进行决策？
5. 面对寿命期不等、投资额也不同的互斥方案，应该如何决策？

案例分析

A 公司是一家食品生产企业，最近公司准备投资建一个汽车制造厂，并于 2008 年 1 月 1 日正式投产运营，预计经营期限为 6 年。公司财务经理通过调研得到以下相关信息：

（1）为了解汽车行业的市场状况以及本公司的市场潜力，公司已经支付了前期的市场调研费用和咨询费用，共计 300 万元。

（2）利用现有闲置的一套厂房，原价 7 000 万元，已提折旧 2 500 万元，若该厂房现在处置，其市场价值为 4 000 万元。但公司为了不影响公司其他正常生产，规定不允许厂房出售。

（3）公司需要购置 12 台生产设备，新设备的买价共计 7 850 万元，还需支付 50 万元的运杂费和 100 万元的安装调试费，2008 年 1 月 1 日一次性购入、安装并当即投入使用。设备的使用年限为 6 年，法定残值率为 10%，按直线法提取折旧，预计 6 年经营期满后不再生产汽车可将这些设备出售，其售价为 500 万元。

（4）公司计划对原厂房进行装修，预计装修费用为 900 万元，与 2008 年 1 月 1

日装修完工时支付，预计第 3 年末还要进行同样的装修，并且两次装修费用分别在下一次装修前、经营期满止采用直线法摊销。

（5）公司正式运营后，预计每年实现收入 8 500 万元，付现成本为 5 900 万元（不含设备的折旧和装修费用的摊销）。

（6）该项目第一年年初（和设备投资同时）和第二年年初预计当年相关的流动资产需用额分别为 500 万元和 800 万元，相应的流动负债需用额分别为 200 万元和 400 万元。

（7）目前公司的目标资本结构为 40% 的债务和 60% 的股权资本，为保证公司的目标资本结构不变，该汽车制造厂建设项目所需资本仍然按照这一比例来筹措，其中所需的债务资本通过发行公司债取得（不考虑相关的手续费），债券的利率为 8.44%。

（8）在确定项目系统风险时，公司财务人员对三家已经上市的汽车制造企业甲、乙、丙分别进行了详细分析，相关的财务数据如表 5.11 所示。

表 5.11　　　　　　　　甲、乙、丙企业的相关财务数据　　　　　　　　单位:%

项目	甲	乙	丙
有负债的 β 系数	0.8	1.5	2.4
债务资本	30	50	60
股权资本	70	50	40
公司所得税税率	25	30	20

（9）目前证券市场的无风险收益率为 6%，证券市场的平均收益率为 11%。该公司的所得税税率为 25%。

要求:

（1）计算汽车制造厂建设项目的投资必要收益率（计算结果保留整数，其中计算 β 值时取小数点后四位）;

（2）编制现金流量计算表，计算净现值，并评价 A 公司是否应该投资建设该汽车制造厂。

第六章　证券投资

学习目标

通过本章学习，掌握证券投资的目的、特点、种类与基本程序；掌握证券投资的风险和收益率；掌握股票投资和债券投资的估价方法及投资收益率的计算方法；熟悉投资基金的含义、种类，基金的价值和报价，投资基金的价值与收益率的计算方法及基金投资的优缺点；了解衍生金融资产投资；了解证券组合的策略和方法。

第一节　证券投资概述

一、证券投资的概念

证券是指用以证明或设定权利所作出的书面凭证，是根据国家的有关法律规定发行的，票面载有一定金额，代表财产所有权或债权，可以依法有偿转让的一种信用凭证。证券投资是指投资者将资金投放于股票、债券、基金和衍生证券等方式而获取收益的一种投资行为。

二、证券投资的种类

金融市场上的证券很多，其中可供企业投资的证券主要有国债、短期融资券、可转让存单、企业股票与债券、投资基金及期权、期货等衍生证券。具体可以分为以下几类：

（一）债券投资

企业将资金投向各种各样的债券即为债券投资，例如，企业购买国库券、公司债券和金融债券等都属于债券投资。与股票投资相比，债券投资能获得稳定收益且投资风险较低。当然，也应看到，投资于一些期限长、信用等级低的债券也会承担较大风险。

（二）股票投资

企业将资金投向其他企业所发行的股票即为股票投资，如将资金投向其他企业发行的优先股、普通股等。企业投资于股票，尤其是投资于普通股票，要承担较大风险；但在通常情况下也会取得较高收益。

（三）基金投资

基金投资是指投资者通过购买投资基金股份或受益凭证来获取收益的投资方式。这种方式可使投资者享受专家服务，有利于分散风险，获得较高和较稳定的投资利益。

（四）期货投资

期货投资是指投资者通过买卖期货合约以躲避价格风险或赚取利润的一种投资方式。所谓期货合约，是指在将来一定时期以指定价格买卖一定数量和质量的商品而由商品交易所制定的统一标准合约，它是确定期货交易关系的一种契约，是期货市场的交易对象。

（五）期权投资

期权投资是指为了实现盈利目的或规避风险而进行期权买卖的一种投资方式。

（六）证券组合投资

证券组合投资是指企业将资金同时投资于多种证券。例如，既投资于国库券，又投资于企业债券，还投资于企业股票。组合投资可以有效地分散证券投资风险，是企业等法人单位进行证券投资时常用的投资方式。

三、证券投资的目的与特征

（一）证券投资的目的

企业进行证券投资的根本目的是获取收益，但具体到某一投资行为，则有以下几个方面的主要目的：

1. 暂时存放闲置资金

企业一般都持有一定量的有价证券，以替代企业库存的较多的非盈利性现金余额，并在现金流出超过现金流入时，将有价证券售出以增加现金。短期证券的投资在多数情况下都是出于预防的动机，因为大多数企业都依赖银行信用来应付短期交易对现金的需要，但银行信用有时是不可靠的或不稳定的，因此，必须持有有价证券以防银行信用的短缺。

2. 与筹集长期资金相配合

处于成长期或扩张期的公司一般每用一段时间就会发行长期证券（股票或公司债券）。但发行长期证券所获得的资金一般并非一次用完，而是逐渐、分次使用。这样，暂时不用的资金可投资于有价证券，以获取一定收益，而当企业进行投资需要资金时，则可卖出有价证券以获得现金。

3. 满足未来的财务需求

企业根据未来对资金的需求，可以将现金投资于期限和流动性较为恰当的证券，在满足未来需求的同时获得证券带来的收益。

4. 满足季节性经营对现金的需求

经营上具有季节性特征的公司，在 1 年内的某些月份会出现现金剩余，而在另一些月份则会出现现金短缺，这些公司通常在现金有剩余时购入有价证券，以提高资金的使用效益。而在现金短缺时出售有价证券，以满足现金的需求。

5. 获得对相关企业的控制权

通过购入相关企业的股票可实现对该企业的控制。例如，一家汽车制造企业欲控制一家钢铁公司以便获得稳定的材料供应，这时便可动用一定的资金来购买钢铁企业的股票，直到其所拥有的股权能控制这家钢铁企业为止。

（二）证券投资的特征

相对于实物投资而言，证券投资具有如下特点：

1. 流动性强

证券资产的流动性明显高于实物资产。

2. 价格不稳定，风险大

证券相对于实物资产来说，受人为因素的影响较大、且没有相应的实物作保证，其价值受政治、经济环境等各种因素的影响较大，具有价值不稳定、投资风险较大的特点。

3. 交易成本低

证券交易过程快速、简洁、成本较低。

四、证券投资的原则

企业对外投资的目的从本质上说是为了获得一定的收益。但是，在市场经济的条件下，收益与风险同时并存，局部利益和整体利益也会发生冲突，因此，在投资时必须掌握以下基本原则：

（一）收益性原则

企业在投资中应力争获得最大的收益。但是，市场的客观环境变化多端，一旦决策失误，往往会给企业带来重大损失，因此必须广泛收集资料，在收益和风险面前，选择正确的投资机会和投资对象，力争获得较好的收益。

（二）安全性原则

企业在进行证券投资活动时，必须建立严密的投资管理程序，做好投资可行性研究；在选择证券投资决策时，必须平衡各种投资项目，进行不同组合，以分散投资风险。

（三）合理性原则

各项证券投资必须符合企业的整体利益，与企业的整体目标相一致。如短期投资必须保持流动性，以免影响企业生产和供销业务的发展；投资额度也应适当，以保持企业资产负债的合理比例。

五、证券投资的程序

（一）选择投资对象

企业进行证券投资首先要选择合适的投资对象。即选择投资于何种证券，投资于哪家企业的证券。投资对象的选择是证券投资最关键的一步，它关系到投资的成败。投资对象选择得好，可以更好地实现投资的目标；投资对象选择得不好，就有可能使投资者蒙受损失。

（二）开户与委托

投资者在进行证券买卖之前，首光要到证券营业部或证券登记机构开立证券账户。证券账户用来记载投资者进行证券买卖和拥有证券的数额和品种的情况。投资者在开户并选择好投资于何种证券后，就可以选择合适的证券经纪人，委托其买卖证券。

（三）交割与清算

投资者委托证券经纪人买卖各种证券之后，要及时办理证券交割。所谓证券交割，是指买入证券方支付价款领取证券，卖出证券方交出证券收取价款的收交活动。

（四）过户

证券过户就是投资者从交易市场买进证券后，到证券的发行公司办理变更持有入姓名的手续。证券过户一般只限于记名股票。办理过户的目的是为了保障投资人的权益。只有及时办理过户手续，才能成为新股东，享有应有的权利。

第二节　证券投资的风险与收益率

一、证券投资的风险

·证券投资风险是指投资者在证券投资过程中遭受损失或达不到预期收益的可能性。进行证券投资必然要承担一定的风险，这是证券的基本特征之一。证券投资风险主要来源于以下几个方面：

（一）违约风险

违约风险是指证券发行人无法按期支付利息或偿还本金的风险。一般而言，政府发行的证券违约风险较小，金融机构发行的证券次之，工商企业发行的证券风险最大。造成企业证券违约的原因主要有以下几个方面：① 政治、经济形势发生重大变动；② 发生自然灾害，如水灾、火灾等；③ 企业经营管理不善、成本高、浪费大；④ 企业在市场竞争中失败，主要顾客消失；⑤ 企业财务管理失败，不能及时清偿到期债务。

（二）利息率风险

由于利息率的变动而引起证券价格波动，投资人遭受损失的风险，叫利息率风险。证券的价格，将随利息率的变动而变动。一般而言，银行利率下降，则证券价格上升；银行利率上升，则证券价格下跌。不同期限的证券，利息率风险不一样，期限越长，风险越大。

（三）购买力风险

由于通货膨胀而使证券到期或出售时所获得的货币资金的购买力降低的风险，称为购买力风险。在通货膨胀期间，购买力风险对于投资者相当重要。一般说来，预期报酬率会上升的资产，其购买力风险会低于报酬率固定的资产。例如，房地产、普通股等投资受到的影响较小，而收益长期固定的债券受到的影响较大，前者更适合作为减少通货膨胀损失的避险工具。

（四）流动性风险

流动性风险指投资者不能按一定的价格及时卖出有价证券收回现金而承担的风险。这就是说，如果投资人遇到另一个更好的投资机会，他想出售现有资产以便再投资，但短期内找不到愿意出合理价格的买主，要把价格降得很低才能找到买主，或者要花很长时间才能找到买主，他不是丧失新的机会就是蒙受价格损失。例如，某人买一冷门债券，当他想在短期内出售时，就只好折价。如果他当初买的是国库券，国库券有一个活跃的市场，可以在极短的时间里以合理的市价格售出。

（五）期限性风险

由于证券期限长而给投资人带来的风险，叫期限性风险。一项投资，到期日越长，投资人遭受的不确定因素就越多，承担的风险越大。例如，同一家企业发行的十年期债券要比一年期债券的风险大，这便是证券的期限性风险。

二、证券投资的收益率

（一）证券投资收益的内容

证券投资收益是投资者进行证券投资所获得的净收入，包括利息、股利和资本利得。

1. 利息

利息是债券投资者凭借所持债券向债券发行单位领取的债券利息。利息的多少不仅取决于投资者所持债券的数量，还取决于债券利率的高低。由于债券发行主体不同，投资者实际所获得的利息收入也有差别。例如，投资于政府债券的利息收入往往可享受免税待遇，而投资于企业债券的利息收入却需要扣除所得税后才形成企业债券投资的净利息收入。

2. 股利

股利是对股票投资者的各种方式的投资收益的总称。一般而言，优先股的股利往往是固定的，因而被称为"股息"；普通股股利的多少完全取决于企业经营业绩及股利的分配政策，它是不固定的，因而被称为"红利"。

3. 资本利得

资本利得是证券投资者进行证券买卖所获取的差价收入，即证券出售价格减去证券购买价格及证券交易费用的余额。其中的证券交易费用包括手续费和印花税，大概占每次交易额的5.5‰左右。由于证券市场行情经常变动，证券投资者持有证券就会体现出资本盈余或资本亏损。这种盈余与亏损都是未实现的，只有将证券售出，才能成为实际的盈余或亏损。对资本利得，企业要视同一般收益交纳所得税。

（二）证券投资收益率的计算

1. 短期证券投资收益率

短期证券投资持有时间多在一年以内，期限短，一般不用考虑资金时间价值的因素，其收益主要受期初与期末证券价格指数的影响。因此，短期证券投资的实际收益就是在名义收益的基础上，将其中的通货膨胀因素剔除后计算得到的收益水平。计算公式为：

$$K = (V_2 - V_1 + D) / V_1 \times 100\% \tag{6.1}$$

式中：K为证券投资收益率；V_1为证券的买价；V_2为证券的卖价；D为证券投资报酬（股利或利息）。

【例6-1】宏达公司于2008年3月20日购买广宇公司每股市价30元的股票。2009年1月，宏达公司持有的上述股票每股获得现金股利5.1元。2009年3月20日，宏达公司将股票以每股36元的价格出售，那么该股票的投资收益率为：

$$K = (36 - 30 + 5.1) / 30 \times 100\% = 37\%$$

2. 长期证券投资收益率

长期证券收益率的计算由于涉及的时间较长，所以要考虑资金时间价值因素。长期证券投资收益率就是使未来的现金流入现值和现金流出现值（投资额）相等的贴现率，即求贴现率的过程，计算公式为：

$$\sum_{t=1}^{n} \frac{CF_t}{(1+K)^t} = CF_0 \tag{6.2}$$

式中：CF_t代表第t期的现金流量（利息或本金）；t代表投资年限；K代表投

资收益率；CF$_0$代表初始投资额。

从上述公式中无法直接计算出长期证券投资收益率，只能运用逐步测试法结合内插法进行计算，具体计算方法在第三节介绍。

3. 必要收益率、期望收益率和实际收益率的关系

必要收益率是指投资者进行投资所必须得到的最低收益率。通常由无风险利率和风险补偿率两部分构成。

期望收益率是指各种可能预测收益的加权平均数。在证券价值评估中，如果将证券的现实市价作为证券的现值求折现率，所求出的折现率就是投资者的期望收益率。在一个完善的资本市场中，所有投资者的净现值都为零，所有的价格都为公平市价。此时，期望收益率等丁必要收益率。

实际收益率是在特定时期实际获得的收益率。它是已经发生了的，不可能通过一次决策所能改变的收益率。由于存在风险，实际收益率很少与期望收益率相同，两者之间的差异越大，风险就越大；反之亦然。同样原因，实际收益率与必要收益率之间没有必然的联系。

【小贴士】

必要收益率、期望收益率和实际收益率的区别容易混淆，必要收益率是投资者要求的最低收益率，在进行证券估价时所用到的都是必要收益率，用必要收益率计算出来的证券价值和实际价格相比较，作出是否投资该证券的决策；期望收益率是指各种可能预测收益率的加权平均数，实际收益率是在特定时期实际获得的收益率。

第三节　证券投资决策

一、股票投资

（一）股票投资的种类和目的

股票投资主要分为两种：普通股投资和优先股投资。企业投资于普通股，股利收入不稳定，投资于优先股可以获得固定的股利收入。因为，普通股股票价格比优先股股票价格的波动要大。

企业进行股票投资的目的主要有两种：一是获利，即作为一般的证券投资，获取股利收入及股票买卖差价；二是控股，即通过购买某一企业的大量股票达到控制该企业的目的。

（二）股票投资的特点

股票投资和债券投资都属于证券投资。证券投资与其他投资都具有高风险、高

收益、易于变现的特点，但股票投资相对于债券投资而言，又具有以下特点：

1. 股票投资是权益性投资

股票投资与债券投资虽然都是证券投资，但投资的性质不同：股票投资是权益性投资，股票是代表所有权的凭证，持有人作为发行公司的股东，有权参与公司的经营决策。

2. 股票投资的风险大

投资者购买股票后，不能要求股份公司偿还本金，只能在证券市场上转让，因此，股票投资者至少面临两方面的风险：一是股票发行公司经营不善所形成的风险；二是股票市场价格变动所形成的价差损失风险。

3. 股票投资的收益率高

由于投资的高风险性，股票作为一种收益不固定的证券，其收益率一般高于债券。

4. 股票投资的收益不稳定

股票投资的收益主要是公司发放的股利和股票转让的价差收益，相对于债券而言，其稳定性较差。

5. 股票价格的波动性大

股票价格既受发行公司经营状况影响，又受股市投机等因素的影响，波动性极大。

（三）股票的估价

1. 股票价值的含义

股票的价值是指其预期的未来现金流入的现值，又称为"股票的内在价值"。它是股票的真实价值。购入股票预期的未来现金流入包括两部分：每期预期股利和出售时得到的价格收入。

2. 股票价值的计算

（1）短期持有股票、未来准备出售的股票估价模型

如果投资者不打算永久持有股票，而在一段时间后出售，这时股票带给投资者的未来现金流入包括股利收入和将来股票出售时的售价两个部分。此时的股票估价模型为：

$$V = \sum_{t=1}^{n} \frac{d_t}{(1+k)^t} + \frac{V_n}{(1+k)^n} \qquad (6.3)$$

式中：V 为股票内在价值；V_n 为未来出售时预计的股票价格；K 为投资人要求的必要报酬率；d_t 为第 t 期的预期股利；n 为预计持有股票的期数。

（2）长期持有股票、股利稳定不变的股票估价模型

假设每年股利稳定不变，投资人持有期限很长时，股利支付过程是一个永续年

金，则股票的估价模型为：

$$V = D/K \qquad\qquad (6.4)$$

式中：V 为股票内在价值；D 为每年固定股利；K 为投资人要求的必要报酬率。

【例 6-2】假设某公司每年分配股利 1.5 元，最低收益率为 16%，求该公司股票的价值。

$$V = D/K = 1.5/16\% = 9.38$$

（3）长期持有股票、股利固定增长的股票估价模型

企业的股利不应当是固定不变的，但是在很多情况下，股利是以固定的比率增长。各公司的成长率不同，如果一个公司的股利不断增长，投资人的投资期限又非常长，则股票的估价就变得很难了。为了简化计算，一般假定公司每年股息增长率为以确定值 g；D_0 为最近一次发放的股利，它已经支付；D_1 是第一次期望发放的股利，$D_1 = D_0 \times (1+g)^1$；以此类推，第 t 年的股利为：$D_t = D_0 \times (1+g)^t$。则股利固定增长股票内在价值的计算公式为：

$$V = \frac{D_0 \times (1+g)^1}{(1+K_S)} + \frac{D_0 \times (1+g)^2}{(1+K_s)^2} + \cdots + \frac{D_0 \times (1+g)^n}{(1+K_S)^n}$$

$$= \frac{D_0 \times (1+g)^t}{(1+K_S)^t} \qquad\qquad (6.5)$$

由于 g 是固定的，故上式可简化为：

$$V = \frac{D_0 \times (1+g)}{K_S - g} = \frac{D_1}{(K_a - g)} \qquad\qquad (6.6)$$

【例 6-3】甲企业计划利用一笔长期资金投资购买股票。现有 M 公司股票和 N 公司股票可供选择，甲企业只准备投资一家公司股票。已知 M 公司股票现行市价为每股 9 元，上年每股股利为 0.15 元，预计以后每年以 6% 的增长率增长。N 公司股票现行市价为每股 7 元，上年每股股利为 0.60 元，股利分配政策将一贯坚持固定股利政策。甲企业所要求的投资必要报酬率为 8%。要求：

①利用股票估价模型，分别计算 M、N 公司股票价值。

②代甲企业作出股票投资决策。

解：①计算 M、N 公司股票价值

M 公司股票价值（VM）= [0.15 × (1+6%)] / (8% -6%) = 7.95（元）

N 公司股票价值（VN）= 0.60/8% = 7.5（元）

②分析与决策

由于 M 公司股票现行市价为 9 元，高于其投资价值 7.95 元，故 M 公司股票目前不宜投资购买。N 公司股票现行市价为 7 元，低于其投资价值 7.50 元，故 N 公司股票值得投资，甲企业应购买 N 公司股票。

（4）阶段性增长股票的估价模型

在现实生活中，有的公司的股利是不固定的。例如，在一段时期内高速增长，而在另一段时期里正常增长或固定不变。在这种情况下，我们常采取下列步骤进行计算：

第一步，算出非固定增长期间的股利现值。

第二步，找出非固定增长期结束的股价，然后再算出这一股价的现值。在非固定增长期结束时，公司的普通股已由非固定增长股转变为固定增长股，所以可以利用固定增长股票的估价模型算出那时的股价，然后求其现值。

第三步，将上述两个步骤求得的现值加在一起，所得到的和就是非固定增长股的价值。

【例6-4】光明公司发行股票，预期公司未来5年高速增长，年增长率为20%。在此以后转为正常的增长，年增长率为6%。普通股的最低收益率为15%，最近支付的股利是2元。计算该公司股票的价值。

首先，计算非正常增长期的股利现值，如表6.1所示。

表6.1 股利现值计算表

年份	股利（Dt）	复利现值系数（Ks =15%）	现值
1	$2 \times (1+20\%) = 2.4$	0.869 6	2.087
2	$2.4 \times (1+20\%) = 2.88$	0.756 1	2.178
3	$2.88 \times (1+20\%) = 3.456$	0.657 5	2.272
4	$3.456 \times (1+20\%) = 4.147$	0.571 8	2.371
5	$4.147 \times (1+20\%) = 4.977$	0.497 2	2.475
合计（5年股利的现值）			11.383

其次，计算第5年底的普通股价值：

$$P_5 = \frac{D_6}{(K_s - g)} = \frac{4.977 \times (1+6\%)}{(15\% - 6\%)} = 58.62$$

再计算第五年年底股票价值的现值：

$$PV_5 = 58.62 \times \frac{1}{(1+15\%)^5} = 29.146$$

最后，计算股票目前的价值：

$$V = 11.383 + 29.146 = 40.53 （元）$$

计算结果表明，要保证股票投资的最低报酬率达到15%，目前购入的股票价格必须在40.53元以下。

5. P/E 比率估价分析

P/E 比率，即股票的每股市价与每股收益的比率，又称市盈率，用公式表示为：

市盈率 ＝ 每股市价/每股收益

股票价格 ＝ 该股票市盈率×该股票每股收益

股票价值 ＝ 行业平均市盈率×该股票每股收益

【例6－5】某公司的股票每股收益1.5元，市盈率为10，行业类似股票的市盈率为11，

则：

股票价值 ＝ 11×1.5 ＝ 16.5（元）

股票价格 ＝ 10×1.5 ＝ 15（元）

（四）股票的投资收益

1. 股票收益的来源

股票的收益是指投资者从购入股票开始到出售股票为止整个持有期的收入，这种收益由股利和资本利得两方面组成。股票收益主要取决于股份公司的经营业绩和股票市场的价格变化及公司的鼓励政策，但与投资者的经验与技巧也有一定关系。

2. 股票收益率的计算

股票投资没有票面收益率和到期收益率，只有本期收益率、持有期收益率。

（1）本期收益率

本期收益率，是指股份公司以现金派发股利与本期股票价格的比率。表明持有期内某年的收收益水平，用下列公式表示：

$$本期收益率 ＝ \frac{年现金股利}{本期股票价格} \times 100\% \tag{6.7}$$

公式中，本期股票价格指证券市场上的该股票的当日收盘价，年现金股利指上一年每一股股票获得的股利，本期股票收益率表明以现金价格购买股票的预期收益。计算本期收益率一般不是为了进行投资决策，它只是投资管理的一个环节。

（2）持有期收益率

持有期收益率是指投资者买入股票持有一定时期后又卖出该股票，在投资者持有该股票期间的收益率。该指标一般用于总结股票投资的成效。

①短期股票投资的收益率

如果投资者持有股票时间不超过1年，不用考虑资金时间价值，其持有期收益率可按如下公式计算：

$$K = \frac{(P_1 - P_0) + D}{P_0} \times 100\% \tag{6.8}$$

式中；P_0 为股票购买价格；P_1 为股票出售价格；D 为支付的股利，K 为股票投

资收益率。

【例6-6】2007年2月9日，宏达公司购买四方公司每股市价为65元的股票，2008年1月，宇通公司持有的上述股票每股获现金股利4.90元，2008年2月9日，宏达公司将该股票以每股68元的价格出售。则投资收益率为：

$$K = \frac{(68-65)+4.90}{65} \times 100\% = 12.15\%$$

② 长期股票投资的收益率

企业进行长期股票投资，每年获得的股利是经常变动的，当企业出售股票时，也可收回一定资金。此外，长期股票投资，因为涉及的时间较长，所以投资收益率的计算要考虑资金时间价值因素，显得较为复杂。其计算公式如下：

$$P_0 = \sum_{j=1}^{n} \frac{D_j}{(1+K)^j} + \frac{P_n}{(1+K)^n} \tag{6.9}$$

式中：P_0 为股票的购买价格；P_n 为股票的出售价格；D_j 为各年获得的股利；n 为投资期限；K 为股票投资收益率。

【例6-7】万通公司在2005年4月1日投资510万元购买某种股票100万股，在2006年、2007年和2008年的3月31日每股各分得现金股利0.5元、0.6元和0.8元，并于2008年3月31日以每股6元的价格将股票全部出售，试计算该项投资的投资收益率。

根据持有期收益率的计算公式，则：

$$510 = \frac{0.5 \times 100}{(1+K)} + \frac{0.6 \times 100}{(1+K)^2} + \frac{0.8 \times 100}{(1+K)^3} + \frac{6 \times 100}{(1+K)^3}$$

采用逐次测试逼近法和插值法来进行计算，先按20%的收益率进行测算，得到现值为476.85万元，比原来的投资额510万元小，说明实际收益率低于20%；于是把收益率调到18%，进行第二次测算，得到的现值为499.32万元，还比510万元小，说明实际收益率比18%还要低；于是再把收益率调到16%进行第三次测算，得到的现值为523.38万元，比510万元大，说明实际收益率要比16%高，即我们要求的收益率在16%和18%之间，采用内插法计算如下：

该项投资的收益率 = 16% + （523.38 - 510）/（523.38 - 499.32）×（18% - 16%）

= 17.11%

【小贴士】

考虑时间价值时股票收益率的计算类似于项目内部收益率的计算，股票投资也有现金流出（买价）和流入（利息、股利、卖价或本金），使股票投资现金流出的现值等于现金流入的现值（也就是股票投资的净现值等于零）的折现率就是股票投资的内部收益率。债券也是同样的道理。股票价值、股票收益率公式，从形式上看差不多，但二者也有区别：股票价值公式中的 K 为投资人要求的必要报酬率，V 表示股票的价值，即用 K 作为折现率的股票未来收益的贴现值。而在股票收益率公式中，P_0 表示买价，K 表示买价等于股票未来收益的贴现值时的折现率。债券价值和债券收益率公式也是同样道理。

（五）股票投资的优缺点

1. 股票投资的优点

股票投资是一种最具有挑战性的投资，其收益和风险都比较高，股票投资的优点主要有：

（1）投资收益高

普通股票的价格虽然变动频繁，但从长期看，优质股票的价格总是上涨的居多，只要选择得当，都能取得优厚的投资收益。

（2）购买力风险低

普通股的股利不固定，在通货膨胀率比较高时，由于物价普遍上涨，股份公司盈利增加，股利的支付也随之增加，因此，与固定收益证券相比，普通股能有效地降低购买力风险。

（3）拥有经营控制权

普通股股东属股份公司所有者，有权监督和控制企业的生产经营状况，因此，欲控制一家企业，最好是收购这家企业的股票。

2. 股票投资的缺点

股票投资的缺点主要是风险大，这是因为：

（1）求偿权居后

普通股对企业资产和盈利的求偿权均居于最后。企业破产时，股东原来的投资可能得不到全额补偿，甚至一无所有。

（2）价格不稳定

普通股的价格受众多因素影响，很不稳定。政治因素、经济因素、投资人心理因素、企业的盈利情况、风险情况都会影响股票价格，这也使股票投资具有较高的风险。

（3）收入不稳定

普通股股利的多少，视企业经营状况和财务状况而定，其有无多寡均无法律上的保证，其收入的风险也远远大于固定收益证券。

二、债券投资

(一) 债券投资的目的与特点

企业进行短期债券投资的目的是为了配合企业对资金的需要，调节现金余额，使现金余额达到合理水平；当企业现金余额太多时，便投资于债券，使现金余额降低；反之，当现金余额太少时，则出售原来投资的债券，收回现金，使现金余额提高。企业进行长期债券投资的目的是为了获得稳定的收益。

与股票投资相比，债券投资的主要特点有：

1. 债券投资属于债权性投资

债券体现债权债务关系，债券持有人作为发行公司的债权人，定期获得利息并在到期获得本金，但无权参与发行公司的经营管理；股票体现所有权关系，其持有人作为公司股东有权参与公司的经营管理。

2. 债券投资风险较小

债券规定了还本付息日，在企业破产时，对企业剩余资产的索取权位于股东之前，因此，债券投资一般能收回全部或部分本金。其风险较小，特别是政府债券，通常被认为是无风险债券。

3. 债券投资收益较稳定

债券投资的收益包括按票面利率和票面价值计算的利息和债券转让的价差，前者一般是固定的，与企业绩效没有直接联系，后者的市场波动也较小，因此，债券投资收益比较稳定。

4. 债券的市场流动性较强

债券规定了期限，在到期日前一般不得兑付，但如果债务人信誉高（如政府债券），或者二级市场较为发达，则债券持有者能将债券迅速变现，也可将其抵押给银行等金融机构申请贷款。

(二) 债券估价

债券估价就是对债券的价值进行的估算。也就是计算债券投资未来现金流入的现值，该现值就代表债券的投资价值（或内在价值,）它实际表达了投资者为了获得投资收益目前愿意支付的价格，如果实际成交的价格低于或等于债券的价值，投资该债券就达到了投资者所要求的投资收益率。

债券价值主要取决于两个因素：债券预期的现金流入（投资者得到的本息）和贴现率（即投资者所要就得报酬率）。由于不同债券的还本付息方式不同，所以债券的估价方法各不相同。

1. 债券价值计算的基本模型

$$P = \sum_{t=1}^{n} \frac{I}{(1+i)^t} + \frac{M}{(1+i)^n}$$

$$= I\,(P/A,\ i,\ n) + M\,(P/F,\ i,\ n) \tag{6.10}$$

式中：P 为债券价值；M 为债券面值；I 为每年利息；i 为市场利率或投资人要求的必要报酬率；n 为付息总期数。

【例 6-8】某债券面值为 1 000 元，票面利率为 10%，期限为 5 年。某企业拟对该债券进行投资，要求的必要报酬率为 12%，问该债券价值为多少？

$$P = 1\,000 \times 10\% \times (P/A,\ 12\%,\ 5) + 1\,000 \times (P/F,\ 12\%,\ 5)$$

$$= 100 \times 3.605 + 1\,000 \times 0.567$$

$$= 927.5\ （元）$$

计算结果表明，这种债券的价格低于或等于 927.5 元时，该企业才可以购买。

2. 到期一次还本付息且不计复利的债券估价模型

这种债券平时不支付利息，到期一次支付本金和利息且不计复利。我国很多债券都属于这种模型。其估价的公式为：

$$P = (M + M \times k \times n)\ /\ (1+i)^n$$

$$= (M + M \times k \times n) \times (P/F,\ i,\ n) \tag{6.11}$$

式中：P 为债券价值；M 为债券面值；i 为市场利率或投资人要求的必要报酬率；k 为票面利率；n 为付息总期数。

【例 6-9】A 企业于 2008 年 1 月 5 日以每张 1 020 元的价格购买 B 企业发行的利随本清的企业债券 该债券的面值为 1 000 元，期限为 3 年、票面年利率为 10%，不计复利。购买时市场年利率为 8%，不考虑所得税。要求：

（1）利用债券估价模型评价 A 企业购买此债券是否合算？

（2）如果 A 企业于 2009 年 1 月 5 日将该债券以 1 130 元的市价出售，计算该债券的投资收益率？

解：

（1）债券估价

$$P = (M + M \times k \times n) \times (P/F,\ i,\ n)$$

$$= (1\,000 + 1\,000 \times 10\% \times 3) \times (P/F,\ 8\%,\ 3)$$

$$= 1\,031.98\ （元）$$

由于其投资价值 1 031.98 元大于购买价格 1 020 元，故购买此债券合算。

（2）计算债券投资收益率

$$K = (1\,130 - 1\,020)\ /1\,020 \times 100\%$$

$$= 10.78\%$$

3 折现发行时债券的估价模型

$$P = M/ (1+i)^n = M \times (P/F, i, n) \tag{6.12}$$

【例6-10】某债券面值1 000元，期限5年，以折现方式发行，期内不计利息，到期按面值偿还，当前的市场利率为8%，其发行价格为多少时，投资者才可以购买？

$$P = M \times (P/F, i, n)$$

$$= 1\ 000 \times (P/F, 8\%, 5)$$

$$= 1\ 000 \times 0.681$$

$$= 681\ (元)$$

即该债券的发行价格只有低于或等于681元时，投资者才能购买。

（三）债券的投资收益

债券的收益水平通常用到期收益率来衡量，到期收益率是指以特定的价格购买债券并持有到期日所能获得的收益率。债券的收益率包含两部分：一是债券的年利息收入，这是债券发行时就决定的。二是资本利得，买入价与卖出价的差额，投资者很难在投资前作出准确预测。当然有时候也表现为资本损失。具体而言，债券的收益率是使未来现金流入等于债券购入价格的折现率。

决定债券收益率的主要因素有债券的票面利率、期限、面值、持有时间、购买价格和出售价格。这些因素中只要有一个因素发生了变化，债权收益率也会随之发生变化。另外，债券的可赎回条款、税收待遇、流动性及违约风险等也会不同程度地影响债券的收益率。

1. 短期债券投资收益的确定

短期债券投资收益（不考虑资金时间价值），债券投资收益可按下式来计算：

$$R = \frac{(P - D + S)}{D} \times 100\% \tag{6.13}$$

式中：R为债券投资收益率；P为债券到期还本额或中途出售价格；D为债券购买价格；S为持有债券期间的利息收入。

【例6-11】某公司2007年1月1日购入面值1 000元，票面利率10%，期限三年，每年年末付息的证券，该公司持有至2008年1月1日并以1 050元的价格出售，求该债券的收益率？

$$R = \frac{(1\ 050 - 1\ 000) + 100}{1\ 000} \times 100\%$$

$$= 15\%$$

2. 长期债券投资收益率的确定

债券投资尤其是长期证券投资，因为涉及的时间较长，风险较大，在计算投资收益率时应当考虑资金时间价值因素。在考虑时间价值的情况下，债券投资收益率的计算就需要利用债券估价等式通过反求贴现率的方式来进行，同时必须考虑债券的还本付息方式。

（1）到期一次还本付息的债券投资收益率的计算公式：

$$P = (M + M \times k \times n) \times (P/F, i, t) \qquad (6.14)$$

式中：P 代表债券买入价；M 代表债券面值；k 为债券票面利率；i 为投资收益率；n 为债券有效年限；t 为剩余年限。

（2）分期付息债券到期收益率的计算公式：

$$P = M \times k \times (P/A, i, n) + M \times (P/F, i, n) \qquad (6.15)$$

【例6－12】A 公司丁 2008 年 1 月 1 门以 1 010 元价格购买了 B 公司于 2005 年 1 月 1 日发行的面值为 1 000 元、票面利率为 10% 的 5 年期债券。要求：

（1）如果该债券为一次还本付息债券，计算其到期收益率。

（2）如果该债券为每年年末付一次利息债券，计算其到期收益率。

解：（1）一次还本付息：

根据一次还本付息到期收益率的计算公式，则：

1 010 =（1 000 + 1 000 × 10% × 5）×（P/F, i, 2）

（P/F, i, 2）= 0.673 3

查复利现值系数表，用插值法可求得 i = 21.92%。

（2）每年年末付息一次：

根据分期付息债券到期收益率的计算公式，则：

1 010 = 1 000 × 10% ×（P/A, i, 2）+ 1 000 ×（P/F, i, 2）

查年金现值现值系数表和复利现值系数表：

当贴现率为 10% 时，计算结果为 1 000 元；当贴现率为 8% 时，计算结果为 1 035.63元；因此，到期收益率 i 在 8% ~ 10% 之间，用插值法可求得 i = 9.44%。需要说明的是，上述计算只是停留在理论上的计算。在实际操作当中，收益率的计算要考虑购买成本、交易成本、通货膨胀和税收成本等因素。需要对上述计算结果做相应的调整。

（3）贴现债券的投资收益率

贴现债券无票面利率，购买价格与票面面值的差价就是债券的利息。

购进价格 = 面值 × 复利现值系数

$$P = M \times (P/F, i, n) \qquad (6.16)$$

【例 6 - 13】某贴现债券面值为 1 000 元，2006 年 6 月 1 日发行，期限三年，发行价格为 816 元，要求计算该债券的到期收益率。

$816 = 1 000 \times$ （P/F，i，3）

（P/F，i，3） $= 0.816$

查表得：i $= 7\%$

【小贴士】

进行股票投资决策时，股票价值≥购买价格（市场价格），购买，否则，出售；股票收益率≥必要收益率，购买，否则出售。进行债券投资决策时，债券价值≥购买价格（市场价格），购买，否则，出售；债券收益率≥必要收益率，购买，否则出售。

（四）债券投资的优缺点

1. 债券投资的优点：

（1）与股票投资相比，债券投资风险比较小，本金安全性高；政府发行的债券有国家财力做后盾，其本金的安全性非常高，通常视为无风险证券。企业债券的持有者拥有优先求偿权，即当企业破产时，优先于股东分得企业资产，因此，其本金损失的可能性较小。

（2）收入稳定性强。债券票面一般都标有固定利息率，债券的发行人有时支付利息的法定义务。因此，在正常情况下，投资于债券都能获得比较稳定的收入。

（3）市场流动性好。许多债券都具有较好的流动性。政府及大企业发行的债券一般都可在金融市场上迅速出售，流动性很好。

2. 债券投资的缺点

（1）购买力风险较大。由于债券的面值和利息率在发行时就已确定，如果投资期间的通货膨胀率比较高，则本金和利息的购买力将不同程度地受到侵蚀，在通货膨胀率非常高时，投资者虽然名义上有收益，但实际上却有损失。

（2）投资者没有经营管理权。由于债券只是一种债权债务的凭证，而不是股权的证书，投资者投资于债券，只是获得固定收益的一种手段，无权对债券发行企业施以影响和加以控制。所以持券人不能参与企业的生产经营，无表决权和参与权。

三、基金投资

（一）投资基金的含义

投资基金，是一种利益共享、风险共担的集合投资方式，即通过发行基金股份或受益凭证等有价证券聚集众多的不确定投资者的出资，交由专业投资机构经营运作，以规避投资风险并谋取投资收益的证券投资工具。

（二）投资基金的种类

1. 根据组织形态的不同，可分为契约型基金和公司型基金

（1）契约型基金

契约型基金，又称为单位信托基金，是指把收益人（投资者）、管理人、托管人三者作为基金的当事人，由管理人与托管人通过签订信托契约的形式发行受益凭证而设立的一种基金。契约型基金由基金管理人负责基金的管理操作；由基金托管人作为基金资产的名义持有人，负责基金资产的保管和处置，对基金管理人的动作实行监督。

（2）公司型基金

公司型基金，是指按照公司法以公司形态组成，它以发行股份的方式募集资金，一般投资者购买该公司的股份即为认购基金，也就是成为该公司的股东，凭其持有的基金份额依法享有投资收益。

契约型基金与公司型基金在以下几方面有所不同：一是资金的性质不同。契约型基金的资金是信托财产，公司型基金的资金为公司法人的资本。二是投资者的地位不同。契约型基金的投资者购买受益凭证后成为基金契约的当事人之一，即收益人；公司型基金的投资者购买基金公司的股票后成为该公司的股东，以股息或红利形式取得收益。因此，契约型基金的投资者没有管理基金资产的权利，而公司型基金的股东通过股东大会和董事会享有管理基金公司的权利。三是基金的运作依据不同。契约型基金依据基金契约运营基金，公司型基金依据基金公司章程运营基金。

2. 根据变现方式的不同，可分为封闭式基金和开放式基金

（1）封闭式基金

封闭式基金，是指基金的发起人在设立基金时，限定了基金单位的发行总额，筹集到这个总额后，基金即宣告成立，并进行封闭，在一定时期内不再接受新的投资。基金单位的流通采取在交易所上市的办法，通过二级市场进行竞价交易。

（2）开放式基金

开放式基金，是指基金发起人在设立基金时，基金单位的总数是不固定的，可视经营策略和发展需要追加发行。投资者也可根据市场状况和各自的投资决策，或者要求发行机构按现期净资产值扣除手续费赎回股份或受益凭证，或者再买入股份或受益凭证，增加基金单位份额的持有比例。

3. 根据投资标的不同，可分为股票基金、债券基金、货币基金、期货基金、期权基金、认股权基金、专门基金等

（1）股票基金

股票基金，是所有基金品种中最为流行的一种类型，它是指投资于股票的投资基金，其投资对象通常包括普通股和优先股，其风险程度较个人投资股票市场要小

得多，且具有较强的变现性和流动性，因此它是一种比较受欢迎的基金类型。

（2）债券基金

债券基金，是指投资管理公司为稳健型投资者设计的，投资于政府债券、市政公债、企业债券等各类债券品种的投资基金。债券基金一般情况下定期派息，其风险和收益水平通常较股票基金低。

（3）货币基金

货币基金，是指由货币存款构成投资组合，协助投资者参与外汇市场投资，赚取较高利息的投资基金。其投资工具包括银行短期存款、国库券、政府公债、公司债券、银行承兑汇票及商业票据等。这类基金的投资风险小，投资成本低，安全性和流动性较高，在整个基金市场上属于低风险的安全基金。

（4）期货基金

期货基金，是指投资于期货市场以获取较高投资回报的投资基金。由于期货市场具有较高风险和高回报的特点，因此投资期货基金既可能获得较高的投资收益，同时也面临着较大的投资风险。

（5）期权基金

期权基金，是指以期权作为主要投资对象的基金。期权交易，是指期权购买者向期权出售者支付一定费用后，取得在规定时期内的任何时候，以事先确定好的协定价格，向期权出售者购买或出售一定数量的某种商品合约的权利的一种买卖。

（6）认股权证基金

认股权证基金，是指以认股权为主要投资对象的基金。认股权证，是由股份有限公司发行的、能够按照特定的价格，在特定的时间内购买一定数量该公司股票的选择权凭证。由于认股权证的价格是由公司的股份决定的，一般来说，认股权证的投资风险较通常的股票要大得多。因此，认股权证基金也属于高风险基金。

（7）专门基金

专门基金由股票基金发展演化而成，属于分类行业股票基金或次级股票基金，包括：黄金基金、资源基金、科技基金、地产基金等，这类基金的投资风险较大，收益水平较易受到市场行情的影响。

（三）投资基金财务评价

1. 基金的价值

基金也是一种证券，与其他证券一样，基金的内涵价值也是指在基金投资上所带来的现金净流量。但是，基金内涵价值的具体确定依据与股票、债券等其他证券又有很大的区别。

（1）基金价值的内涵。债券的价值取决于债券投资所带来的利息收入和收回的本金，股票的价值取决于股份公司净利润的稳定性和增长性。这些利息和股利都是未来收取的，也就是说，未来的而不是现在的现金流量决定着债券和股票的价值。基金的价值取决于目前能给投资者带来的现金流量，这种目前的现金流量用基金的净资产价值来表达。

（2）基金单位净值（NPV）。基金单位净值，也称单位净资产或单位资产净值。基金的价值取决于基金净资产的现在价值，因此基金单位净值是评价基金业绩最基本和最直观的指标，也是开放型基金申购价格、赎回价格以及封闭型基金上市交易价格确定的重要依据。

单位净值是在某一时点每一基金单位（或基金股份）所具有的市场价值。计算公式为：

基金单位净值 = 基金净资产价值总额/基金单位总价

式中基金净资产价值总额 = 基金资产总值 − 基金负债总额

这里，基金总资产的价值并不是指资产总额的账面价值，而是指资产总额的市场价值。

（3）基金的报价。从理论上说，基金的价值决定了基金的价格，基金的交易价格是以基金单位净值为基础的，基金单位净值高，基金的交易价格也高。封闭型基金在二级市场上竞价交易，其交易价格由供求关系和基金业绩决定，围绕着基金单位净值上下波动。开放型基金的柜台交易价格完全以基金单位净值为基础，通常采用两种报价形式，即认购价（卖出价）和赎回价（买入价）。

基金认购价 = 基金单位净值 + 首次认购费

基金赎回价 = 基金单位净值 − 基金赎回费

基金认购价也就是基金经理公司的卖出价，卖出价的首次认购费是支付给基金经理的发行佣金。基金赎回价也就是基金经理公司的买入价，赎回价低于基金单位净值是由于抵扣了基金赎回费，以此提高赎回成本，防止投资者的赎回，保持基金资产的稳定性。收取首次认购费的基金，一般不再收取赎回费。

（四）基金收益率

基金收益率是反映基金增值情况的指标，它通过基金净资产的价值变化来衡量。基金净资产的价值是以市价计量的，基金资产的市场价值增加，意味着基金的投资收益增加，基金投资者的权益也随之增加。

基金收益率 = （年末持有份数×基金单位净值年末数 − 年初持有份数×基金单位净值年初数）/年初持有份数×基金单位净值年初数

式中，持有份数是指基金单位的持有份数。如果年末和年初基金单位的持有份数相同，基金收益率就简化为基金单位净值在本年内的变化幅度。

年初的基金单位净值相当于是购买基金的本金投资，基金收益率也就相当于一种简便的投资报酬率。

【例6-14】假设某基金持有的某三种股票的数量分别为 10 万股、50 万股和 100 万股，每股的市价分别为 30 元、20 元和 10 元，银行存款为 1 000 万元，该基金负债有两项：对托管人或管理人应付未付的报酬为 500 万元、应付税金为 500 万元，已售出的基金单位为 2 000 万。

$$基金单位净值 = （10 \times 30 + 50 \times 20 + 100 \times 10 + 1\ 000 - 500 - 500）/2\ 000$$

$$= 1.15（元）$$

（五）基金投资的优缺点

1. 基金投资的优点

基金投资的最大优点是能够在不承担太大风险的情况下获得较高收益。原因在于投资基金具有专家理财优势，具有资金规模优势。

2. 基金投资的缺点

① 无法获得很高的投资收益。投资基金在投资组合过程中，在降低风险的同时，也丧失了获得巨大收益的机会。② 在大盘整体大幅度下跌的情况下，投资人可能承担较大风险。

第四节 证券投资组合

一、证券投资组合的目的

证券投资组合，是指在一定市场条件下，由不同类型和种类并以一定比例搭配的若干种证券所构成的一项资产。由于证券投资存在着较高的风险，而各种证券的风险大小又不相同，因此企业在进行证券投资时，不应将所有的资金都集中投资于一种证券，而应同时投资于多种证券。证券投资组合的目的，在于将各种不向类型和种类的证券进行最有效的搭配，以保证在预期的收益率前提下使投资风险最小，或在既定的风险前提下使投资收益率最大。

二、证券投资组合的方法

进行证券投资组合的方法很多，但最常见的方法通常有以下几种：

（1）选择足够数量的证券进行组合。这是一种最简单的证券投资组合方法。在采用这种方法时，不是进行有目的的组合，而是随即选择证券。随着证券数量的增加，可分散风险会逐步减少。当数量足够多时，大部分可分散风险能分散掉。根据投资专家的估计，在美国纽约证券市场上，随即购买 40 种股票，其大多数可分散风险都能分散掉。为了有效地分散风险，每个投资者拥有股票的数量最好不少于 14

种。我国股票种类还不太多，同时投资于 10 种股票，就能达到分散风险的目的了。

（2）把风险大、风险中等、风险小的证券放到一起进行组合。这种方法又称为 1/3 法，是指把全部资金的 1/3 投资于风险大的证券，1/3 投资于风险中等的证券，1/3 投资于风险小的证券。一般而言，风险大的证券对经济形势的变化比较敏感。当经济处于繁荣时期，风险大的证券获取高额收益，当经济处于衰退时期，风险大的证券会遭受巨额损失；相反，风险小的证券对经济形势的变化不太敏感，一般都能获取稳定收益，而不至于遭受重大损失。因此，这种 1/3 的投资组合法，是一种进可攻、退可守的组合法，虽不会获得太高的收益，但也不会承担巨大风险，是一种常见的组合方法。

（3）把投资收益呈负相关的证券放在一起进行组合。一种股票收益上升而另一种股票收益下降的两种股票，成为负相关股票。把收益负相关的股票组合在一起，能有效地分散风险。例如，某企业同时持有一家汽车制造公司的股票和一家石油公司的股票。当石油价格大幅度上升时，这两种股票便成负相关。由于油价上涨，石油公司的收益会增加，但油价的上升，会影响汽车的销量，使汽车公司的收益降低。只要选择得当，这样的组合对降低风险的作用十分明显。

三、证券投资组合的风险与收益

（一）证券投资组合的收益

证券投资组合的收益是指投资组合中单项资产预期收益率的加权平均数。其计算公式为：

$$R_P = \sum_{i=1}^{n} W_i R_i$$

式中：R_P 为投资组合的期望收益率；n 为投资组合中证券的种类数；W_i 为第 i 项证券在投资组合总体中所占的比重；R_i 为第 i 项证券的期望收益率。

【例 6-15】某投资组合由 A、B 两种证券构成，A 证券的期望报酬率为 10%，B 证券的期望报酬率为 18%。投资比例各占 50%。则该投资组合的期望报酬率为：

$$R_P = 10\% \times 50\% + 18\% \times 50\% = 14\%$$

（二）证券投资组合的风险

证券投资组合的风险可以分为两种性质完全不同的风险，即非系统性风险和系统性风险。

1. 非系统性风险

非系统性风险又叫可分散风险或公司特别风险，是指某些因素对单个证券造成经济损失的可能性，如公司在市场竞争中的失败等。这种风险可以通过证券持有的多样化来抵消，即多买几家公司的股票，其中某些公司的股票收益上升，另一些股票的收益下降，从而将风险抵消。至于风险能被分散掉的程度，则取决于投资组合中不同资产预期报酬之间的相关程度。

当投资组合中各单个项目预期报酬存在正相关时，其组合可使总体的风险趋近于1，不会产生任何风险分散效应，它们之间正相关的程度越小，则其组合可产生的风险分散效应越大；当投资组合中各单个项目预期报酬存在负相关时，其组合可使总体的风险趋近于0，它们之间负相关的程度越小，则其组合可产生的风险分散效应越小。

对现实证券市场的研究表明，尽管各证券之间存在着一种正相关关系，但两种证券收益之间不可能达到完全的正相关。若我们随机抽取两种股票，则平均而言，其相关系数为0.6；而且大部分成对股票之间的相关系数 r 在 0.5 ~ 0.7 之间，即部分正相关。在这种情况下，把两种股票组合成证券组合能在不降低投资者期望收益率的条件下，减少证券投资的风险，但不能全部消除风险。不过，如果股票种类较多，则能分散掉大部分风险，而当股票种类足够多时，几乎能把所有的非系统风险分散掉。

2. 系统性风险

系统性风险又叫不可分散风险或市场风险，是指由于某些因素给市场上所有的证券都带来经济损失的可能性。如宏观经济的变化、国家税法的变化、国家财政政策和货币政策的变化以及战争等不可抗力的影响都会使证券预期收益率发生变化。这些风险将影响所有的证券，因此，不能通过证券组合分散掉。对投资者而言，这种风险是无法消除的，故称为不可分散风险。因此，对一个风险充分分散的证券组合来说，重要的是该组合总的风险的大小，而不是每一种证券的个别风险的大小。当一个投资者在考虑是否要在已有的证券组合中加入新的证券时，所考虑的重点也是该组合总的风险（即系统风险），而不是其个别风险的大小。

四、证券投资组合策略

有效地进行证券组合，可以削减甚至消除可分散风险。有经验的投资者总是将资金分散投资于多种证券，这时就需要证券组合投资的技巧。下面介绍几种常见的证券组合投资的策略和方法。

（1）保守型策略。该策略要求尽量模拟市场现状，将尽可能多的证券包括进来。以便分散掉全部非系统风险，得到与上市所有证券的平均报酬同样的报酬。这种投资组合能分散掉全部可分散风险，不需要高深的证券投资的专业知识，管理费用比较低。但这种组合获得的报酬不会高于证券市场上所有证券的平均报酬。因此，此种策略属于报酬不高、风险不大的策略。

（2）冒险型策略。这种策略要求尽可能多的选择一些成长性好的股票，而少选择低风险低报酬的股票，取得远远高于平均水平的报酬。这种策略报酬高，风险大。

（3）适中型策略。这种策略认为，证券的价格，特别是股票的价格是由特定企业的经营业绩来决定的，市场上股票价格的一时沉浮并不重要，只要企业经营好，股票价格一定会升到其本来的价值水平。投资时要对证券进行分析，选择绩优股票和债券，组成投资组合。这种投资策略风险不太大，但报酬却比较高。

本章小结

证券投资是投资者将资金投放于股票、债券、基金和衍生证券等方式而获取收益的一种投资行为。人们又把这种行为称为"间接投资"。证券投资风险是指投资者在证券投资过程中遭受损失或达不到预期收益的可能性。证券投资收益是投资者进行证券投资所获得的净收入，包括利息、股利和资本利得。收益与风险是相对应的，收益以风险为代价，风险用收益来补偿。本章介绍了债券投资、股票投资、基金投资、衍生金融资产投资以及证券投资组合。

复习思考题

一、单项选择题

1. 下列各项中，属于证券投资系统风险的是（　　）。

　　A. 利息率风险　　　　　　　　B. 违约风险

　　C. 破产风险　　　　　　　　　D. 企业在市场竞争中失败

2. 下列各项中，不能衡量证券投资收益水平的是（　　）。

　　A. 持有期收益率　　　　　　　B. 息票收益率

　　C. 到期收益率　　　　　　　　D. 标准离差率

3. 某公司拟发行面值为 1 000 元、不计复利、5 年后一次还本付息、票面利率为 10% 的债券。已知发行时资金市场利率为 12%，则该公司债券的发行价格为（　　）元。

　　A. 851. 10　　　　　B. 907. 84　　　　　C. 931. 35　　　　　D. 993. 44

4. 在证券投资中，通过随机选择足够数量的证券进行组合可以分散掉的风险是（　　）。

　　A. 所有风险　　　B. 市场风险

    C. 系统性风险　　D. 非系统性风险

5. 低风险、低收益证券所占比重较小组合，高风险、高收益证券所占比重较高的投资属于（　　　）。

    A. 冒险型投资组合　　　　　　　　B. 适中型投资组合

    C. 保守型投资组合　　　　　　　　D. 随机型投资组合

二、判断题

1. 投资基金的收益率是通过基金净资产的价值变化来衡量的。　　　　（　　）

2. 短期证券的变现力强，收益率低；长期证券收益率较高，但风险较大。

（　　）

3. 国库券的利率是固定的，并且没有违约风险，因此也就没有利息率风险。

（　　）

4. 如果不考虑影响股价的其他因素，零成长股票的价值与市场利率成正比，与预期股利成反比。　　　　（　　）

5. 由于债券投资只能按债券的票面利率得到固定的利息，所以公司的盈利状况不会影响该公司债券的市场价格，但会影响该公司股票的价格。　　　（　　）

三、问答题

1. 证券投资的风险有哪些？

2. 简述证券投资的风险与收益的关系？

3. 股票投资有哪些优缺点？

4. 债券投资有哪些优缺点？

5. 基金投资的种类有哪些？

6. 金融衍生工具的主要类型有哪些？

7. 简述证券投资组合的风险与收益如何衡量？

四、计算题

1. A 公司欲在市场上购买 B 公司曾在 2004 年 1 月 1 日平价发行的债券，每张面值 1 000 元，票面利率 10%，5 年到期，每年 12 月 31 日付息。（计算过程中至少保留小数点后 4 位，计算结果取整）

要求：（1）假定 2008 年 1 月 1 日的市场利率下降到 8%，若 A 在此时欲购买 B 债券，则债券的价格为多少时才可购买？

（2）假定 2008 年 1 月 1 日，B 的市价为 900 元，此时 A 公司购买该债券持有到到期时的投资收益率是多少？

2. 股票市场预期某公司的股票股利在未来的 3 年内，高速成长，成长率达到 15%，以后转为正常增长，增长率为 10%，已知该公司最近支付的股利为每股 3 元，投资者要求的最低报酬率为 12%。试计算该公司股票目前的市场价值。

3. 某企业于 2005 年 2 月 1 日购买了一张面值 1 000 元的债券，债券的价格为 1 105 元，其票面利率为 8%，每年 2 月 1 日计算并支付一次利息。该债券于 5 年后的 1 月 31 日到期。该企业持有该债券至到期日，计算该债券的到期收益率。

案例分析

万利公司股票价值评价

王宏是东方公司的一名财务分析师，应邀评估万利股份公司建设新商场对公司股票价位的影响。王宏根据公司情况作了以下估计。

①公司本年净收益为 200 万元，每股支付现金股利 2 元，新建商场开业后，净收益第 1 年、第 2 年均增长 15%，第 3 年增长 8%，第 4 年及以后将保持这一收益水平。

①该公司一直采用固定支付率的股利政策，并打算今后继续实行该政策。

②公司的贝他系数为 1，如果将新项目考虑进去，贝他系数将提高到 1.5。

④无风险收益率为 4%，市场要求的收益率为 8%。

⑥公司股票目前市价为 236 元。

王宏打算利用股利贴现模型，同时考虑风险因素进行股票价值的评估。万利股份公司的一位董事提出，如果采用股利贴现模型，则股利越高，股价越高，所以公司应改变原有的股利政策提高股利支付率。

(1) 参考固定股利增长贴现模型，分析这位董事长的观点是否正确。

(2) 分析股利增加对可持续增长的股票的账面价值有何影响。

(3) 评估公司股票价值。

(4) 假设你是一个投资者，是否购买其股票。

第七章　营运资金

▶ **学习目标**

通过本章学习，理解营运资金的含义、特点和管理的要求，熟悉营运资金财务政策；理解现金管理的目标及内容、持有动机，掌握现金管理策略、现金持有成本、最佳现金持有量；理解应收账款的功能、信用分析、收账管理，掌握应收账款代价、信用政策内容及制定中的财务决策；理解存货的功能及日常管理，掌握存货的成本、存货决策及存储期控制。

第一节　营运资金概述

企业在生产经营过程中投资于流动资产上的资金称为营运资金。营运资金的管理属于企业财务管理中的日常财务管理，是企业财务人员花费时间和精力最多的一项工作，主要包括现金的管理、应收账款的管理和存货的管理。

一、营运资金的含义

营运资金（Working capital），也称营运资本，是指在企业生产经营活动中占用在流动资产上的资本。它有广义和狭义之分。广义的营运资金又称毛营运资金（Gross Working Capital，GWC），通常以流动资产总额来代表；狭义的营运资金又称净营运资金（net working capital，NWC），是指企业的流动资产总额减去流动负债后的余额。

毛营运资金 = 流动资产

净营运资金 = 流动资产 - 流动负债

流动资产是指可以在 1 年以内或超过 1 年的一个营业周期内变现或运用的资产，流动资产具有占用时间短、周转快、易变现等特点。流动资产由于其流动性较强，可随时用于偿还到期债务，因此可在一定程度上降低财务风险，但大量拥有和保持流动资产则会影响企业的盈利能力。

二、营运资金的特点

为了有效地对企业的营运资金进行管理，必须研究营运资金的特点，以便有针对性地进行管理。营运资金一般具有如下特点。

（一）周转时间短

不管是流动资产还是流动负债，周转一次所需时间都较短，通常会在 1 年或超过 1 年的一个营业周期内收回或归还，对企业影响的时间比较短。根据这一特点，可用占用时间在 1 年或超过 1 年的一个营业周期内的流动负债来解决流动资产的需要，使企业资源得到有效利用。

（二）非现金形态的营运资金容易变现

存货、应收账款、短期有价证券等流动资产一般具有较强的变现能力，如遇到意外情况，企业出现资金周转不灵、现金短缺时，可迅速变卖这些资产。这对于企业应付临时性资金需求具有重要意义。

（三）数量具有波动性

流动资产的数量会随企业内外条件的变化而变化，时高时低，波动很大。季节性企业如此，非季节性企业也如此。随着流动资产数量的变动，流动负债的数量也会相应发生变动。

（四）实物形态具有变动性

企业营运资金的实物形态是经常变化的，一般在现金、材料、在产品、产成品、应收账款、现金之间顺序转化。企业筹集的资金最初以现金形式存在，为了保证生产的正常进行，必须拿出一部分现金去购买原材料，这样有一部分现金转化为材料；材料投入生产后，在加工完之前形成在产品和自制半成品，进一步加工完成后成为产成品；产成品经销售可获得现金或应收账款，应收账款经过一段时间又转化为现金。因此，在进行营运资金管理时，应在各项营运资金上都合理配置资金数额，以便使资金周转顺利进行。

（五）来源具有多样性

企业筹集长期资本的方式一般比较少，只有吸收直接投资、发行股票、发行债券、银行长期借款等方式。而企业筹集营运资金的方式却较为灵活多样，通常有：银行短期借款、短期融资券、商业信用、应交税费、应交利润、应付职工薪酬、应付费用、预收货款、票据贴现等。

三、营运资金管理的要求

（一）既要保证正常生产经营需要，又要合理节约使用资金

企业营运资金的需要量与企业的生产经营活动有着直接的关系，为了保证生产

经营活动的顺利进行，企业财务人员应认真分析生产经营状况，采用一定方法确定流动资产的合理占用量，对合理的资金需要量应积极满足和支持。同时，为提高资金使用效率，遵守勤俭节约的原则，挖掘资金潜力，精打细算地使用资金。

（二）资金管理和资产管理相结合

流动资产是流动资金赖以存在的物资形态。财务部门要管好流动资金，必须深入生产经营活动中，关心流动资产的管理。只有各项流动资产安全完整，使用合理，流动资金才能完整无缺，才能减少占用，提高资金的使用效率。另一方面，财务部门还必须促使管理流动资产、使用流动资产的部门树立经济核算的思想，提高经济效益观念，关心流动资金的管理。为此，流动资金的管理，必须在实行财务部门集中管理的同时，实行分级归口管理，建立有关部门管理的责任制度。

（三）保证资金使用和物资运用相结合

资金是物资的货币表现，资金运用同物资使用有着密切的联系。在营运资金管理过程中，必须把资金运用同物资使用结合起来，合理利用商业信用，制定科学的信用政策，加强应收账款的管理。

四、营运资金财务政策

营运资金财务政策包括流动资产投资政策和营运资金融资政策，分别研究如何确定营运资金持有量和如何筹集营运资金两个方面的问题。

（一）流动资产投资政策

1. 宽松的流动资产投资政策

宽松的流动资产投资政策是指企业在一定的产销量水平上，持有大量的现金余额和短期证券，采取宽松的信用政策，拥有高额的应收账款，保持高水平的存货投资，进而使企业的流动资产维持在较高水平。在这种流动资产投资政策下，企业拥有足够的具有较强流动性和变现能力的流动资产，以应付其偿还到期债务，有利于企业减少停工待料的损失和保证销售的需要，减少舍弃销售所造成的损失。因此，企业变现能力强，面临的风险较小。但同时，与变现能力或风险相反，大量的流动资产会带来较低的收益，因为它们本身并不能直接为企业带来利润，企业大量的资金被占用于流动资产势必影响资金周转速度，进而影响企业获利水平的提高。

2. 紧缩的流动资产投资政策

紧缩的流动资产投资政策是指企业在一定的产销量水平上，尽可能少地拥有现金以保持低水平的现金余额，很少进行短期有价证券投资，持有较低水平的存货，采取紧缩的信用政策尽可能减少应收账款，进而使企业的流动资产维持在较低水平上。在这种流动资产政策下，企业可以将更多的资金投放于盈利性较强的固定资产、长期投资等非流动资产项目上，有利于提高企业的盈利能力，流动资产的持有成本也较低。但是，企业的资产流动性和变现能力较弱，到期偿还债务的能力会受到影响，因此企业的风险会较高。

3. 适中的流动资产投资政策

适中的流动资产投资政策是指介于上述两种政策之间的情况。在这种流动资产投资政策下，流动资产的持有量不过高也不过低，现金恰好够支付之需，存货足够满足生产和销售所用，保留适当的有价证券投资。因此，企业的收益和风险处于均衡的状态。

（二）营运资金融资政策

1. 流动资产和流动负债分析

分析营运资金融资政策，需要先对构成营运资金的两要素——流动资产和流动负债作进一步的分析，然后再考虑如何筹集营运资金以及两者间的匹配。

一般来说，我们经常按照周转时间的长短对企业的资金进行分类，即周转时间在一年以下的为流动资产，包括货币资金、交易性金融资产、应收账款、应收票据、存货，等等；周转时间在一年以上的为长期资产，包括长期投资、固定资产、无形资产，等等。对于流动资产，如果按照用途再作区分，则可以分为临时性流动资产和永久性流动资产。临时性流动资产指那些受季节性、周期性影响的流动资产，如季节性存货、销售和经营旺季（如零售业的销售旺季在春节期间等）的应收账款；永久性流动资产则指那些即使企业处于经营低谷也仍然需要保留的、用于满足企业长期稳定需要的流动资产。

企业的筹集的资金则按照债务时间的长短，以 1 年为界限，分为短期资金和长期资金。短期资金就是流动负债，包括短期借款、应付票据等；长期资金包括权益资金和长期负债，如实收资本、资本公积、未分配利润、长期借款、长期债券等。与流动资产按照用途划分的方法相对应，流动负债也可以分为临时性负债和自发性负债。临时性负债指为了满足临时性流动资金需要所发生的负债，如商业零售企业春节前为满足节日销售需要，超量购入或举借的债务；食品制造企业为赶制季节性食品，大量购入某种原料而发生的借款，等等。自发性负债指直接产生于企业持续经营中的负债，如商业信用筹资和日常运营中产生的其他应付款，以及应付职工薪酬、应付利息、应付税费，等等。因此，短期资金只包括临时性流动负债，企业稳定而长期持有的自发性负债也属于长期资金的组成部分。

营运资金融资政策，主要是就如何安排临时性流动资产和永久性流动资产的资金来源而言的，是流动资产和流动负债的配合，一般可以区分为三种，即配合型融资政策、激进型融资政策和稳健型融资政策。

2. 营运资金融资政策

（1）配合型融资政策

配合型融资政策遵循的是短期资产由短期资金来融通，长期资产由长期资金来融通的原则。这里短期资产就是临时性流动资产，长期资产主要指固定资产、无形资产、长期投资以及永久性流动资产等。而短期资金是指临时性流动负债，长期资金包括长期负债、所有者权益资金和自发性临时负债。配合型融资政策可用图 7.1说明。

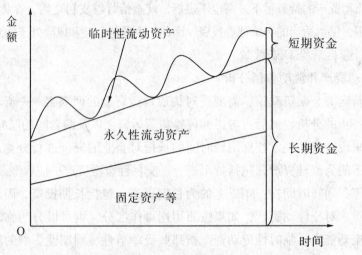

图 7.1 配合型融资政策图

这种筹资政策的基本思想是将资产与负债进行配合，以降低企业不能偿还到期债务的风险和尽可能降低债务的资本成本。但是，事实上由于资产使用寿命的不确定性，往往达不到资产与负债的完全配合。因此，配合型融资政策是一种理想的、对企业有着较高资金使用要求的营运资本融资政策。

（2）激进型融资政策

有的企业不是采用短期资产由短期资金来融通，长期资产由长期资金来融通的原则，而是将部分长期资产由短期资金来融通，这属于激进型的融资政策。如图7.2 所示。采用这种营运资本融资政策的企业用长期资金来融通部分永久性流动资产和全部固定资产，用短期资金来融通另外一部分永久性流动资产和全部的临时性流动资产。这种政策的资金成本较低，因而能减少利息支出，增加企业收益。但用短期资金融通了一部分长期资产，所以风险比较大。

激进型融资政策是一种收益性和风险性均较高的营运资本融资政策。

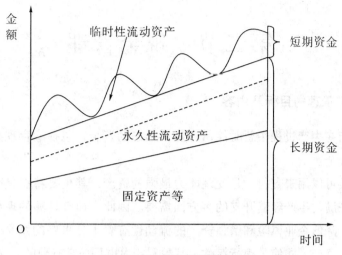

图7.2　激进型融资政策图

（3）稳健型融资政策

有的企业将部分短期资产用长期资金来融通，这属于稳健型融资政策。如图7.3所示。在这种类型的企业中，临时性流动资产的一部分和全部长期资产都用长期资金来融通，而只有一部分临时性流动资产用短期资金来融通。这种政策风险较小，但成本较高，会使企业的利润减少。

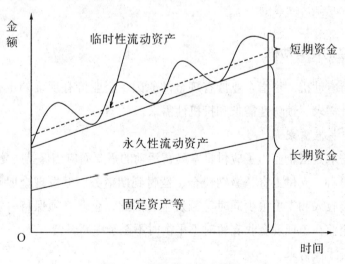

图7.3　稳健型融资政策图

一般来说，如果企业能够驾驭资金的使用，采用收益和风险配合得较为适中的配合型融资政策是有利的。

第二节 现金管理

一、现金管理的目标及内容

现金是指在生产过程中暂时停留在货币形态的资金，包括库存现金、银行存款和其他货币资金。

现金直接可以用来支付，是变现能力最强的资产，其主要特点是普遍的可接受性，可以用来满足生产经营开支的多方面需要。因此，拥有足够的现金对于满足生产经营需要，降低企业风险和增强资产的流动性有着十分重要的意义。但是，现金属于非盈利性资产，即使是银行存款，其盈利能力也是非常有限的。现金持有过多，直接会降低资产的盈利性，近而引起企业整体收益水平的下降。所以，企业必须合理地确定现金持有量，使现金收支不但在数量上，而且在时间上相互衔接，尽量减少企业闲置的现金数量。

企业现金管理的目标，就是在资产的流动性和盈利性之间权衡选择，在保证经营的现金需要的基础上，尽量降低现金持有量。

企业现金管理的主要内容包括：现金的持有成本、最佳现金持有量预算和现金管理策略等。

二、现金的持有动机

现金的持有动机，是指企业持有现金的原因。企业持有现金的主要原因，主要是满足交易性需求、预防性需求和投机性需求。

（一）交易性需求

交易性需求是指企业为了应付日常经营活动的需要而应当保持一定数量的现金，包括购买原材料、支付工资、缴纳税金、偿付到期债务、派发现金股利等。由于企业每天的现金收入和支出很少同时等额发生，因此，企业必须保持一定量的现金余额，以保证企业在出现现金收支暂时不平衡时不至于中断经营。

（二）预防性需求

预防性需求是指企业为了预防意外事件的发生而必须保持的现金。企业为控制货币资金数量，通常要根据正常经营情况编制财务收支计划，但计划也常常会被一些意想不到的事件打乱，如水灾、火灾、地震等自然灾害，生产事故，主要顾客未能及时付款等，所以大多数企业都会持有一定数量的额外现金，以应付预想不到的情况发生。企业为应付意想不到的情况而需要保持的现金数量，一般取决于三个因素：一是对未来现金流量的预测能力。对未来现金需要量预测得越准确，则所需的预防性现金就越少；反之，所需的预防性现金就越多。二是企业短期融资能力。若筹措短期资金的能力越强、速度越快，则所需的预防性现金储备就越少；反之，就越多。三是企业对现金短缺风险的态度。若企业愿意冒资金短缺的风险，那么预防性现金储备就会减少；反之，就会增加现金持有量来降低风险。

（三）投机性需求

投机性需求指持有现金用于把握低价购买商品的机会。例如，遇有廉价原材料或其他资产供应的机会；证券市场大幅度跌落后的投资机会等。当然，除金融和投资公司外，一般工商企业专为投机性需求持有的现金不多，如有低价购买机会，也常设法临时融资。但拥有相当数量的现金，确实为把握低价购买机会提供了方便。

企业除了以上三种原因持有现金外，也会基于满足将来某一特定要求或者为在银行维持补偿性余额等其他原因而持有现金。企业在确定现金余额时，一般应综合考虑各方面的持有动机。但应当注意，由于各种动机所需现金可以调节使用，企业持有的现金总额并不等于各种动机所需现金总额的简单相加，前者通常小于后者。

三、现金的持有成本

为满足各种需求动机，企业必须持有一定数量的现金，但企业的现金并非越多越好，因为企业持有现金会带来一系列相关成本，主要包括持有成本、转换成本和短缺成本。

（一）持有成本

现金的持有成本，是指企业因保留一定现金余额而增加的现金管理费用和现金机会成本。企业持有现金，对现金进行管理，会发生一定的管理费用，如现金管理人员工资等相关费用、现金防盗防护措施费用等，这些费用都是现金管理成本，管理成本具有固定成本性质。在一定范围内与现金持有量关系不大，是决策无关成本。企业持有现金而不能用于其他用途，例如，购买有价证券或其他项目的投资，或者企业持有的现金来源于向银行或其他债权人的融资，必然放弃再投资收益或者支付融资成本，这是企业持有现金的机会成本。例如，某企业平均持有现金100万元，市场利率为10%，则该企业持有现金的机会成本为10万元，现金持有量与持有现金的机会成本成正比例关系，现金持有量越大，机会成本越高。机会成本具有变动成本性质，是决策相关成本。

（二）转换成本

现金的转换成本，指企业用现金购入有价证券或者转让有价证券换取现金所支付的交易成本。与成交金额成正比，而与交易次数无关的转换成本称为变动性转换成本，例如，买卖证券需支付的印花税及相关手续费等，它是依据委托成交额计算的转换成本与证券转换次数关系不大,无论转换次数如何变动,所需支付的交易费用是相同的;与成交金额无关,而与交易次数成正比的转换成本称为固定性转换成本。固定性转换成本与现金持有量之间成反比例关系,变动性转换成本与现金持有量无明显关系。

【小贴士】

在决定每次交易证券数量多少时,与交易次数有关的固定性转换成本是相关成本,而与交易金额有关的变动性转换成本是无关成本。现金的转换成本主要指的是与证券转换次数相关,而与现金具体持有量没有直接关系的固定性转换成本。

(三)短缺成本

现金的短缺成本,指现金持有量不足而给企业造成的各种损失。包括直接损失和间接损失。短缺成本不考虑企业其他资产的变现能力,仅就不能以充足的现金满足各种现金需求而言,其内容主要包括:缺少生产材料造成的生产中断损失,到期不能支付导致的信用损失,以及放弃的现金折扣等。其中失去信用的损失难以准确计量,但是其影响却很大,甚至可能导致供应商拒绝提供生产所必需的材料,债权人要求清算等,显然,现金短缺成本与现金持有量呈反方向变动关系。

四、最佳现金持有量预算

持有现金只是为了满足未来支付的需要,过多地或过少地持有现金,都会造损失。企业确定现金的最佳持有量的方法,主要有存货模式、随机模式和现金周转模式。具体介绍如下:

(一)存货模式

现金持有量的存货模式又称鲍曼模型,是美国经济学家威廉·鲍曼(William Baumol)提出的用以确定目标现金持有量的模型。他认为企业现金持有量在很多方面与存货相似,由此建立了鲍曼模型。存货模式的出发点是持有现金的相关成本最低。在现金持有成本中,管理成本一般是固定成本,与现金持有量的多少关系不大,属于与决策无关的成本而不予考虑。此外,由于现金的短缺情形存在很大的不确定性,因而存货模式对于短缺成本也不予考虑。因此,在利用存货模型计算现金持有量的最低成本时,只考虑机会成本和转换成本。也就是说,能使现金管理的机会成本与转换成本之和保持最低的现金持有量就是最佳的现金持有量。

假定企业一定时期现金的总需要量一定,且现金支出均衡,则现金的机会成本与现金的持有量成正比,而现金的转换成本同现金与有价证券的转换次数成正比,与现金持有量成反比。由此可知,现金的机会成本与转换成本之间呈反方向变化。因此,两种成本之和最低的现金持有量就是企业的最佳现金持有量。现金持有的总成本与机会成本和转换成本的关系如图 7.4 所示,当持有现金的机会成本与转换成本相等时，现金管理的总成本最低。

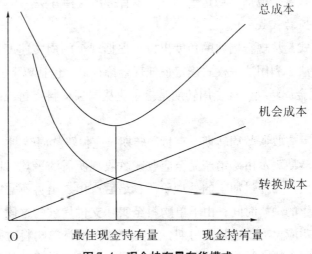

图 7.4 现金持有量存货模式

设：TC 为一定时期企业现金持有总成本；T 为一定时期现金总需求量；F 为每次转换有价证券的固定成本；C 为最佳现金持有量；K 为有价证券的利率。

则：现金持有总成本 = 机会成本 + 转换成本

= 平均现金余额 × 利率 + 转换次数 × 每次转换成本

即：$TC = C/2 \times K + T/C \times F$

则：最佳现金持有量 $C = \sqrt{\dfrac{2TF}{K}}$

则：最佳现金管理总成本 $TC = \sqrt{2TFK}$

【例 7 - 1】某企业现金收支稳定，预计 2009 年全年需要现金 1 000 000 元，现金与有价证券每次的转换成本为 2 000 元，有价证券的利息率为 10%。

则最佳现金持有量为：$C = \sqrt{\dfrac{2 \times 1\,000\,000 \times 2\,000}{10\%}} = 200\,000$（元）

最佳持有量相关总成本为：$TC = \sqrt{2 \times 1\,000\,000 \times 2\,000 \times 10\%} = 20\,000$（元）

其中：转换成本 $= \dfrac{T}{C} \times F = \dfrac{1\,000\,000}{200\,000} \times 2\,000 = 10\,000$（元）

机会成本 $= \dfrac{C}{2} \times K = \dfrac{200\,000}{2} \times 10\% = 10\,000$（元）

有价证券转换次数 $= \dfrac{T}{C} = \dfrac{1\,000\,000}{200\,000} = 5$（次）

有价证券转换间隔期 $= 360 \div 5 = 72$（天）

现金持有量的存货模式是一种简单、直观的确定最佳现金持有量的方法，其主要缺点是假定现金的流出量稳定不变，但实际工作中货币资金支出并非总是均匀、稳定的。因此，在现金流出不稳定情形下，不宜采用这种方法。

（二）现金周转模式

现金周转模式是从现金周转的角度出发，根据现金的周转速度来确定最佳现金持有量的一种方法。利用这一模式确定最佳现金持有量，包括以下三个步骤：

（1）计算现金周转期。现金周转期是指企业从购买材料支付现金到销售商品收回现金的时间。

现金周转期 = 应收账款周转期 + 存货周转期 - 应付账款周转期

应收账款周转期表示由赊销产品至应收账款收现所需的平均时间；存货周转期是指将原料投入生产，经过加工的处理阶段，最后产出、出售所需的平均期间，即存货从产生到出售的平均时间；由下单购料至实际支付货款的这段期间，称为应付账款周转期，也叫应付账款递延支付期，因为公司在下订单购料时并未实际支付现金，故产生了时间上的递延；上述三个阶段与现金周转期之间的关系可用图 7.5 加以说明。

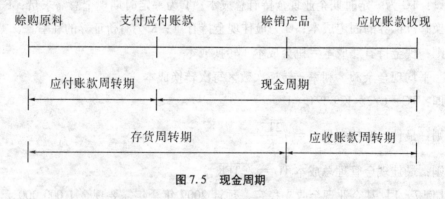

图 7.5 现金周期

（2）计算现金周转率。现金周转率是指一年中现金的周转次数，其计算公式为：

$$现金周转率 = \frac{日历天数}{现金周转天数}$$

（3）计算最佳现金持有量。其计算公式为：

最佳现金持有量 = 年现金需求额 ÷ 现金周转率

【例7-2】某公司 2009 年度预计应收账款周转期为 50 天，存货周转期为 90 天，应付账款周转期为 20 天，每年现金需求额为 300 万元，则最佳现金持有量可计算如下：

现金周转期 = 50 - 20 + 90 = 120（天）

现金周转率 = 360 ÷ 120 = 3（次）

最佳现金持有量 = 300 ÷ 3 = 100 （万元）

也就是说，如果 2009 年年初企业持有 100 万元现金，它将有足够的现金满足企业各种支出的需要。

五、现金管理策略

现金收支日常管理的目的在于降低现金的运行成本，提高现金的使用效率。为了达到这一目的，企业在现金收支的日常管理中应当注意如下方面的工作：

（一）力争现金流量同步

企业如果能够使其现金流出、现金流入发生的时间上同步协调，就能够以当时的现金流入支付现金流出，减少日常的现金储备，降低现金库存的余额。现金流量同步，主要针对交易性现金流量而言，可以尽量将购买原材料或支付劳务的现金流出的时间，安排在企业对外销售商品或提供劳务收取现金的时期内，这样企业不需要储备更多的库存现金。

（二）加速现金收款

这主要是指缩短应收账款的时间。发生应收账款可以扩大企业的销售规模，增加销售收入，但也会增加企业的资金占用。所以企业在利用应收账款吸引顾客的同时，应尽量缩短收款时间，并在这两者之间找到适当的平衡点，实施妥善的收账策略。下面是西方国家常用的两种收款方法：

1. 邮政信箱法

这种方法又称锁箱法。采用这种方法，企业要在各主要城市租用专门邮政信箱，并开立分行存款户，授权当地银行每日开启信箱，在取得客户支票后立即予以结算，并通过电汇将款项转账划拨到企业总部所在地银行。在这种方法下，客户将支票直接寄给所在地邮箱而不是企业总部。这样不但缩短了支票邮寄时间，还免除了企业办理收账、货款存入银行等手续，因而缩短了支票邮寄时间以及在企业的停留时间。但采用这种方法成本较高，企业需为开启邮政信箱银行的额外服务支付劳务费和办理转账手续费，这样会导致企业成本增加。因此，是否采用该种方法收款，需视使用这种方法产生的收益与增加的成本的大小而定。

2. 银行业务集中法

这是一种企业建立多个收款中心来加速现金流转的方法。采用这种方法，企业总部所在地开户银行为集中银行，并在收款额较集中的若干地区设立若干个收款中心；客户收到账单后直接将款项汇给当地收款中心，中心收款后立即存入当地银行；当地银行在进行票据交换后立即转给企业总部所在地银行。这种方法可以缩短客户邮寄支票和支票托收所需时间，也就是缩短了现金从客户到企业的中间周转时间。采用这种方法在多处设立收账中心，从而也增加了相应的费用支出，还需企业权衡利弊加以取舍。

（三）推迟支付

推迟支付是针对应付账款的支付而言的。在不影响企业商业信誉的前提下，企业应当尽量利用供货方所提供的信用优惠，推迟应付账款的支付期，尽量在信用期的最后一天付款。当然，企业也要尽量提高自己的商业信誉，以获取供货方最长的信用期限。

（四）利用现金"浮游量"

现金浮游量是指企业的银行存款账簿上现金余额与银行账户上存款余额之间的差额。有时，企业账簿上现金余额为数不多甚至趋于零，但银行账户上本企业的现金余额还有不少。其中的原因是由于企业开出付款支票后，顾客还没有到银行去兑现。即企业支付货款到银行下账中间会空闲一段时间。在这段时间内，企业仍可利用已经开出支票的这笔资金。业务频繁的大型企业，经常面临着大量的付款对象和付款业务，也就常年存在着银行存款账户的现金浮游量。财务经理应当正确地测算日平均现金浮游量，控制使用时间，避免银行透支情况的出现。

第三节　应收账款管理

应收账款是指企业因对外赊销产品、材料、提供劳务等应向购货方或接受劳务的单位收取的各种款项。企业的应收款项包括应收账款、应收票据、预付账款和其他应收款等，但通常以应收账款作为研究对象。

一、应收账款的作用与成本

（一）应收账款的作用

应收账款在企业的生产经营过程中具有促进销售及降低存货两方面的作用。

1. 促进销售

企业在出售商品产品时采用的两种基本销售结算方式是现销和赊销。在激烈的市场竞争经济条件下，仅采用现销的方式是不够的。由于赊销方式下，企业在销售产品的同时，向买方提供了可以在一定期限内无偿使用的资金，即商业信用资金，其数额等同于商品的售价，这对于购买方具有相当大的吸引力。因此，赊销是一种非常重要的促销手段，对于企业产品销售、开拓市场和扩大市场份额具有重要意义。

2. 降低存货

企业在生产经营过程中，当商品或产成品存货较多时，企业可以采用较为优惠的信用条件进行赊销，尽快地实现商品或产成品存货向销售收入的转化，变持有存货为持有应收账款，以降低商品或产成品存货的管理费用、仓储费和保险费等支出。

（二）应收账款的成本

企业在采取赊销方式促进销售的同时，会因持有应收账款而付出一定代价，这种代价就是应收账款的成本，其内容包括机会成本、管理成本和坏账成本。

1. 机会成本

应收账款的机会成本是指资金投放在应收账款上被客户占用而丧失的其他收入，如投资收益。应收账款机会成本的大小通常与企业维持赊销业务所需要的资金数量、资金成本率或有价证券利息率有关。其计算公式为：

应收账款机会成本＝维持赊销业务需要资金×资金成本率

维持赊销业务所需要的资金数量可按下列步骤计算：

（1）计算应收账款平均余额：

$$应收账款平均余额＝\frac{年赊销额（销售额）}{360}×平均收账天数$$

$$＝平均每日赊销额（日销售额）×平均收账天数$$

（2）计算维持赊销业务所需要的资金：

$$维持赊销业务所需要的资金＝应收账款平均余额×\frac{变动成本}{销售收入}$$

$$＝应收账款平均余额×变动成本率$$

在上述分析中，假设企业的成本水平保持不变（即单位变动成本不变，固定成本总额不变），因此随着赊销业务的扩大，只有变动成本随之上升。维持赊销业务，收回变动成本就可以。

【例7-3】假设某企业预测的年度赊销额为360 000元，应收账款平均收账天数为100天，变动成本率为60%，资金成本率为10%，则应收账款机会成本可计算如下：

$$应收账款平均余额＝\frac{360\ 000}{360/100}＝100\ 000（元）$$

维持赊销业务所需要的资金＝100 000×60%＝60 000（元）

应收账款机会成本＝60 000×10%＝6 000（元）

【小贴士】

如果没有现金折扣条件，用信用期作为平均收账天数；如果有现金折扣条件，用加权平均数作为平均收账天数。如信用条件为（5/10，2/20，n/30），假设按赊销额计算有60%的客户会利用5%的现金折扣，20%的客户将会利用2%的现金折扣，20%的客户将会在第30天付款，则平均收账天数＝60%×10+20%×20+20%×30＝16天。上述公式也可以通过应收账款周转率推出，应收账款平均余额＝

年赊销收入(销售收入)÷应收账款周转率。

2. 管理成本

应收账款的管理成本是指与应收账款管理有关的费用,包括调查客户信用情况的费用、收集各种信息的费用、账簿记录费用和收账费用等。

3. 坏账成本

应收账款基于商业信用而产生,应收账款的坏账成本是指应收账款收不回来而给企业造成的坏账损失。应收账款坏账成本的大小与企业应收账款量成正比,为了避免发生坏账成本给企业生产经营活动经营成果的稳定性带来不利影响,企业按规定可以按照应收账款余额的一定比例提取坏账准备金。

坏账成本 = 赊销额(销售额)×坏账损失率

二、应收账款的信用分析

信用分析就是企业在向客户提供赊销之前,运用一定的方法对客户的信用品质进行分析评价,确定其风险等级,以决定客户是否能够享受企业的商业信用。

(一)搜集客户的信用资料

有关客户信用状况的资料,可通过直接调查法和间接调查法来搜集。

1. 直接调查法

直接调查法是指企业调查人员与被调查客户接触,通过当面采访、询问、观看、记录等方式获取信用资料的一种方法。这种方法能保证搜集资料的准确性和及时性。但若得不到被调查客户的诚意合作,则会使调查资料不完整或部分失真。

2. 间接调查法

间接调查法是指通过对被调查客户或其他有关单位的相关原始记录和核算资料,进行加工整理以获取有用资料的一种方法。这些资料主要来源于:①财务报表。指有关客户的财务报表,它是信用资料的主要来源。因为通过客户的财务报表分析,基本上可掌握其财务状况和盈利状况。②信用评估机构。许多国家都有信用评估的专门机构,这些机构会定期发布有关企业的信用等级报告。目前我国的信用评估机构有三种形式:一是独立的社会评估机构,它们只根据自身的业务吸收有关专家参加,不受行政干预和集团利益的牵制,独立地开展信用评估业务;二是中国人民银行负责组织的评估机构,一般吸收专业银行和各部门的专家进行评估;三是商业银行组织的评估机构,由专业银行组织专家对其客户进行评估。专门的信用评估部门,由于其评估方法先进,调查细致,程序合理,可信度较高,因而其评估结论值得有关企业信赖并采纳。③银行。银行是信用资料的一个重要来源。每个银行都设有信用部,并为其客户提供服务。④其他。如财税部门、消费者协会、工商管理部门、证券交易部门等,都可作为了解客户信用状况的渠道。

（二）分析客户的信用状况

企业在收集好客户的信用资料后，要对这些资料进行分析，并对客户的信用状况进行评估。信用评估的方法很多，其中最常用的有"5C"评估法和信用评分法。

所谓"5C"系统，是指评估客户信用品质的五个方面，即品质、能力、资本、抵押和条件。

（1）品质（Character），指客户的信誉，即履行其偿债义务的可能性。该因素在信用评估中最重要，被认为是评价客户信用品质的首要因素。因为每一笔信用交易中都隐含着客户对企业的付款承诺。

（2）能力（Capacity），指客户的偿债能力。它可以根据客户的资产负债表来分析其短期偿债能力后进行评价。

（3）资本（CaPital），指客户的财务实力和财务状况。通常是通过对客户的负债比率、流动比率、速动比率以及赚得利息倍数等财务比率的分析来判断。

（4）抵押（Collateral），指客户拒付款项或无力支付款项时能被用作抵押的资产。企业在不了解客户品质的情况下，可以凭客户提供的抵押品给予其商业信用。

（5）条件（Conditions），指可能影响客户付款能力的经济环境。如万一出现经济不景气，会对客户的付款产生什么影响，客户会如何做等。

（三）信用决策

企业对客户的信用状况作出评估以后，就可以对客户的赊购要求作出决策。例如，对于初次交往的客户，应决定是否向其提供商业信用、提供商业信用的程度如何。如果与客户有再次交易的可能，则可考虑给予客户一个信用额度，即企业允许客户赊购的最高限额。信用额度必须定期进行审核修订，以适应不断发展的情况。

三、信用政策的内容

信用政策又称应收账款政策，是指企业在采用信用销售方式时，对应收账款进行规划和控制所确定的基本原则和规范，主要包括信用标准、信用条件和收账政策。

（一）信用标准

信用标准是指企业同意向客户提供商业信用时，客户所必须具备的最低条件，通常用预计的坏账损失率来衡量。如果企业的信用标准比较严格，则只有信誉较好的客户能享受商业信用，这可以减少企业的坏账损失，降低应收账款的机会成本和管理成本，但同时也会减少企业的销售收入；若企业提供比较宽松的信用标准，那么享受信用的客户会增加，销售量也会扩大，但是会同时伴随着机会成本、管理成本和坏账损失的增加。因此，企业必须权衡利弊，制定一个比较合理的信用标准。

（二）信用条件

信用条件是指企业给客户提供商业信用时所提出的付款要求，主要包括信用期限、现金折扣和折扣期限。信用条件通常的表示方法是"2/10，N/30"等，这表示若客户选择在发票开出后 10 天内付款，可以享受 2% 的现金折扣；若客户放弃现金折扣，也必须在 30 天内付清全部款项。

1. 信用期限

信用期限是指企业允许顾客从购货到付款之间的时间，或者说是企业给予顾客的付款时间，如上述信用条件中的 30 天。对企业来讲，若信用期过短，则不足以吸引顾客，增加销售额；若信用期过长，虽然可以增加销量，但也会伴随着费用的增加，甚至会造成费用的增加超过收益的增长，导致利润减少。因此企业必须慎重制定出恰当的信用期。确定合理的信用期，主要是分析改变现行信用期对收入和成本的影响。延长信用期限，会使得销售收入增加，这是有利的一面。但是同时也要看到，由此也会导致应收账款收账费用和坏账损失的增加，又会对企业产生不利影响。如果前者大于后者，则可以延长信用期；否则，不宜延长。如果缩短信用期，情况与此相反。

2. 现金折扣

现金折扣是企业对顾客在商品价格上所做的扣减，如上述信用条件中的 2%。向顾客提供这种价格上的优惠，主要为了吸引顾客为享受优惠而提前付款，缩短企业的平均收款期，减少应收账款占用资金及坏账损失。此外，现金折扣也能招揽一些视折扣为减价出售的顾客前来购货，借此扩大销售量。企业采用什么程度的现金折扣，要与信用期间结合起来考虑。现金折扣常用"2/10，N/30"的形式来表示，它表示如果顾客在发票开出后 10 天内付款，可以享受 2% 的价格折扣；如果顾客不想获得折扣，则这笔货款必须在 30 天内付清，其中 30 天为信用期限，10 天为折扣期限，2% 为现金折扣率。不论是信用期间还是现金折扣，都可能给企业带来收益，但也会增加成本。当企业给予一定的现金折扣时，应当考虑折扣所能带来的收益与成本孰高孰低，权衡利弊。

3. 折扣期限

折扣期限是指为顾客规定的可享受现金折扣的付款期，如上述信用条件中的 10 天。

（三）收账政策

收账政策是指企业对客户违反信用条件拖欠应收账款所采取的收账策略。企业对拖欠的应收账款，无论采用何种方式进行催收，都需要付出一定的代价，即收账费用。如收款所花的邮电通讯费、派专人收款的差旅费和不得已时的法律诉讼费等。通常，企业为了扩大销售，增强竞争力，往往对客户的逾期未付款项规定一个允许的拖欠期限，超过规定的期限，企业就将进行各种形式的催收。如果企业制定的收款政策过宽，会导致逾期未付款项的客户拖延时间更长，对企业不利；收账政策过严，催收过急，又可能伤害无意拖欠的客户，影响企业未来的销售和利润。因此，企业在制定收账政策时，要权衡利弊，掌握好宽严界限。一般而言，企业加强收账管理，可以减少坏账损失，及早收回货款，减少应收账款上的资金占用，但却会增加收账费用。因此，制定收账政策就是要在增加收账费用与减少坏账损失、减少应收账款上的资金占用之间进行权衡，若前者小于后者，则说明制定的收账政策是可取的。

四、信用政策制定中的财务决策

信用政策制定中的财务决策主要有总额分析法和差额分析法，通过比较信用政策变动前后的收益和成本，遵循边际收益大于边际成本的原则，从中选择最佳的信用政策。

表7.1   **信用期和现金折扣的决策方法表**

总额分析法		差额分析法（A - B）
A 方案	**B 方案**	
年赊销额（销售额）	年赊销额（销售额）	△年赊销额（销售额）
减：现金折扣	减：现金折扣	减：△现金折扣
年赊销净额	年赊销净额	△年赊销净额
减：变动成本	减：变动成本	减：△变动成本
信用成本前收益	信用成本前收益	△信用成本前收益
信用成本	信用成本	△信用成本
（1）机会成本	（1）机会成本	（1）△机会成本
（2）收账费用	（2）收账费用	（2）△收账费用
（3）坏账成本	（3）坏账成本	（3）△坏账成本
信用成本后收益	信用成本后收益	△信用成本后收益
A 信用成本后的收益＞B 信用成本后的收益，选择 A 方案；否则，选择 B 方案		△信用成本后收益＞0，选择 A 方案，否则，选择 B 方案

表7.1 中：（1）用年赊销额还是年销售额，取决于题中所给定的资料，并注意和计算机会成本时使用的平均收账天数相对应。如果用年赊销额，应收账款平均余额＝年赊销额÷360×应收账款周转天数，此时应收账款周转天数或应收账款周转率是用赊销额计算的；如果用年销售额，应收账款平均余额＝年销售额÷360×应收账款周转天数，此时应收账款周转天数或应收账款周转率是用销售额计算的。

（2）上表中变动成本是用未扣除现金折扣的年赊销额（或销售额）×变动成本

率得到的。

（3）上表中计算信用成本前的收益是假定各方案固定成本相同，如果各方案固定成本不同，在计算信用成本前收益时要扣除固定成本。如果各方案固定成本相同又没有现金折扣，信用成本前收益就是边际贡献，边际贡献通常用销售额（或赊销额）×（1-变动成本率）来计算。

（4）当有两个以上方案进行比较时，用总额分析法比差额分析法简单，但差额分析法的原理更充分，更符合人们的思维习惯。

【例7-4】某企业2008年A产品销售收入为5 000万元，总成本为4 000万元，其中固定成本为800万元。2009年该企业有两种信用政策可供选用：方案一给予客户60天信用期限（N/60），预计销售收入为6 000万元，货款将于第60天收到，其信用成本为160万元；方案二的信用政策为（2/10，1/20，N/90），预计销售收入为7 200万元，将有30%的货款于第10天收到，20%的货款于第20天收到，其余50%的货款于第90天收到（前两部分货款不会产生坏账，后一部分货款的坏账损失率为该部分货款的5%），收账费用为30万元。该企业A产品销售额的相关范围为4 000万~8 000万元，企业的资金成本率为10%（为简化计算，本题不考虑增值税因素）。

计算该企业2008年的下列指标：

变动成本总额=4 000-800=3 200（万元）

以销售收入为基础计算的变动成本率=3 200÷5 000×100%=64%

计算方案二的下列指标：

应收账款平均收账天数=10×30%+20×20%+90×50%=52（天）

应收账款平均余额=7 200×52÷360=1 040（万元）

维持应收账款所需资金=1 040×64%=665.6（万元）

应收账款机会成本=665.6×10%=66.56（万元）

坏账成本=7 200×50%×5%=180（万元）

采用方案二的信用成本=180+66.56+30=276.56（万元）

计算以下指标：

方案一的现金折扣=0

方案二的现金折扣=7 200×30%×2%+7 200×20%×1%=57.6（万元）

两方案信用成本前收益差=6 000×（1-64%）-[7 200（1-64%）-57.6]=-374.4（万元）

两方案信用成本后收益差=-374.4-（160-276.56）=-257.84（万元）

为该企业作出采取何种信用政策的决策，并说明理由：

方案二信用成本后收益大于方案一，企业应选用方案二。

影响企业信用标准、信用条件及收账政策的因素很多，如销售额、赊销期限、收账期限、现金折扣、坏账损失、过剩生产能力、信用部门成本、变动成本率以及固定成本、机会成本等的变化。这就使得信用政策的制订更为复杂。但一般来说，理想的信用政策就是企业采取或松或紧的信用政策时所带来的收益最大的政策。

五、收账管理

应收账款发生以后，企业应强化应收账款的收账管理工作，采取有力的措施进行分析、控制，及时发现问题，提前采取有力的措施。这些措施包括应收账款追踪分析、应收账款账龄分析、应收账款收现保证率分析和建立坏账准备金制度等。

（一）应收账款追踪分析

客户赊购商品以后，赊销企业就必须考虑如何按期足额收回的问题，赊销企业也就有必要对该项应收账款的运行过程进行追踪分析。对应收账款实施追踪分析的重点应放在赊销商品的销售与变现方面。客户以赊购方式购入商品后，迫于获利和付款信誉的动力与压力，必然期望迅速地实现销售并收回账款。如果这一期望能够顺利地实现，而客户又具有良好的信用品质，则赊销企业如期足额地收回客户欠款一般不会有多大问题。然而，市场供求关系所具有的瞬变性，使得客户所赊购的商品不能顺利地销售与变现，经常出现的情形有两种：积压或赊销。但无论属于其中的哪种情形，对客户而言，都意味着与应付账款相对的现金支付能力匮乏。在这种情况下，客户能否严格履行赊销企业的信用条件，取决于两个因素：一是客户的信用品质；二是客户现金的持有量与调剂程度（如现金用途的约束性、其他短期债务偿还对现金的要求等）。如果客户的信用品质较好，持有一定的现金富裕，且现金支出的约束性较小，可调剂程度较大，客户大多是不愿以损失市场信誉为代价而拖欠赊销企业账款的。如果客户信用品质较差，或者现金缺乏，或者现金的可调剂程度低下，那么，赊销企业的账款遭受拖欠也就在所难免，可能会给赊销企业带来坏账损失。

（二）应收账款账龄分析

赊销企业已发生的应收账款时间长短不一致，有的尚未超过信用期，有的则已逾期。一般来讲，逾期拖欠时间越长，则应收账款催收的难度越大，成为坏账的可能性也就越大。因此，进行应收账款账龄分析，密切注意应收账款的回收情况，是提高应收账款收现效率的重要环节。应收账款账龄是指应收账款从销售实现，产生应收账款之日起，到目前为止的时间。

应收账款账龄分析就是考察研究应收账款的账龄，通常账龄越长的欠款，收回的可能性越小，发生坏账的风险越大。应收账款账龄分析如表 7.2 所示（单位：元）：

表 7.2　　　　　　　　　　　　应收账款账龄分析表

×年×月×日　　　　　　　　　　　　　　　　单位：元

客户名称	期末余额	账龄				
		1 年以内		1~2 年	2~3 年	3 年以上
		信用期内	超过信用期			
		信用期内	超过信用期			
甲客户	150 000	120 000		30 000		
乙客户	53 200		3 200			10 000
丙客户	43 750	43 750		40 000		
丁客户	5 000				5 000	
合计	251 950	163 750	3 200	70 000	5 000	10 000

　　表 7.2 显示，有 163 750 元的应收账款在信用期内；有 88 200 元的应收账款已超过了信用期，其中，1 年以内的有 3 200 元，这部分欠款收回的可能性较大；拖欠时间 1~2 年的有 70 000 元，这部分欠款回收有一定难度；拖欠时间 2~3 年的有 5 000元，这部分欠款回收难度较大；拖欠时间 3 年以上的有 10 000 元，这部分欠款很可能成为坏账。企业对于逾期应收账款进行分析时，还应进一步分析逾期账款具体属于哪些客户，这些客户是否经常发生拖欠情况，发生拖欠原因何在。一般而言，账款的逾期时间越短，收回的可能性越大，亦即发生坏账损失的程度相对越小；反之，收账的难度及发生坏账损失的可能性也就越大。因此，对不同拖欠时间的账款及不同信用品质的客户，企业应采取不同的收账方法，制定出经济可行的不同收账政策、收账方案；对可能发生的坏账损失，需提前有所准备，充分估计这一因素对企业损益的影响。对尚未过期的应收账款，也不能放松管理与监督，以防发生新的拖欠。

　　通过应收账款账龄分析，不仅能提示账务管理人员把过期款项视为工作重点，而且有助于促进企业进一步研究与制定新的信用政策。

　　（三）应收账款收现保证率分析

　　由于企业当期现金支付需要量与当期应收账款收现额之间存在着非对称性矛盾，并呈现出预付性与滞后的差异特征（如企业必须用现金支付与赊销收入有关的增值税和所得税、弥补应收账款资金占用等），这就决定了企业必须对应收账款收现水平制定一个必要的控制标准，即应收账款收现保证率。

　　应收账款收现保证率是为适应企业现金收支匹配关系的需要，所确定出的有效收现的账款应占全部应收账款的百分比，是二者应当保持的最低比例。公式为：

$$应收账款收现保证率 = \frac{必要现金支付总额 - 其他稳定可靠的现金流入总额}{应收账款总额}$$

公式中必要现金支付总额通常用某会计期间内生产经营必须支付的现金的总和；其他可靠稳定的现金流入总额通常用某会计期间从应收账款收现以外的途径可以取得的各种稳定可靠的现金流入数额，包括库存现金、短期有价证券变现净额、可随时取得的银行贷款额等；应收账款总额通常用某会计期间期初余额和期末余额的平均数。

应收账款收现保证率指标反映了企业既定会计期间预期现金支付数量扣除各种可靠、稳定来源后的差额，必须通过应收款项有效收现予以弥补的最低保证程度，其意义在于：应收款项未来是否可能发生坏账损失对企业并非最为重要，更为关键的是实际收现的账项能否满足同期必需的现金支付要求，特别是满足具有刚性约束的纳税债务及偿付不得展期或调换的到期债务的需要。

企业应定期计算应收账款收现率，看其是否达到了既定的控制标准。如果发现实际收现率低于应收账款收现保证率，应查明原因，采取相应措施，确保企业有足够的现金满足同期必需的现金支付要求。

（四）建立坏账准备金制度

无论企业采取怎样严格的信用政策，只要存在着商业信用行为，坏账损失的发生总是不可避免的。一般来说，确定坏账损失的标准主要有两条：

（1）因债务人破产或死亡，以其破产财产或遗产清偿后，仍不能收回的应收款项。

（2）债务人长期未履行偿债义务（一般是3年以上），且有证据表明无法收回的应收款项。

企业的应收账款只要符合上述任何一个条件，均可作为坏账损失处理。需要注意的是，当企业的应收账款按照第2个条件已经作为坏账损失处理后，并非意味着企业放弃了对该项应收账款的索取权。实际上，企业仍然拥有继续收款的法定权利，企业与欠款人之间的债权债务关系不会因为企业已作坏账处理而解除。

既然应收账款的坏账损失无法避免，因此，遵循谨慎性原则，对坏账损失的可能性预先进行估计，并建立弥补坏账损失的准备制度，即提取坏账准备金就显得极为必要。

企业对于拖欠的应收款项，应采取相应方式进行催收，如对过期较短的顾客，企业不应过多地打扰，可先通知对方，有礼貌地提醒对方交款日期已过；对过期稍长的顾客，可以措辞婉转地写信催款；对过期较长的顾客，应进行频繁的信件催款及电话催问；对过期很长的顾客，可在催款时措辞严厉，必要时提请有关部门仲裁或提起诉讼等。

第四节　存货管理

存货是指企业在日常活动中持有以备出售的产成品或商品、处在生产过程中的在产品、在生产过程中消耗的材料、物料等。

一、存货的功能和成本

企业持有充足的存货，不仅有利于生产过程的顺利进行，节约采购费用与生产时间，而且能够迅速地满足客户各种订货的需要，从而为企业的生产与销售提供较大的机动性，避免因存货不足带来的机会损失。然而，存货的增加必然要占用更多的资金，将使企业付出更大的持有成本（即存货的机会成本），而且存货的储存与管理费用也会增加，影响企业获利能力的提高。

（一）存货的功能

1. 保证生产和销售的正常进行

一般来说，企业很难做到随时购入生产或销售所需要的各种物资。企业的供、产、销在数量上和时间上往往难以保持绝对的平衡。因此，如果没有一定的存货，一旦生产或销售所需物资短缺，就会影响企业生产和销售的正常进行，严重时会导致生产和销售的中断，如停工待料、停业待货等，造成惨重损失。

2. 适应市场变化

存货储备能增强企业在生产和销售方面的机动性以及适应市场变化的能力。企业有了足够的库存产成品，能有效地供应市场，满足顾客的需要。相反，若某种畅销产品库存不足，将会坐失目前的或未来的推销良机，并有可能因此而失去顾客。在通货膨胀时，适当地储存原材料存货，能使企业获得因市场物价上涨而带来的好处。

3. 获取规模效应

销售企业为扩大销售规模，对购货方提供较优厚的商业折扣待遇，即购货达到一定数量时，便在价格上给予相应的折扣优惠。企业采取批量集中进货，可获得较多的折扣优惠。此外，通过增加每次购货数量，减少购货次数，可以降低总的采购费用支出，获取规模效应。

4. 维持均衡生产

对于那些所生产产品属于季节性的产品，生产所需材料的供应具有季节性的企业，为实行均衡生产，降低生产成本，就必须适当储备一定数量的半成品存货或保持一定的原材料存货。

（二）存货的成本

企业持有存货的成本，主要有以下四项。

1. 取得成本

取得成本是指为取得某种存货而支出的成本。它又可分为：（1）订货成本，即取得订单的成本，其中一部分与订货次数无关，另一部分与订货次数有关；（2）购置成本，即存货本身的价值。因此，取得成本即为：

$$TC_a = F_1 + \frac{D}{Q} \times K + DU$$

TC_a 为取得成本；F_1 为订货固定成本；D 为年需要量；Q 为每次进货量；K 为每次订货的变动成本；U 为单价。

其中：订货成本为 $F_1 \frac{D}{Q} \times K$，购置成本为 DU。

2. 储存成本

储存成本是指企业为保持存货而发生的成本，如仓储费、搬运费、保险费、占用资金需支付的利息等。储存成本也可分为固定成本和变动成本两部分。前者与存货数量的多少无关，后者与存货数量的多少有关。因此，储存成本即为：

$$TC_c = F_2 + K_c \times \frac{Q}{2} = F_2 + MU \times \frac{Q}{2}$$

TC_c 为储存成本；F_2 为储存固定成本；K_c 为单位储存成本（MU）；M 为储存费用率；$\frac{Q}{2}$ 为平均存货量；U 为单价。

3. 缺货成本

缺货成本是指由于存货储备不能满足生产和销售的需要而造成的损失，如停工损失、失去销售机会的损失、经营信誉的损失、紧急采购的额外开支等。缺货成本用 TC_s 表示。

4. 存货总成本

存货总成本表现为取得成本、储存成本及缺货成本三者之和，用 TC 表示存货总成本，其表达式为：

$$TC = TC_a + TC_c + TC_s$$

$$= F_1 + \frac{D}{Q} \times K + DU + F_2 + K_c \times \frac{Q}{2} + TC_s$$

二、存货决策

存货决策涉及四个方面的内容：决定进货项目、选择供应单位、决定进货时间和决定进货批量。决定进货项目和选择供应单位是销售部门、采购部门和生产部门的职责。财务部门的职责是决定进货时间和决定进货批量。按照存货管理的目标，需要通过合理的进货批量和进货时间，使存货的总成本最低，这个批量叫做经济订货量或经济批量。有了经济订货量，就容易找出最适宜的进货时间。

（一）基本经济批量模型

经济批量控制是最基本的存货定量控制方法，其目的在于决定进货时间和进货批量，以使存货的总成本最低。在这一决策过程中，基本经济批量模型（又叫经济订货量模型）有着广泛的应用。

基本经济批量模型的假设条件是：

（1）企业能及时补充存货，即需要订货时就可立即取得存货。在这一假设条件下，就不存在缺货成本。

（2）能集中到货，而不是陆续入库。

（3）需求确定且存货单价不变，不考虑现金折扣及数量折扣。

（4）企业现金充足，不存在因现金短缺而影响进货的问题。

（5）所需存货市场供应充足。

则 TC 的大小完全由订货变动成本和储存变动成本决定，不考虑 F_1、F_2、D、U、TC_s（因其均为常量），与批量有关的存货总成本的表达式为：

$$TC(Q) = \frac{D}{Q} \times K + K_c \times \frac{Q}{2}$$

在 D、K、K_c 为已知常数时，TC 大小仅取决于 Q。故 TC 对 Q 求导后并令其为零可求得：

经济订货批量 $Q^* = \sqrt{\dfrac{2DK}{K_c}}$

与经济订货批量相关的存货总成本 $TC(Q^*) = \dfrac{DK}{\sqrt{\dfrac{2DK}{K_c}}} + K_c \times \dfrac{\sqrt{\dfrac{2DK}{K_c}}}{2}$

$$= \sqrt{2DKK_c}$$

年度最佳订货次数 $N^* = \dfrac{D}{Q^*} = \dfrac{D}{\sqrt{\dfrac{2DK}{K_c}}} = \dfrac{DK_c}{2K}$

最佳订货周期 $T^* = \dfrac{1}{N^*} = \sqrt{\dfrac{2K}{DK_c}}$

经济订货量占用资金 $I^* = \dfrac{Q^*}{2} \times U = U \times \dfrac{\sqrt{\dfrac{2DK}{K_c}}}{2} = \sqrt{\dfrac{DK}{2K_c}} \times U$

【例7-5】某企业每年耗用甲种材料30 000千克，该材料单位成本为30元，单位储存成本为4元，一次订货成本600元。则

经济订货批量 $Q^* = \sqrt{\dfrac{2DK}{K_c}} = \sqrt{\dfrac{2 \times 30\,000 \times 600}{4}} = 3\,000$（千克）

与经济订货批量相关的存货总成本：

$TC\,(Q^*) = \sqrt{2DKK_c} = \sqrt{2 \times 30\,000 \times 600 \times 4} = 12\,000$（元）

年度订货次数 $N^* = \sqrt{\dfrac{DK_c}{2K}} = \sqrt{\dfrac{30\,000 \times 4}{2 \times 600}} = 10$（次）

年均订货间隔期 $= 360 \div 10 = 36$（天）

存货平均占用资金 $I^* = \dfrac{Q^*}{2} \times U = \dfrac{3\,000}{2} \times 30 = 45\,000$（元）

【小贴士】

相关总成本最小时的订货批量就是经济订货批量。此时变动性订货成本和变动性储存成本相等，将经济订货批量带入相关总成本公式得出最小相关总成本。

（二）有数量折扣的经济批量模型

销售企业为了鼓励客户购买更多的产品，有时当客户的采购批量达到一定数量时，会给予一定的折扣。在这种情况下，确定存货订购批量，不仅要考虑订货成本和储存成本，还要考虑采购成本。有数量折扣的经济订货批量一般按下列步骤进行决策：

（1）计算无数量折扣情况下的经济订货批量及其存货总成本；

（2）不同数量折扣的不同优惠价格，计算在不同批量下的存货总成本；

（3）比较经济订货批量与不同批量下的存货总成本，总成本最低的批量就是最佳订货批量。

【例7-6】某企业年需要乙材料60 000千克，采购价格为60元/千克，每次订货成本为300元，每件年储存成本为4元。供应商规定，如果一次订货达4 000千克，就可得到2%的价格折扣。要求：确定该企业采购乙材料的经济订货量。

（1）无价格折扣

经济订货批量 $Q^* = \sqrt{\dfrac{2DK}{K_c}} = \sqrt{\dfrac{2 \times 60\,000 \times 300}{4}} = 3\,000$（千克）

按经济批量计算的存货总成本为 $= 60\,000 \times 60 + \dfrac{3\,000}{2} \times 4 + \dfrac{60\,000}{3\,000} \times 300$

$$= 3\,612\,000\text{（元）}$$

（2）存在价格折扣

按取得折扣计算总成本 $= 60\,000 \times 60 \times (1 - 2\%) + \dfrac{4\,000}{2} \times 4 + \dfrac{60\,000}{4\,000} \times 300$

$$=3\ 540\ 500\ （元）$$

所以每次定购 4 000 千克时，存货的总成本可以降低，因此经济订货量是 4 000 千克。

【小贴士】

比较经济批量和不同数量折扣进货范围下限的相关总成本，最小的相关总成本对应的订货批量为经济订货批量。如果给予数量折扣的进货批量是一个范围，则按照给予数量折扣的最低订货批量计算存货相关总成本。例如：假设订货数量在 1 000 ~ 1 999 千克之间可以享受 2% 的价格优惠，此时应该按照 1 000 千克计算存货相关总成本。

（三）订货点的确定

通过制定经济订货量，就使得存货建立在经济合理的基础上。但由于生产不断进行，产品不断地销售，就必然使存货不断减少，所以必须正确确定在什么时候订货最适宜，也就是要确定所谓"订货点"。如果订货过早，会增加存货的储存量，造成积压；如果订货过迟，将会使存货储备减少。一旦供货不及时，就会影响生产，所以确定经济订货点是存货决策的重要方面。

影响订货点的主要因素除上述经济订货量之外，还有以下几个：

（1）正常消耗量。正常消耗量指产品在正常生产消耗过程中预计每天材料正常消耗量；

（2）提前期。提前期指从提出订货到收到订货的时间间隔；

（3）安全储备量。安全储备量指为了预防临时用量增大而多储备的存货量。

其计算公式为：

安全储备量 =（预计每日最大消耗量 - 平均每日正常消耗量）× 提前期

订货点 =（平均每日正常消耗量 × 提前期）+ 安全储备量

【例 7 - 7】某企业丙材料的年需要量为 7 200 千克，经济订货量为 3 000 千克，提前期为 10 天，平均每日正常消耗量为 20 千克（7 200/360），预计每天最大消耗量为 25 千克，则：

安全储备量 =（25 - 20）× 10 = 50（千克）

订货点 =（20 × 10）+ 50 = 250（千克）

也就是说，当丙材料库存量为 250 千克时，就要立即申请购货。

三、存货的存储期控制

无论是商品流通企业还是生产制造企业，其商品产品一旦入库，便面临着如何尽快销售出去的问题。即使不考虑未来市场供求关系的不确定性，仅是存货储存本身，就要求企业付出一定的资金占用费（如利息成本或机会成本）和仓储管理费。因此，尽力缩短存货储存时间，加速存货周转，是节约资金占用，降低成本费用，提高企业获利水平的重要保证。

企业进行存货投资所发生的费用支出，按照与储存时间的关系可以分为固定储存费与变动储存费两类。前者包括进货费用、包装费用、行政管理费用等，其金额多少与存货储存期的长短没有直接关系；后者包括存货资金占用的利息费、存货仓储管理费、仓储损耗等，其金额随存储期的变动成正比例变动。基于上述分析，可以将本量利的平衡关系式调整为：

企业利润＝销售毛利－固定储存费－销售税金及附加－每日变动储存费×储存天数

据此存货储存天数计算如下：

$$存货储存天数 = \frac{销售毛利 - 固定存储费用 - 销售税金及附加 \quad 企业利润}{每日变动存储费用}$$

可见，存货的储存成本之所以会不断增加，主要是由于变动储存费随着存货储存期的延长而不断增加，所以，利润与费用之间此增彼减的关系实际上是利润与变动储存费之间此增彼减的关系。这样随着存货储存期的延长，利润将日渐减少，当毛利扣除固定储存费和销售税金及附加后的差额，被变动储存费抵消到恰好等于企业目标利润时，表明存货已经到了保利期。当它完全被变动储存费抵消时，便意味着存货已经到了保本期。存货如果能够在保利期内售出，所获得的利润便会超过目标值；反之，将难以实现既定的利润目标。倘若存货不能在保本期内售出，企业便会蒙受损失。据此可得出存货的保本储存期、保利储存期计算式如下：

$$存货保本储存期 = \frac{销售毛利 - 固定存储费用 - 销售税金及附加}{每日变动存储费用}$$

$$存货保利储存期 = \frac{销售毛利 - 固定存储费用 - 销售税金及附加 - 目标利润}{每日变动存储费用}$$

【小贴士】

假设其他因素不变，只有存储期的变化，引起利润变化，则利润是存储天数的函数，得到基本公式；令利润为零，将基本公式变形，解出的储存天数就是存货保本储存期；令利润为目标利润，再将基本公式变形，解出的储存天数就是存货保利储存期。

【例7-8】某商品流通企业购进商品2 000件，单位进价（不含增值税）200元，单位售价220元（不含增值税），经销该批商品的一次费用为10 000元，若货款均来自银行贷款，年利率7.2%，该批存货的月保管费用率0.3%，销售税金及附加600元。要求：

（1）计算该批存货的保本储存期；

（2）若企业要求获得3%的投资利润率，计算保利期。

每日变动储存费＝购进批量×购进单价×日变动储存费率

$\qquad$＝2 000×200×（7.2%÷360＋0.3%÷30）＝120（元）

保本储存天数＝（销售毛利－固定储存费－销售税金及附加）÷日变动储存费

$\qquad$＝[（220－200）×2 000－10 000－600]÷120

$\qquad$＝245（天）

目标利润＝投资额×投资利润率

$\qquad$＝2 000×200×3%＝12 000（元）

保利储存天数＝（销售毛利－固定储存费－销售税金及附加－目标利润）÷每日变动储存费

$\qquad$＝[（220－200）×2 000－10 000－600－12 000]÷120＝145（天）

可见，通过对存货储存期的分析与控制，可以及时将企业的存货信息传输给经营决策部门，如有多少存货已过保本期或保利期，金额多大，比重多高，这样决策者就可以针对不同情况采取相应的措施。一般而言，凡是已过保本期的商品大多属于积压呆滞的存货，对此企业应当积极采取推销手段，减少库存，将损失降至最低；对超过保利期但未超过保本期的存货，应当首先检查销售状况，查明原因，是人为所致，还是市场行情已经逆转，有无变为过期积压存货的可能，若有则需尽早采取措施。至于那些尚未超过保利期的存货，企业也应密切监督、控制，避免发生损失。

四、存货的日常管理

存货日常控制是指在企业的日常生产经营过程中，对存货实物使用和资金周转进行组织、调节和监督。存货日常控制的主要方式是建立存货的归口分级管理制度。

（一）存货资金的统一管理

财务部门对存货实行统一综合管理，实现资金使用的综合平衡。财务部门对存货统一管理的重要内容包括：

（1）根据财务制度和企业具体情况，制定资金管理的各种制度。

（2）测算原材料、在产品、产成品的资金占用定额，汇总编制存货资金计划。

（3）将有关控制指标分别归口落实给供应、生产、销售等部门具体负责。

（4）对各部门资金运用情况进行检查、分析和考核。

（二）存货资金归口管理

根据物资管理和资金管理相结合的原则，每项物资由哪个部门使用，其资金就由哪个部门管理。资金归口管理的分工一般如下：

（1）原材料、燃料、包装物等占用的资金归物资供应部门负责。

（2）在产品和自制半成品占用的资金归生产部门管理。

（3）产成品占用的资金归销售部门负责。

（4）工具用具的占用资金归工具部门负责。

（5）修理用备件占用的资金归维修部门负责。

（三）存货资金的分级管理

各归口的管理部门要根据具体情况，将资金控制计划进行分解，分配给所属的仓库、车间、班组等基层单位，层层分解落实：

（1）原材料资金计划指标分解到供应计划、材料采购、仓库保管、整理准备等业务组管理。

（2）在产品资金计划指标分解给各车间、半成品库管理。

（3）产成品资金计划指标分解给仓库保管、成品发运、销售等业务组管理。

本章小结

营运资金是在企业生产经营活动中占用在流动资产上的资金，因此营运资金的管理就是流动资产的管理。流动资产管理主要包括对现金、应收账款、存货的管理。企业持有现金是为了满足对现金的交易需求、预防性需求以及投机需求，但过量持有现金会导致企业获利能力的降低以及安全性受到挑战，为此必须确定最佳的现金持有金额。可供采用的模型包括现金周转模型、存货模型、随机模型等。常用的现金管理策略主要包括力争现金流量同步、加速收款、推迟支付、利用现金"浮游量"等。企业持有应收账款的利益在于增加销售和降低存货占用，但相应地要承担机会成本、坏账成本和管理成本。为此，企业必须制定的信用政策主要包括信用标准、信用条件、收账政策三个方面，而信用条件又具体包括信用期限、现金折扣、折扣期限三个方面。企业持有存货的成本则包括取得成本、储存成本和缺货成本。存货决策主要涉及基本经济批量模型、有数量折扣的经济批量模型及订货点的确定。存货存储期控制中重点控制保本点的存储期和保利点的存储期。

复习思考题

一、单选题

1. 营运资金不具有的特点是（　　）。

A. 其周转具有短期性　　　　　　　B. 其实物形态具有易变动性

C. 其数量具有波动性　　　　　　　D. 其实物形态与价值形态的分离性

2. 利用成本分析模式确定最佳现金持有量时不予考虑的因素是（　　）。

A. 机会成本　　　　　　　　　　　B. 短缺成本

C. 现金与有价证券的转换成本　　　D. 管理费用

3. 下列各项中不属于应收账款成本构成要素的是（　　）。

A. 机会成本　　　B. 坏账成本　　　C. 管理成本　　　D. 短缺成本

4. 企业为满足交易动机而持有现金，所需考虑的主要因素是（　　）。

A. 企业销售水平的高低　　　　　　B. 企业临时举债能力的大小

C. 企业对待风险的态度　　　　　　D. 金融市场投机机会的多少

5. 以下各项与存货有关的成本费用中，不影响经济订货批量的是（　　）。

A. 专设采购机构的基本开支　　　　B. 采购员的差旅费

C. 存货存货资金占用费　　　　　　D. 存货保险费

二、判断题

1. 因为现金的管理成本是相对固定的，所以在确定最佳现金持有量时可以不考虑它的影响。　　　　　　　　　　　　　　　　　　　　　　　（　　）

2. 应收账款成本的大小，与其信用期限的长短呈同向变化，与其折扣期限呈反向变化。　　　　　　　　　　　　　　　　　　　　　　　　　（　　）

3. 持有较高的流动资产，称为宽松的流动资产投资政策，因其收益、风险均适中。　　　　　　　　　　　　　　　　　　　　　　　　　　　（　　）

4. 流动资产持有量的高低，影响着企业的收益和风险。　　　　　（　　）

5. 能够使企业的进货成本、储存成本和缺货成本之和最低的进货批量，便是经济进货批量。　　　　　　　　　　　　　　　　　　　　　　　（　　）

三、问答题

1. 简述营运资金的含义及特点？

2. 简述流动资产投资政策，不同流动资产投资政策风险与收益如何？

3. 简述现金的持有动机和持有成本？

4. 应收账款的作用是什么？

5. 简述应收账款的信用政策？

6. 存货的成本包括哪些？

四、计算题

1. 某企业全年需要现金 6 000 元，现金与有价证券的转换成本为每次 100 元，有价证券的利息率为 30%，则最佳现金余额是多少？

2. 某企业预计年度内赊销额为 960 000 元，平均收账期为一个月。变动成本率为 80%，资金利润率为 20%。企业现准备改变其信用政策，在不考虑坏账损失的情况下，有下表所示四种信用政策可供选择：

信用政策	信用期限（天）	年度赊销额（元）
A	45	1 120 000
B	60	1 320 000
C	75	1 240 000
D	90	1 260 000

要求：请确定企业应采用哪种信用政策最有利？

案例分析

维尔工业公司现行赊销条件为 40 天付款，若 10 天付款，折扣为 2%，坏账损失为毛销售额的 2%。有 98% 的顾客付款，其中 60% 的顾客 10 天内付款，享受折扣，另外 38% 的顾客 40 天内付款。公司的年毛销售额为 100 万美元，可变成本为销售额的 60%，应收款的筹资成本为 10%，固定资产足以使其销售额成倍增长。公司的财务经理计划将其赊销条件改为：60 天付款，若 20 天付款，折扣为 2%。估计这一变化将会使销售额增至 110 万美元。然而新销售额的坏账损失将为 3%，而原来销售额的坏账损失仅为 2%。预计在新的赊销条件下，75% 的客户在 20 天内付款，享有折扣，另外的 25% 客户将在 60 天内付款。

分析要求：

（1）原来的平均收账期及新的平均收账期为多少？

（2）计算公司应收款投资的增长变化？

（3）假如公司实施了财务经理提出的政策，但由于市场发生突然变化致使公司销售额只增加到 102.5 万美元，那么税前利润是多少？若销售额为 105 万美元，税前利润为多少？

（4）如果在原来的赊销条件、收账政策及销售水平上，公司经理决定缩短收账期限，赊销条件为 30 天付款，若 10 天付款，折扣为 2%，坏账损失仍保持在毛销售额的 2%，预期的客户付款比率仍为 60% 和 40%，但是毛销售额为 90 万美元，请问这个决策是否可以接受？

第八章 收益管理

▶ **学习目标**

本章主要介绍收益管理的相关知识，学完本章应了解收益的含义，利润预测、利润计划的基本知识，利润分配的程序和原则以及影响因素，熟悉股利相关论、股利无关论，重点掌握固定增长股利政策、固定股利支付率政策、剩余股利政策、低正常股利加额外股利政策，了解股票分割和股票回购的基本原理及法律规定等。

收益是衡量企业生产经营水平的一项综合性指标。企业收益的多少直接影响国家财政收入，同时也是企业扩大再生产和向投资者提供报酬的主要资金来源。收益管理的主要内容是收益形成管理及收益分配管理，因此，企业应当重视收益管理工作，不断提高企业的利润水平。

第一节 收益形成管理概述

一、收益的含义及其组成项目

企业收益是企业在一定时期内实现的盈亏总额，是企业最终财务成果的货币表现，它集中反映着企业各项生产经营活动的效益。企业一定时期的收益，通常以收益总额加以反映，也叫利润总额。利润总额若为正数，表示该企业为盈利企业；若为负数，则表示该企业为亏损企业。利润总额扣除所得税后的余额，称为净利润，是企业进行利润分配的基础。其计算公式为：

净利润 = 利润总额 − 所得税

企业利润总额包括营业利润、投资净收益及营业外收支净额。其计算公式为：

利润总额 = 营业利润 + 投资净收益 + 营业外收入 − 营业外支出

其中，营业利润的计算公式为：

营业利润 = 主营业务利润 + 其他业务利润 − 管理费用 − 财务费用 − 营业费用

其中：

主营业务利润＝主营业务收入－主营业务支出－主营业务税金及附加

其他业务利润＝其他业务收入－其他业务支出

投资净收益是指企业投资收益与投资损失的净额。投资收益和投资损失是指企业对外投资所取得的收益或发生的损失。投资收益扣除投资损失的数额，作为企业利润总额的构成项目。

投资收益包括投资分得的利润、股利和债券利息，投资到期收回或者中途转让取得款项高于账面价值的差额以及按照权益法核算的股权投资在被投资单位增加的净资产中所拥有的数额等。

投资损失包括对外投资到期收回或者中途转让取得款项低于账面价值的差额以及按照权益法核算的股权投资在被投资单位减少的净资产中所分担的数额等。

企业的营业外收入和营业外支出是指与企业生产经营无直接关系的各项收入和支出。其中，营业外收入包括：固定资产的盘盈和出售净收益、罚款收入、教育费附加返还款等。营业外支出包括：固定资产盘亏、报废、毁损和出售的净损失、非季节性和非修理期间的停工损失、职工子弟学校经费和技工学校经费、非常损失、公益救济性捐赠、赔偿金、违约金等。

【小贴士】由于营业外收入并非由企业经营活动所产生，不反映企业的经营成果。所以，它不必与成本费用相配比，可直接作为利润总额的组成部分。营业外支出虽然属于企业经营资金垫支的耗费，但其发生与企业经营收入没有内在的联系，不能与营业收入相配比，而必须用本期收入补偿，所以应作为利润总额的抵扣项目。

二、收益管理的要求

企业的盈利状况牵动着与企业有利害关系的各方面，企业的各项管理工作目的都是为了增加盈利，因此，收益管理是整个财务管理的中心，收益管理的要求有：

（一）树立正确的盈利观点

各类企业应该树立"社会营销导向观念"，把社会效益放在第一位。坚决反对唯利是图，为了盈利不择手段的做法。要遵守反暴利法、消费者权益保护法、环境保护法、反不正当竞争法等，做到合理合法盈利，不发不法之财、不义之财。只有这样，企业才能有发展的前途。

（二）努力增产节约，提高盈利水平

降低产品成本，是增加利润的根本途径，每个企业都应采取一些有效措施，控制费用开支，降低产品成本，以增加利润。

扩大产品品种，努力增加产量、提高质量，是增加利润的重要途径。在其他条件大体相同的情况下，企业生产销售的产品增多，就可以扩大销售收入，增加利润数额；在实行按质论价，优质优价的原则下，企业提高产品的质量，就可以获得较多的收入和利润。

此外，充分有效地使用资金，提高资金的利用效果，对于增加利润也有一定的影响。

因此，每个企业都应从以上几方面着手，从企业的实际出发，努力提高各个方面的工作质量，充分挖掘内部潜力，不断提高盈利水平。

（三）严格执行财经纪律

企业要增加盈利必须从全局利益出发。企业在安排生产任务时，不能只愿意生产产值大、利润高的产品，而不愿意生产社会所迫切需要的、但产值小、利润低的产品。企业应注意不断扩大品种，努力提高质量，不能为了增加利润而偷工减料、粗制滥造，更不能违反国家物价政策及财经纪律，任意提高产品销售价格。总之，企业必须认真开展技术革新，加强经济核算，通过正当途径增加企业盈利，绝不能搞歪门邪道，弄虚作假，损害国家和人民的利益。

（四）实行利润目标管理

为了加强利润管理，企业在计划年度开始之前，应当进行利润预测，制定出切合实际的利润目标。

为了实现利润目标，企业应当完善内部经营管理责任制，将利润目标和其他相关经济技术指标进行分解，落实到有关职能部门、车间和个人，以明确各自应负的经济责任，并和奖罚相结合，以动员各方面力量，保证利润目标的顺利实现。

三、利润预测

利润预测是运用一定的科学方法，结合影响利润增减的有关因素，进行调查、研究和分析计算，来预计企业利润的增减趋势，对未来的利润水平做出的判断和估计。利润预测是财务预测的核心。预测的过程是一个非常重要而复杂的程序，一般是在考虑企业发展战略、市场需求状况、企业过去利润增长的实际情况、同行业平均利润水平及本企业未来发展对利润的影响的基础上进行预测。

按照企业利润总额的组成内容，企业的利润预测应当包括：

（一）营业（销售）利润的预测

营业利润预测是对计划期内企业的营业利润水平及实现的途径进行的预测。营业利润（销售利润）是企业利润总额的主要组成部分，搞好营业利润的预测，对于保证利润目标的实现有十分重要的意义。

1. 产品销售利润的预测

在企业利润总额中，产品销售利润占有绝大比重，产品销售利润的高低，会直接影响企业的利润水平。因此，企业应当合理的预测产品目标销售利润，来加强目标利润的管理。

产品目标利润的制定方法一般有上加法、比例法和量本利分析法等，现分别加以说明如下：

（1）上加法

上加法，又称目标利润法，是指在商品销售收入一定的情况下，根据目标成本、销售费用和既定的税率来确定目标利润的方法。

【例8-1】某企业税后利润中法定盈余公积金提取率为10%，公益金工%，计划以资本金的15%向投资者分配利润，安排未分配利润60万元，企业资本金10 000万元，所得税率33%。则计算如下：

年计划可分配利润 = 10 000 × 15% + 60 = 1 560（万元）

$$年计划税后利润 = \frac{1\ 560}{1 - 10\% - 8\%} = 1\ 902.439（万元）$$

$$目标利润总额 = \frac{1\ 902.439}{1 - 33\%} = 2\ 839.46（万元）$$

（2）比例测算法

比例测算法是根据利润同其相关指标的比率关系来测算目标利润的方法。常用的利润率指标有销售收入利润率、成本利润率、资金利润率等。目标利润的测算公式为：

产品目标销售利润 = 预计产品销售收入（销售成本、资金平均占用额等）× 销售（成本、资金）利润率

上述公式中的各种利润率指标，应以基期实际利润率为依据，并考虑预测期可能变化的情况加以调整。当预测期和基期产品结构发生较大变动时，应分别新产品（不可比产品）和老产品（可比产品）进行测算。对老产品利润率的调整应考虑以下因素：①扣除预测期不再生产产品的销售利润和销售收入（或成本等）。②基期内曾经调整过售价和税率的产品，应按变动后的售价和税率调整其销售利润。③估计和测算预测期售价、成本、税率等因素变动对利润的影响，调整产品基期利润率，再据以测定预测期目标利润。

对新产品有关利润率的预计，可采用以下方法：①参照可比产品利润水平。如果新产品的原材料消耗、劳动效率、技术水平等情况与可比产品接近，可比照同类可比产品利润率确定。②选用先进标准。可根据同类产品的国内外、同行业先进利润水平，结合企业情况加以确定。③按协议规定利润率。如果新产品是与用户协商定价的，可按双方协议规定的利润率计算。

（3）量本利分析法

量本利分析法是利用业务量与固定成本、变动成本、销售税金之间的变动规律

对目标利润进行预测的方法。

这种方法的具体做法是：首先，应在充分进行市场预测的基础上，科学预测商品销售量（额）。其次，将成本划分为变动成本与固定成本，凡是随商品销售量（额）变化而变化的成本为变动成本。凡是不随商品销售量（额）变化而变化的成本为固定成本。变动成本与商品销售量（额）的变化密切相关，商品销售量（额）高，变动成本随之增高；商品销售量（额）低，变动成本随之降低，在成本额中表现为变量。固定成本不随着商品销售量（额）变化而变化，通常表现为一个常量。然后，进行边际利润率、固定成本和变动成本的预测分析，确定目标利润。

【小贴士】固定成本和变动成本的区分不是绝对的，而是有条件的。这个条件在管理会计中称为相关范围。即"在一定期间和一定业务量范围内"，也就是说固定成本的"固定性"和变动成本的"变动性"不是绝对的，而是有限定条件的，或者说是有范围的。在管理会计中，把不会改变固定成本和变动成本性态的有关期间、业务量的特定变动范围称为广义的相关范围，把业务量因素的特定变动范围称为狭义的相关范围。

实现税前目标利润的模型如下：

目标利润＝实现目标利润的销售量×（单价－单位变动成本）－固定成本

即：实现目标利润的销售量＝（目标利润＋固定成本）/单位产品贡献毛益

上述模型表明，企业产品销售在补偿了固定成本（达到盈亏临界点）后，需要怎样的销售量才能实现目标利润。同样，实现目标利润的销售量也可以用金额来表示，即实现目标利润的销售额，只需将上式的等号左右都乘以产品的单价，即

实现目标利润的销售额＝（目标利润＋固定成本）/贡献毛益率

【例8－2】设某企业生产和销售单一产品，产品单价为50元，单位变动成本为25元，固定成本为50 000元。如目标利润为40 000元，则有

实现目标利润的销售量＝（40 000＋50 000）/（50－25）＝3 600（件）

$$实现目标利润的销售额 = \frac{40\,000 + 50\,000}{\dfrac{50-25}{50}} = (40\,000 + 50\,000)/50\%$$

$$= 180\,000（元）$$

2. 其他销售利润的预测

由于企业其他销售业务比较零散，发生数额不大，一般可采用简便的比例测算法加以预测。即按预计的其他业务销售收入和上年其他销售收入利润率及其变动情况，测算出计划年度的其他销售利润。其计算公式为：

其他销售利润计划额＝预测期其他销售收入计划额×（上年其他销售收入利润率±预计其他销售利润率升降%）

【例8-3】某厂上年其他销售收入为 40 000 元，其他销售利润为 6 000 元，计划年度预计实现其他销售收入 45 000 元，其他销售收入利润率将比上年提高 1% 。则：

预计其他销售利润 = 45 000 × （6 000 ÷ 40 000 + 1%）= 7 200 （元）

3. 管理费用和财务费用的预测

由于管理费用和财务费用直接计入当期损益，其变化会直接影响利润的高低。因此，应根据企业上年管理费用和财务费用的发生情况和预测年度的变化趋势加以科学的预测。

（二）投资净收益的预测

投资净收益的预测是对企业未来时期投资所实现收益进行的预测。应当在分析上年投资收益实现情况的基础上，根据预测期对外投资总额及其可能引起投资收益发生变化的因素，对未来的投资收益做出较合理的估计。一般包括：①测算对外投资可分得的利润、股利和债券利息。应根据企业对外投资的种类、数额及其相应的获利水平分别加以测算。②测算投资到期收回和中途转让可能发生的损益。企业对外投资到期收回或因特殊原因中途转让，所取得的款项会高于或低于账面价值，从而引起对外投资损益的发生。企业应根据预测其可能发生的损益进行预测。③测算按权益法计算的股权投资在被投资单位增减的净资产中所承担的

数额而引起的投资损益。由于该部分损益主要受被投资单位经营情况的影响，本企业只能做出大概的估计。

（三）营业外收支的预测

营业外收支项目一般由国家统一规定，非经有关部门批准，企业不得自行变更。尤其是对营业外支出项目，要严格按国家规定分项确定，企业不能任意增设和扩大营业外支出范围。因此，对营业外收支的预测，主要是对其中可以事先预计的项目进行以上几个方面的预测结果加以汇总，即可确定出计划期企业利润总额的预计额。

四、利润的计划管理

（一）利润计划的编制

进行利润预测之后，下一步的工作就是在众多的预测方案基础上编制利润计划。利润计划是企业计划中最重要的计划，它为员工提出工作目标，激励员工为实现这个目标而努力。

编制利润计划，一般是先根据产品销售收入计划、产品销售成本与销售费用计划、产品销售税金及附加计划，计算出产品销售利润计划，然后用同样的方法计算出其他销售利润计划。再用这二者减去管理费用和财务费用预算，计算出全部销售利润计划。最后，用销售利润计划加上投资净收益计划，减去营业外收支净额计划，

计算出利润总额计划。

（二）利润计划的分解、落实与完成

编制好利润计划只是第一步，更重要的是落实、实现计划。为保证利润计划实现，要对整个企业实行目标管理。具体措施为：如果下属单位是利润中心，可把企业总目标利润分解下达分解到各车间，把期间费用控制指标下达到企业的有关管理机构，销售收入计划落实到销售部门。另外，将"其他销售利润计划"下达到附营业务部门，将投资净收益计划下达到投资中心，营业外收支净额计划也要下达到职工子弟学校、技工学校等单位。这样就把责任落实到了各部门，提高了各部门的积极性。在计划的执行过程中，财务部门要利用会计、统计资料掌握有关利润的各项计划的完成进度，进行有效的监督和检查。计划期过后，要对各单位计划完成情况进行考核、评比，做到奖罚分明。

第二节　收益分配管理概述

企业收益分配是指企业对实现的净利润的分配，其实质是确定给投资者分红与企业留存收益的比例，它关系着国家、企业、职工及所有者等各方面的利益，必须严格按照国家的法律和制度执行。广义的收益分配是指对企业的收入和利润进行分配的过程；狭义的收益分配则是指对企业净利润的分配。本节所讨论的收益分配是指净利润的分配，即狭义的收益分配概念。

一、收益分配的原则和程序

（一）收益分配的原则

收益分配要兼顾与企业有关的相关各方利益，因此在进行利润分配时应遵循以下原则：

1. 依法分配原则

企业的收益分配必须依法进行，《公司法》、《企业财务通则》等明确规定了企业利润分配时的法律规章制度，这些法规规定了企业收益分配的基本要求、一般程序和重大比例，企业应认真执行，不得违反。

2. 资本保全原则

企业的收益分配必须以资本的保全为前提。企业的收益分配是对投资者投入资本的增值部分所进行的分配，不是投资者资本金的返还。把企业的资本金进行分配，属于一种清算行为，而不是收益的分配。企业必须在有可供分配留存收益的情况下进行收益分配，只有这样才能充分保护投资者的利益。

3. 兼顾各方面利益原则

收益分配是利用价值形式对社会产品的分配，直接关系到有关各方的切身利益。除依法纳税以外，投资者作为资本投入者、企业所有者，依法享有利润分配权。职工作为利润的直接创造者，除了获得工资及奖金等劳动报酬外，还要以适当方式参与净利润的分配。企业进行收益分配时，应统筹兼顾，合理安排，维护投资者、企业与职工的合法权益。

4. 分配与积累并重原则

企业进行收益分配，应正确处理长远利益和近期利益的辩证关系，将两者有机地结合起来，坚持分配与积累并重。企业通过内部积累不仅为扩大再生产筹措了资金，同时也可增强抵抗风险的能力，提高经营的安全系数和稳定性，也有利于增加所有者的回报，还可以达到以丰补歉、平抑利润分配数额波动幅度、稳定投资报酬率的效果。

5. 投资与收益对等原则

企业分配收益应当体现"谁投资谁受益"、受益大小与投资比例相适应，即投资与受益对等原则，这是正确处理投资者利益关系的关键。投资者因其投资行为而享有收益权，并且其投资收益应同其投资比例相等。这就要求企业在向投资者分配利益时，应本着平等一致的原则，按照各方投入资本的多少来进行分配。

（二）收益分配程序

按照《公司法》等法律、法规的规定，企业当年实现的利润总额，应按照国家有关规定作相应调整后，依法缴纳所得税，然后按下列顺序分配。

1. 弥补以前年度亏损

我国法律规定，企业发生的年度亏损，可以用下一年度的税前利润进行弥补；下一年度利润不足弥补的，可以用未来五年内的所得税税前利润延续弥补；延续五年未弥补完的亏损，用缴纳所得税之后的利润弥补。税后利润弥补亏损的资金有未分配利润和盈余公积金。企业未清算之前，注册资本和资本公积金不能用于弥补亏损。

2. 提取法定盈余公积金

按照《公司法》等法律、法规的规定，法定公积金的提取比例为当年税后利润（弥补以前年度亏损后）的10%，法定公积金达到注册资本的50%时，可不再提取。公司提取的法定盈余公积金可用于弥补亏损和增加企业的注册资本。

3. 提取任意公积金

企业从税后利润中提取法定公积金后，经股东会或者股东大会决议，还可以从税后利润中提取任意公积金。其目的是为了控制向投资者分配利润的水平以及调整各年利润分配的波动，任意公积金计提的基数与盈余公积金计提基数相同，计提比例由股东大会自主确定。

4. 向投资者分配利润或股利

净利润扣除上述项目后，再加上以前年度的未分配利润，即为可供普通股分配的利润，企业应按"同股同权、同股同利"的原则，向普通股股东支付股利。如企业以前年度长期亏损而未向股东分配股利，可以在用盈余公积弥补亏损后，经股东大会特别决议，可按照不超过股票面值6%的比率用盈余公积支付股利，但支付股利后留存的盈余公积不得低于公司注册资本的25%。

二、收益分配政策

（一）定义

收益分配政策是指管理当局对收益分配相关事项所作出的方针和策略，对股份公司而言，称为股利政策。收益分配政策实际上是对税后利润的分配政策，正确的收益分配在一定程度上决定企业对外再筹资能力，决定企业市场价值的大小。

（二）股利分配基本理论

股利分配作为公司收益分配的一个重要方面，无疑应服从收益分配目标，即体现公司价值最大化的要求，然而，有关股利分配是否影响公司价值问题，理论界存在着不同观点：一种观点认为股利分配政策的选择不影响公司价值，即股利无关论；另一种观点则认为股利分配政策的选择会影响公司价值，即股利相关论。

1. 股利无关论

1961年，美国财务专家米勒（Miller）和莫迪格莱尼（Modigllani）提出了MM理论。该理论认为，在一定假设条件确定下，股利政策不会对公司的价值或股票的价格产生影响，即股利政策与公司价值无关，企业的价值完全是由企业本身的未来获得能力和风险水平所决定的，它取决于企业的投资政策，而不是取决于股利分配比例的高低。在企业当期实现利润一定的情况下，如果企业发放较高的股利给股东，为了保持目标资本结构，企业就不得不发行更多的股票，使支付股利对股票价格所产生的积极影响完全被增发股票的代价所抵消。对投资者而言，即使企业不发放股利，投资者也完全可以靠出售部分股票的方式来套取现金。因此，股东对股利和资本利得无任何偏好。

MM理论是建立在"完美且完全的资本市场"这一严格假设前提基础上的，这一假设包括：①市场无摩擦，即不存在交易成本或者交税。②所有的参与者对于资产价格、利率以及其他经济要素都具有相同的预期。③市场的进入与退出是自由的。④信息是无成本的，并且可以同时传递给所有的市场参与者。⑤拥有大量的市场参与者，没有任何人占据支配地位。但现实的资本市场并不像MM理论所描述的那样完善，且构成该理论的主要假设都缺乏现实性，因此又出现了与之相反的理论——

股利相关论。

2. 股利相关论

股利相关论认为，公司的股利政策会影响到股票价格，该理论的流派较多，主要观点包括以下几种。

（1）股利重要论。股利重要论又称"一鸟在手"理论，这一理论来源于英国的格言"双鸟在林，不如一鸟在手"，由万伦·弋登和约翰·林特纳首次提出。该理论认为用留存收益再投资带给投资者的收益具有很大的不确定性，并且投资风险随着时间的推移将进一步增大。因此，投资者更喜欢现金股利，而不大喜欢将利润留给公司。这是因为：对投资者来说，现金股利是"在手之鸟"，而公司留利则是"林中之鸟"，随时都可能飞走。在投资者的眼里，股利收入要比由留存收益带来的资本收益更可靠。所以投资者更愿意投资派发高股利的股票，从而导致该类股票价格上涨。

（2）信息效应理论。该理论认为，支付股利是在向投资者传递企业的某种信息，因为投资者与企业管理者存在着明显的信息不对称。市场通常将股利增长看作利好消息，这意味着公司有较好的前景。相应地，股利降低通常认为是不好的消息，意味着公司的前景令人沮丧。因此，发放高现金股利的股票一般会受到投资者的青睐，股票价格相应会上涨；反之，发放低现金股利或不发放现金股利的股票，往往受到投资者的质疑，并被认为企业盈利能力差或未来的经营前景不好，以致投资者抛售股票，从而使股票价格下降。

（3）代理理论。该理论认为，公司发放现金股利需要在资本市场上筹集资金，所以高股利支付率可以迫使公司接受资本市场的监督，从而在一定程度上降低代理成本。现代企业中，所有者与经营者之间是一种委托代理关系，股利政策有助于减缓管理者与股东之间以及股东与债权人之间的代理冲突。股利政策对管理者的这种约束体现在两个方面：首先，从投资角度来看，当公司存在大量自由现金时，管理者通过股利发放不仅减少了因过度投资而浪费资源，而且有助于减少管理者潜在的代理成本，从而增加公司价值（这样可解释股利增加与股价变动正相关的现象）；其次，从融资角度来看，公司发放股利减少了内部融资，导致进入资本市场寻求外部融资，从而可以经常接受资本市场的有效监督，这样通过加强资本市场的监督而减少代理成本。因此，在投资规模一定的前提下，公司发放的现金股利越多，需要在资本市场上筹集的资金也越多，高股利支付率迫使公司接受资本市场的监督，从而在一定程度上降低代理成本。

（4）税收效应理论。该理论认为，投资者获取现金股利和资本利得需要缴纳相应的税收，当两者的税负存在显著差异时，税负差异会成为影响股利形式的相当重要的因素。在许多国家的税法中，长期资本利得率要低于股利收益税率，投资者自然喜欢公司少支付股利而将较多的收益留下来作为再投资使用,以期提高股票价格,把股利转化为资本利得。同时,为了获得较高的预期收益,投资者愿意接受较低股票必要报酬率,根据这种理论,只有采取低股利和推迟股利支付的政策,才有可能使公司的股价上涨。

在现实环境中,公司的股利分配政策受到多种因素的影响,而股利相关论的几种观点都只是从某一特定角度来解释股利政策和股价之间的关系,因此分析都不够全面。

三、收益分配政策影响因素

收益分配政策的确定受到各方面因素的影响,一般来说,应考虑的主要因素有以下几方面。

(一)法律法规因素

为了保护债权人和股东的利益,国家有关法规如《公司法》对企业利润分配予以一定的硬性限制。这些限制主要体现为以下几个方面。

1. 资本保全约束

资本保全是企业财务管理应遵循的一项重要原则。它要求企业发放的股利或投资分红不得来源于原始投资(或股本),而只能来源于企业当期利润或留存收益。资本保全的目的是为了防止企业任意减少资本结构中所有者权益(股东权益)的比例,以维护债权人利益。

2. 资本积累约束

资本枳累约束要求企业在分配收益时,必须按一定的比例和基数提取各种公积金。只有当公司提取的公积金累计数额达到注册资本的 50% 时才可以不再计提。这一规定的目的是增加企业抵御风险的能力,维护投资者的利益。另外,它要求在具体的分配政策上,贯彻"无利不分"原则,即当企业出现年度亏损时,一般不得分配利润。

3. 偿债能力约束

偿债能力是指企业按时足额偿付各种到期债务的能力。现金股利需用企业现金支付,而大量的现金支出必然影响企业的偿债能力。因此,企业在确定股利分配数量时,一定要考虑现金股利分配对企业偿债能力的影响,如果企业已经无力偿还债务或因发放股利将极大地影响企业的偿债能力,则不能分配股利。

4. 超额累积利润约束

由于资本利得与股利收入的税率不一致,投资者接受股利缴纳的所得税要高于进行股票交易的资本利得所缴纳的税金,企业通过积累利润来提高其股票价格,则可使股东避税。有些国家的法律禁止企业过度积累盈余,如果一个企业的盈余积累大大超过企业目前及未来投资的需要，则可看做是过度保留，将被加征额外的税款。我国法律目前对此尚未作出规定。

（二）公司因素

公司的生产经营需要不断地进行筹资、投资，尤其是现金流量的质量对公司的生存至关重要，因此收益分配对公司经营意义重大，需要考虑以下自身因素来确定收益分配政策。

1. 资产的流动性

保证企业正常的经营活动所需的现金是确定利润分配政策的最重要的限制因素。企业资金的正常周转，如同人体中的血液，对企业生产经营至关重要。因为现金股利支付是一项较大的现金流出，过度的股利分派将会影响到维持企业正常生产经营所必需的资产流动性。企业在进行利润分配时，必须充分考虑企业的现金流量，而不仅仅是企业的净收益。因此，如果企业的资产流动性差，即使收益可观，也不宜分配过多的现金股利。

2. 未来投资机会

企业的收益分配政策受其未来投资需求的影响。如果企业拥有较多的投资机会，而且投资收益大于投资者期望收益率时，那么它往往倾向于将应分配的收益用于再投资，减少分红数额。如果企业缺乏良好的投资机会，那么保留大量盈余只会造成资金的闲置，可适当增大分红数额。因此，处于成长中的企业多采取低股利的政策，而陷于经营收缩的企业多采取高股利政策

3. 举债能力

企业收益分配政策受其举债能力的限制。如果企业具有较强的筹资能力，随时能筹集到所需资金，那么企业实现的利润就可以更多地向所有者分配；而对于一个筹资能力较弱的企业而言，宜保留较多的盈余。

4. 资产的流动性

企业现金股利的支付能力，在很大程度上受其资产变现能力的限制。企业资产的流动性低，就缺乏充足的现金用于利润分配。如果一个企业的资产有较强的变现能力，现金的来源较充裕，则其股利支付能力也比较强。

5. 盈利的稳定性

企业的利润分配政策在很大程度上会受其盈利稳定性的影响。一般来讲，一个企业的盈利越稳定，则其股利支付水平也就越高。

6. 筹资成本

留存收益是企业内部筹资的一种重要方式，它同发行股票或举债相比，具有成本低的优点。因此，很多企业在确定利润分配政策时，往往将留存收益作为首选的筹资渠道，特别是在负债资金较多、资本结构欠佳的时期。

（三）股东因素

企业的一个重要的财务目标就是实现股东财富的最大化，因此，在制定收益分配政策时，必须充分考虑大部分股东的意愿，股东在收入、控制权、税赋、投资机会等方面的考虑会对企业的收益分配政策产生影响。

1. 收入的稳定性

有的股东依赖企业发放的现金股利维持生活，他们往往要求企业能够支付稳定的股利，反对企业留存过多的收益。另外，有些股东认为凭借留存利润使企业股票价格上升而获得资本利得，具有较大的不确定性，取得现实的股利比较可靠，因此，这些股东也会倾向于多分配股利。

2. 控制权的稀释

企业的留存收益是其内部融资的重要渠道之一，如果将大部分的盈利以股利的形式发放出去，当企业为有利可图的投资机会筹集所需资金，而外部又无适当的筹资渠道可以利用时，可能会有新的股东加入到企业中来，而打破目前已经形成的控制格局，就有可能导致现有股东的控制权被稀释。因此，这些公司的股东往往会将股利政策作为维持其控制地位的工具，通过限制股利的支付，保留较多的盈余而避免增发新股，以便从内部的留存收益中取得所需资金。

3. 纳税因素

企业的股利政策会受股东对税赋因素考虑的影响。一般来讲，股利收入的税率要高于资本利得的税率，很多高收入的股东会由于对税赋因素的考虑而偏好于低股利支付水平，以便从股价上涨中获利。

4. 股东的投资机会

股东的外部投资机会也是企业制定分配政策必须考虑的一个因素。如果企业将留存收益用于再投资的所得报酬低于股东个人单独将股利收入投资于其他投资机会所得的报酬，则股东会倾向于企业多发放股利给股东。

（四）债务合同与通货膨胀

1. 债务合同

为了保证自己的利益不受损害，债权人通常都会在企业借款合同、债券契约以及租赁合约中加入关于借款企业股利政策的条款，以限制企业股利的发放。这些限制条款经常包括以下几个方面：①未来的股利只能以签订合同之后的收益来发放，即不能以过去的留存收益来发放股利。②营运资金低于某一特定金额时不得发放股利。③将利润的一部分以偿债基金的形式留存下来。④利息保障倍数低于一定水平时不得发放股利。确立这些限制性条款的目的在于，促使企业把收益的一部分按有关条款要求的特定形式（如偿债基金等）进行再投资，以扩大企业的经济实力，从而保障借款的如期偿还，维护贷款人的利益。

2. 通货膨胀

通货膨胀会带来货币购买力水平下降及固定资产重置资金来源不足，此时，企业往往不得不考虑留用一定的利润，以便弥补由于货币购买力水平下降而造成的固定资产重置资金缺口。因此，在通货膨胀时期，企业一般会采取偏紧的利润分配政策。

第三节　收益分配政策

一、收益分配政策类型

收益分配政策是为指导企业收益分配活动而制定的一系列制度和策略，主要包括股利支付水平以及股利分配方式等内容。收益分配政策不同，会影响到企业当期现金流量和内部筹资的水平，并影响到企业筹资方式的选择。在理财实践中，公司经常采用的利润分配政策主要有固定或稳定增长的股利政策、固定股利支付率政策、剩余股利政策、低正常股利加额外股利政策四种。

（一）固定股利或稳定增长的股利政策

1. 概念

固定股利或稳定增长的股利政策是指公司将每年派发的股利额长期维持在某一特定水平或是在此基础上维持某一固定比率，并逐年稳定增长。这种股利政策短期看股利支付具有固定性，长期看股利支付具有稳定增长性，因而又称阶梯式的股利政策。只有在确信公司未来的盈利增长不会发生逆转时，才会宣布实施固定或稳定增长的股利政策。采用该政策的依据是股利重要理论和信号效应理论。

2. 固定股利或稳定增长股利政策的评价

（1）固定股利或稳定增长股利政策的优点。该政策对稳定股价有利，具体来说优点如下：首先，稳定的股利向市场传递着公司未来经营前景将会更好的信息，有利于公司树立良好的形象，消除投资者内心的不确定性，增强投资者信心，进而有利于稳定公司股价。其次，有利于投资者安排收入与支出，稳定的股利尤其吸引那些打算作长期投资的股东，这部分股东希望其投资的获利能够成为其稳定的收入来源，以便安排各种经常性的消费和其他支出。最后，有助于预测现金流出量，便于公司资金调度和财务安排。

（2）固定股利或稳定增长股利政策的缺点。首先，股利的支付与盈余相互脱节。由于要求保持一个固定的股利支付水平，因此容易给企业的财务运行带来压力，不能体现多盈多分、少盈少分的一般分配原则。当公司盈余较低时，稳定不变的股利可能会成为公司的一项财务负担，导致公司资金短缺，财务状况恶化，从而影响公司的发展。其次，该政策没有考虑未来的投资机会，若企业资金短缺，留存收益不足以满足投资需要，企业必须以外部融资方式筹集资金，造成资金成本较高。

采用固定或稳定增长的股利政策，要求公司对未来的盈利和支付能力作出较准确的判断。一般来说，公司确定的固定股利额不应太高，要留有余地，以免陷入公司无力支付的被动局面。固定或稳定增长的股利政策一般适用于经营比较稳定或正处于成长期的公司，且很难被长期采用。

（二）固定股利支付率政策

1. 概念

固定股利支付率政策是指公司将每年净收益的某一固定百分比作为股利分派给股东。这一百分比通常称为股利支付率。固定股利支付率越高，公司留存的净收益比重越少。在这一股利政策下，只要公司的税后利润一经计算确定，所派发的股利也就相应确定了，各年股利支付额随企业经营状况的好坏而上下波动。固定股利支付率政策的理论依据是股利重要理论。

2. 固定股利支付率政策的评价

（1）固定股利支付率政策的优点。由于保持了股利与利润之间的一定比例关系，股利与公司盈余紧密地配合，体现了多盈多分、少盈少分、无盈不分的股利分配原则，因此该政策做到了风险投资与风险收益对等，公平地对待每一位股东。

（2）固定股利支付率政策的缺点。①不利于树立公司良好的形象。大多数公司每年的收益很难保持稳定不变，如果公司每年收益状况不同，固定支付率的股利政策将导致公司每年股利分配额的频繁变化。而波动的股利向市场传递的信息就是公司未来收益前景不明确、不可靠等，很容易给投资者带来公司经营状况不稳定、投资风险较大的不良印象。②容易使公司面临较大的财务压力。因为公司实现的盈利越多，一定支付比率下派发的股利就越多，但公司实现的盈利多，并不代表公司有充足的现金派发股利，只能表明公司盈利状况较好而已。如果公司的现金流量状况并不好，却还要按固定比率派发股利的话，就很容易给公司造成较大的财务压力。③缺乏财务弹性。股利支付率是公司股利政策的主要内容，模式的选择、政策的制定是公司的财务手段和方法。在不同阶段，根据财务状况制定不同的股利政策，会更有效地实现公司的财务目标。但在固定股利支付率政策下，公司丧失了利用股利政策的财务方法，缺乏财务弹性。④合适的固定股利支付率的确定难度大。固定股利支付率如果确定得较低，不能满足投资者对现实股利的要求；如果确定得较高，则企业发展需要大量资金时，又要受其制约。

由于该种政策缺乏财务弹性，实务中，采用固定股利支付率政策的企业较少，该政策只是比较适用于那些处于稳定发展且财务状况也较稳定的公司。

（三）剩余股利政策

1. 概念

剩余股利政策是指在公司有良好的投资机会时，根据一定的目标资本结构（最佳资本结构），测算出投资所需要的权益资本，先从盈余当中留用，然后将剩余的盈余作为股利予以分配。剩余股利政策的理论依据是 MM 股利无关理论。

2. 剩余股利政策的基本步骤

（1）确定目标资本结构（最优资本结构），根据公司的投资计划确定公司的最佳资本预算。

（2）根据公司的目标资本结构及最佳资本预算预计公司资金需求中所需要的权益资本数额。

（3）尽可能用留存收益来满足资金需求中所需增加的股东权益数额。

（4）留存收益在满足公司股东权益增加需求后，如果有剩余再用来发放股利。

在这种分配政策下，投资分红额（股利）成为公司新的投资机会的函数，随着投资资金的需求变化而变化。只要存在有利的投资机会，就应当首先考虑其资金需要，然后再考虑公司剩余收益的分配需要。

【小贴士】剩余股利政策中的"剩余"是指首先满足最优资本结构下的投资项目资金需求后的剩余盈利，不是指"已提取公积金的税后净利全部满足投资项目的需求后的剩余盈利"。

【例 8-4】天元公司 2010 年度提取了公积金后的净利润为 1 000 万元，第二年的投资计划所需资金 800 万元，该公司的目标资金结构为自有资金占 60%，借入资金占 40%。按照目标资金结构的要求，该公司投资所需的自有资金数额为：

$800 \times 60\% = 480$（万元）

按照剩余政策的要求，该公司当年可向投资者分红数额为：

$1\ 000 - 480 = 520$（万元）

假设该公司当年流通在外的普通股为 100 万股，则每股股利为：

$520 \div 100 = 5.2$（元/股）

3. 剩余股利政策的评价

剩余股利政策的优点是：留存收益优先保证再投资的需要，从而有助于降低再投资的资金成本，保持最佳的资本结构，实现公司价值的长期最大化。

剩余股利政策的缺点是：如果完全执行剩余股利政策，股利发放额就会每年随投资机会和盈利水平的波动而波动。即使在盈利水平不变的情况下，股利也将与投资机会的多寡呈反方向变动：投资机会越多，股利越少；反之，投资机会越少，股利发放越多。而在投资机会维持不变的情况下，股利发放额将因公司每年盈利的波动而同方向波动。剩余股利政策不利于投资者安排收入与支出，也不利于公司树立良好的形象。

在实际工作中，很少有企业长期奉行剩余股利政策。通常是那些处于初创时期的企业，在确保投资机会的预计报酬高于投资者必要报酬率并且政策的实施能为投资者所接受时才采用剩余股利政策。

（四）低正常股利加额外股利政策

1. 概念

低正常股利加额外股利政策是指公司事先设定一个较低的正常股利额，每年除了按正常股利额向股东发放现金股利外，还在公司盈利情况较好、资金较为充裕的年度向股东发放高于每年度正常股利的额外股利。低正常股利加额外股利政策的依据是股利重要理论。

【小贴士】这种股利政策事先确定了正常股利，通常数额较低；而额外发放的股利也需要根据企业经营的实际情况来确定发放的比例，该比例并不是固定不变的，有的年度可以定得高些，有的年度可以定得低些。

2. 低正常股利加额外股利政策的优缺点

该政策的优点主要有：

首先，灵活性强，具有较大的财务弹性。由于该政策确定的正常股利数额较低，所以在企业经营困难或投资所需资金量较大时，也能够保证按照事先确定的数额发放股利；当企业经营较好时，结合投资、筹资的资金需要，选择合适的额外发放股利比率，使公司在股利发放上具有很强的灵活性，能够在财务上保持较好的财务弹性。

其次，有助于企业树立良好的形象。由于公司保证即使在最差的经营情况下，也能够按照既定承诺的股利水平发放正常股利，使投资者保持一个稳定的收益，这有助于公司股票价格的稳定。而当经营状况允许发放额外股利时，额外股利信息的传递有助于公司股票价格的上涨，增强投资者的信心，因此，该政策有助于保护企业良好形象。

该政策也存在以下缺点：

首先，由于年份之间公司的盈利波动使得额外股利不断变化，或时有时无，造成分派的股利不同，容易给投资者以公司收益不稳定的感觉。

其次，当公司在较长时期持续发放额外股利后，可能会被股东误认为是"正常股利"，而一旦取消了这部分额外股利，传递出去的信号可能会使股东认为这是公司财务状况恶化的表现，进而可能会引起公司股价下跌的不良后果。

低正常股利加额外股利政策实质是固定股利政策和固定股利支付率政策的折中政策，既吸收了固定股利政策对股东投资收益的保障优点，同时又能够使股利与盈利相结合，所以，在资本市场上颇受投资者和公司的欢迎。

该股利政策一般适用于季节性经营公司或受经济周期影响较大的公司。

二、收益分配方案的确定

由于收益分配不但影响股东的利益，也会影响公司的正常运营以及未来的发展，收益分配方案一旦确定，对企业的影响是重大的，因此企业一定要做好收益分配方案的决策，综合考虑公司面临的各种具体影响因素，适当遵循收益分配的各项原则，以保证不偏离公司的目标。通常有以下几方面的内容：

（一）选择股利政策类型

由于各个企业自身的发展阶段不同、经济实力不同、经营业务性质不同，各种股利分配政策的适用范围不同，企业必须考虑它们的诸多影响之后才能确定出应选择的股利分配政策。在选择适合企业股利分配政策时，尤其需注意企业所处的经营发展阶段，经营发展阶段与企业股利分配政策选择之间有一定的规律可循。

一般来讲，企业的经营发展分为初创阶段、快速发展阶段、稳定增长阶段、成熟阶段和衰退阶段。在不同阶段，企业所选择的股利分配政策不同。

初创阶段，由于企业的经济实力薄弱，获利能力不稳定，企业的经营风险较高，融资能力差，而在此阶段却往往需要较多的投资，所以，在征得投资者同意的情况下，最佳的股利分配政策选择应该为剩余股利政策。

快速发展阶段，尽管企业的获利能力增强，有较多的现金净流量，但处在此阶段的企业往往也是投资需求大量增加阶段，为了既能满足投资者投资回报的要求又能满足投资所需资金安排的要求，企业最好采用低正常股利加额外股利政策。

稳定增长阶段，企业的获利能力稳定增长，净现金流入量增加，但处在此阶段的企业投资需求却相对减少。所以，为了避免造成过多留存收益的闲置，此阶段应采取固定或稳定增长股利政策。

成熟阶段，企业的获利水平稳定，在较长时间的经营过程中，企业此时通常都积累了一定的留存收益，企业的资本实力增强，基本不需追加投资，而且融资能力较强，所以，此阶段的企业可以采用固定股利支付率政策。

衰退阶段，企业的经营业务发展出现衰退，业务量锐减，企业的获利水平和现金流量水平都下降，企业开始着手新的项目投资策划，为了维持企业的资本结构和融资能力，此阶段的股利分配政策宜采用剩余股利政策。

（二）确定股利支付水平

股利支付水平通常用股利支付率来衡量。股利支付率是当年发放股利与当年净利润之比，或每股股利除以每股收益。股利支付率的制定往往使公司处于两难境地。低股利支付率政策虽然有利于公司对收益的留存，有利于扩大投资规模和未来持续发展，但显然在资本市场上对投资者的吸引力大大降低，进而影响公司未来的增资扩股。而高股利支付率有利于增强公司股票的吸引力，有助于公司在公开市场上筹措资金，但过高的股利分配率政策也会产生不利的影响，使公司的留存收益减少，给公司资金周转带来影响，加重公司财务负担。

是否对股东派发股利以及比率的高低，取决于公司对下列因素的权衡：①公司所处的成长周期。②公司的投资机会。③公司的筹资能力及筹资成本。④公司的资本结构。⑤股利信号传递功能。⑥贷款协议以及法律限制。⑦股东偏好。⑧通货膨胀等因素。

（三）确定股利支付形式

股份有限公司支付股利的基本形式主要有现金股利、股票股利、财产股利和负债股利等，后两种方式应用较少。我国有关法律规定，股份制企业只能采用现金股利和股票股利两种方式。

1. 现金股利

现金股利是股份公司以现金的形式发放给股东的股利。这是最常用的股利支付方式。发放现金股利的多少主要取决于公司的股利政策和经营业绩。公司选择发放现金股利主要出于三个原因：投资者偏好、减少代理成本和传递公司的未来信息。公司采用现金股利形式时，必须具备两个基本条件：①公司要有足够的未指明用途的留存收益。②公司要有足够的可以支付的现金。

由于现金具有较强的流动性，且现金股利还可以向市场传递一种积极的信息，因此，现金股利的支付有利于支撑和刺激企业的股价，增强投资者的投资信心。

2. 股票股利

股票股利是公司以增发股票的方式所支付的股利，我国实务中通常也称其为"红股"。由于股票股利是一种无形支付公司现金的股利支付方式，即以增发股票作为股利的代付手段，因而被上市公司广泛运用。从理论上讲，股票股利的发放只是导致公司的资金在股东权益账户之间进行转移，并没有使公司的资产流出公司，也没有增加公司的负债；同时对股东的个人财富也不产生直接的影响。

【例8-5】某公司2008年实现的净利润为5 000万元，资产合计5 600万元，年终利润分配前的股东权益项目资料如表8.1所示。

表8.1 　　　　　　　　　　股东权益项目资料表　　　　　　　　　　单位：万元

股本—普通股（每股面值2元，400万股）	800
资本公积金	320
未分配利润	1 680
所有者权益合计	2 800

2008 年度，该公司的分配方案为：计划用企业的未分配利润派发 10% 的股票股利，即按每 10 股送 1 股的方案发放股票股利，按照股票面值确定股票股利价格。

要求：

（1）确定发放股票股利后的普通股股数和股本金额；

（2）确定股票股利分配之后该企业股东权益的构成；

（3）假定李某原持有该企业股票为 40 万股，计算其分配股票股利前后所持份额。

（1）发放股票股利后的普通股数 $= 400 \times (1 + 10\%) = 440$（万股）

发放股票股利后的普通股本 $= 2 \times 440 = 880$（万元）

（2）企业的未分配利润分配股票股利即转增股本后，尚有未分配利润为：

发放股票股利后的未分配利润 $= 1\,680 - 40 \times 2 = 1\,600$（万元）

由于企业本分配年度没有将资本公积和盈余公积用以分配股票股利，所以，资本公积和盈余公积并没有变化，这样我们可以确定股票股利分配后该企业股东权益的构成如表 8.2 所示。

表 8.2　　　　　　　　　　　企业股东权益构成图　　　　　　　　　单位：万元

股本—普通股（每股面值 2 元，440 万股）	880
资本公积金	320
未分配利润	1 600
所有者权益合计	2 800

发放股票股利后的资本公积金 $= 320$（万元）

发放股票股利后的所有者权益总额 $= 2\,800$（万元）

（3）李某分配股票股利之前所持股份额 $= \dfrac{40}{400} \times 100\% = 10\%$

李某分配股票股利股数 $= 40 \times 10\% = 4$（万股）

李某分配股票股利后持股份额 $= \dfrac{40 + 4}{440} \times 100\% = 10\%$

通过上例可以说明，由于该公司的净资产不变，而股票股利派发前后每一位股东的持股比例也不发生变化，那么他们各自持股所代表的净资产也不会改变。

表面上看来，除了所持股数同比例增加之外，股票股利好像并没有给股东带来直接收益，事实上并非如此。理论上，派发股票股利之后的每股价格会成比例降低，保持股东的持有价值不变，但实务中这并非是必然的结果。因为市场和投资者普遍认为，公司发放股票股利往往预示着公司会有较大的发展和成长，这样的信息传递不仅会稳定股票价格甚至可能使股价不降反升。另外，如果股东把股票股利出售，变成现金收入，还会给他带来资本利得的纳税上的好处。所以股票股利对股东来说并非像表面上看到的那样毫无意义。

对公司来讲，股票股利的优点主要有：①发放股票股利既不需要向股东支付现金，又可以在心理上给股东以从公司取得投资回报的感觉。②发放股票股利可以降低公司股票的市场价格，一些公司在其股票价格较高，不利于股票交易和流通时，通过发放股票股利来适当降低股价水平，促进公司股票的交易和流通。③发放股票股利，可以降低股价水平，如果日后公司将要以发行股票方式筹资，则可以降低发行价格，有利于吸引投资者。④发放股票可以传递公司未来发展前景良好的信息，增强投资者的信息。⑤股票股利降低每股市价的时候，会吸引更多的投资者成为公司的股东，从而可以使股权更为分散，有效地防止公司被恶意控制。

3. 财产股利

财产股利是公司以现金之外的财产分配的股利。由于非现金资产不易分割，财产股利的分派形式受到很大限制，所以只有在股东为数不多的情况下，公司才采用财产股利形式。对于股东众多的大公司来讲，分派股利时实际分发给股东的非现金资产，主要是其持有的由别的公司发行的有价证券。财产股利具体包括：①实物股利。实物股利即发放给股东的实物资产或实物产品。实物股利是用于额外股利的股利形式，这种方式不增加货币资金支出，但减少公司净值，因此不经常采用。②证券股利。最常见的财产股利是以其他公司的证券代替货币资金发放给股东的股息。由于证券流动性及安全性仅次于货币资金，投资者愿意接受。对公司来说，把证券作为股利发放给股东，既发放了股利，又实际保留了对其他公司的控制权。财产股利也会引起公司经济资源的流出，可能会影响公司的偿债能力和未来的发展。

公司采用财产股利支付形式，主要是出于以下几方面的原因：

（1）减轻公司现金支付压力。采用财产股利支付方式，不会增加公司的现金流出。

（2）保持公司股利政策的稳定性。当公司财务出现暂困难，不支付股利会影响投资者对公司的信心，支付现金股利又缺少资金时，采用财产股利，可以保持公司股利政策的稳定性。

（3）保持公司对其他公司的控制权。当公司为达到对其他公司进行控制的目的，用大量现金购买其股票后，无多余现金发放股利，将所购股票作为股利发放给股东，有利于保持对其他公司的控制权。

财产股利也有缺点，一是不易为广大股东所接受，因为股东所持有股票的目的是为了获得现金收入，而不是为了分得实物；二是以实物支付股利会严重影响公司的形象，投资者会普遍认为公司的财务状况不好，资产变现能力下降，资金流转不畅，从而对公司的发展缺乏信心，由此导致股票市价的大跌。因此这种支付形式是"不得已而为之"的形式。

4. 负债股利

负债股利是公司通过建立一项负债来支付股息和红利。负债股利使股东又成为公司的债权人，公司资产总额不变，负债增加，资产净值减少。负债股利具体包括发行公司债券和本公司开出的票据两种办法。两者都是带息票据，并有到期日，对于股东来讲，到期还本收到货币股利的时间较长，但可以获得额外的利息收入。对于公司来讲，增加了支付利息的财务压力。所以，它只是公司已经宣布并必须立即发放股息而货币资金不足时所采用的一种权宜之策。负债股利通常采用应付票据支付。在不得已的情况下，有的公司也采用发行公司债券来抵付股利。负债股利虽然可以达到延期支付的目的，使公司能够在一定时期内运用这部分资金，但公司由此也承担了一项负债，增加了公司财务风险。

【小贴士】财产股利和负债股利实际上是现金股利的替代品，这两种股利支付方式在我国公司中很少被采用，但也并非法律所禁止。

（四）确定股利发放日期

公司在选择了股利政策、确定了股利支付水平和方式后，应当进行股利的发放。公司股利的发放必须遵循相关的要求，一般先由董事会提出分配预案，然后提交股东大会决议通过后才能进行分配。股东大会决议通过分配预案后，要向股东宣布发放股利的分配方案，按照日程安排来进行。一般情况下，股利的支付需要按照下列日程来进行。

1. 预案公布日

上市公司分派股利时，首先要由公司董事会制定分红预案，包括本次分红的数量、分红的方式，股东大会召开的时间、地点及表决方式等，以上内容由公司董事会向社会公开发布。

2. 股利宣告日

股利宣告日是指股东大会决议通过并由董事会宣告发放股利的日期。在股利宣告日，所宣告的股利已经成为公司的一项实际负债，即应付股利，同时减少留存收益。公司在宣布分配方案的同时，要公布股权登记日、除息日和股利支付日。

3. 股权登记日

股权登记日是指有权领取股利的股东资格登记的截止日期。由于股票是经常流动的，所以公司在股利分配时，为界定哪些股东可以参加股利分配，需要确定股权登记日。凡是在此指定日期收盘之前取得了公司股票，成为公司在册股东的投资者都可以作为股东享受公司分派的股利。在此日之后取得股票的股东则无权享受已宣布的股利。

4. 除息日

除息日是指领取股利的权利与股票彼此分开的日期。在除息日之前，购买的股票才能够领取本次股利。在除息日当天或以后购买的股票则不能够领取本次股利。我国目前规定除息日为股权登记日后的第一个交易日，也就是说，除息是在股权登记日收盘后、除息日开盘前进行的。而股权登记日、除息日是相连的两个交易日——或日期相连、或中间为节假日休市，或中间交易停牌，中间不可能有交易发生。

除息日对股价具有明显的影响。在除息日之前的股价中包含了本次股利，在除息日之后的股价中不再包含本次股利，所以股价会相应下降。如果不考虑税收及交易成本等因素的影响，除息日的开盘价约等于前一天的收盘价减去每股股利。

5. 股利支付日

股利支付日是指公司将股利正式发放给股东的日期。在这一天，公司按公布的分红方案向股权登记日在册的股东实际支付股利。

【例8—6】某上市公司 2007 年 3 月 20 日，由公司董事会向公众发布的分红预案公告称："2007 年 3 月 18 日，公司召开董事会会议，通过每股普通股分派股息 0.6 元的 2006 年分红预案，此分红方案须经公司股东大会通过后实施，特此公告。"2007 年 3 月 24 日，公司公布最后分红方案的公告称："在 2007 年 3 月 23 日在上海召开的股东大会上，通过了董事会关于每股普通股分派股息 0.6 元的 2006 年股息分配方案。股权登记日是 2007 年 4 月 4 日，除息日是 2007 年 4 月 5 日，股东可在 2007 年 4 月 25 日通过上海证券交易所按交易方式领取股息。特此公告。"股利支付程序如图 8.1 所示。

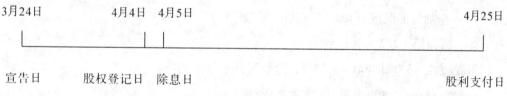

图 8.1　股利支付程序

第四节　股票分割与股票回购

一、股票分割

(一) 股票分割的含义

股票分割又称拆股，是指企业管理当局将某一特定数额的新股，按一定的比例交换一定数额的流通在外的股份的行为。例如，企业股票按照 1∶2 实施股票分割，就意味着用 2 股新股来交换原有的 1 股股票,使分割后市场上的流通股比分割前增加一倍。如果上市公司认为自己公司的股票市场价格太高,不利于其良好的流动性,有必要将其降低,就可能进行股票分割,使每股收益和每股净资产减少,以推动股价下调。

股票分割后,明显的变化是发行在外的股票数量增加,每股面值下降,每股收益下降,但公司股东权益总额不变,股东权益各项目(普通股股本、资本公积、留存收益)的金额及其相互之间的比例也不会改变。股票分割与股票股利非常相似,都是在不增加股东权益的情况下增加股票数量。所不同的是,股票股利虽然不会引起股东权益总额的改变,但股东权益构成项目之间的比例会发生变化,而股票分割后,股东权益总额及其构成项目的金额都不会发生任何变化,变化的只是股票面值。

【例 8 - 7】承例 8 - 5 相关资料,公司现在有两个方案选择,一是每 10 股送 1 股的股利分配方案,另一种是将每一股分割为两股。

(1)计算完成每 10 股送 1 股的方案后的流通股数、股票面值、每股收益和每股净资产。

(2)若计划每一股分割为两股,计算完成这一分配方案后的流通股数、股票面值、每股收益和每股净资产。

解:(1)发放股票股利后的普通股数 = 400 × (1 + 10%) = 440(万股)

普通股面值 2 元,保持不变

每股收益 = 5 000/440 = 11.36(元/股)

每股净资产 = 2 800/440 = 6.36(元/股)

(2)分割后的股数 = 400 × 2 = 800(万股)

普通股面值 2/2 = (1 元/股)

每股收益 = 5 000/800 = 6.25 元(元/股)

每股净资产 = 2 800/800 = 3.5 元(元/股)

股票分割与股票股利都具有降低公司股票市价的作用,但二者的使用是有一定条件的。一般来说,股票分割只有在公司股价上涨且预期难以下降时才使用;而在股票价格上涨幅度不大时,一般采用发放股票股利的办法将股价维持在理想的范围之内。

(二)股票分割的作用

股票分割主要有以下作用:

(1)采用股票分割可使公司股票每股市价降低,促进股票流通和交易。通常认为,股票价格太高,会降低股票吸引力,不利于股票交易,而股票价格下降则有助于股票交易。通过股票分割可以大幅度降低股票市价,增加投资吸引力。

【例 8 - 8】假定 A 公司股票分割前每股市场价格为 20 元，某股东持有 500 股该公司股票，公司按 1 换 2 的比例进行股票分割后，该股东股数增加为 1 000 股，若分割后每股市价为 15 元，该股东拥有的股票市值达到了 15 000 元（15 元/股 × 1 000股），大于其股票分割前股票市场价值 10 000 元（20 元/股×500）。

（2）股票分割的信息效应有利于以后股价的提高。企业实行股票分割时，可以向股票市场和广大投资者传递公司业绩好、利润高、具备很好的增长潜力的信息，这有利于公司树立良好的形象，有利于吸引投资者，促进股票价格的上涨，实现公司价值的最大化。因此，股票分割往往是成长中公司的行为。

（3）股票分割可以为公司发行新股做准备。公司股票价格太高，会使许多潜在的投资者力不从心而不敢轻易对公司的股票进行投资。在新股发行之前，利用股票分割降低股票价格，促进股票市场交易的活跃，更广泛地吸引各个层次投资者的注意力。

（4）股票分割有助于公司并购政策的实施，增加对并购方的吸引力。合并方在兼并或合并另一个公司前，首先将自己的股票加以分割，有利于增加对被合并方股东的吸引力。

【例 8 - 9】假设有甲、乙两个公司，甲公司股票每股市价为 50 元，乙公司股票每股市价为 5 元，甲公司准备通过股票交换的方式对乙公司实施并购，如果甲公司以 1 股股票换取乙公司 10 股股票，可能会使乙公司的股东在心里难以承受；相反，如果甲公司先进行股票分割，将原来 1 股分拆为 5 股，然后再以 1∶2 的比例换取乙公司股票，则乙公司的股东在心理上可能会容易接受些。通过股票分割的办法改变被并购公司股东的心理差异，更有利于公司并购方案的实施。

（5）股票分割带来的股票流通性的提高和股东数量的增加，会在一定程度上加大对公司股票恶意收购的难度。

与股票分割相对应的是股票的反分割，又称股票的合并。一般来讲，它是在企业股票价格过低、财务较为困难的面值和股票的市价，增强投资者的投资信心。例如，某企业目前流通股股票面值为 1 元，每股市价 2 元，为提高股价，决定用 4 股旧股换一股新股的反分割策略。其结果是，企业流通股股票面值提高至 8 元。

二、股票回购

股票回购是指公司出资购回本公司发行的流通在外的股票并予以注销或作为库存股的一种资本运作方式。股票回购使公司流通在外的股份减少，每股收益增加，必然会导致股价上升，股东可以从股票价格的上涨中获得资本利得。因此，股票回购和现金股利对股东来说有着同等的效果，可以说股票回购是现金股利的替代方式。

我国《公司法》规定，公司不得收购本公司股份。但是，有下列情形之一的除外：①减少公司注册资本。②与持有本公司股份的其他公司合并。③将股份奖励给本公司职工。④股东因对股东大会作出的公司合并、分立决议持异议，要求公司收购其股份的。

（一）股票回购的动机

在证券市场上，股票回购的动机主要有以下几点：

1. 分配公司的超额现金

如果公司持有的现金超过其投资机会所需要的现金，就可以采用股票回购的方式将现金分配给股东。

2. 提高每股收益

由于财务上的每股收益指标是以流通在外的股份数作为计算基础，有些公司为了自身形象、上市需求和投资人渴望高回报等原因，采取股票回购的方式来减少实际支付股利的股份数，从而提高每股收益指标。

3. 改善公司的资本结构

一般来说，公司无论是用现金还是举债回购股份，都会提高财务杠杆水平，改变公司的资本结构和加权平均资本成本。如当公司认为其权益资本在资本结构中所占比重过大时，就可能会对外举债，并用举债所得的资金来回购其自身的股票，从而直接改变负债和权益资本的比例，降低其整体资金成本，优化公司的资本结构。

4. 稳定或提高公司的股价

由于信息不对称和预期差异，证券市场上的公司股票价格可能被低估，而过低的股价将会对公司产生负面影响。因此，如果公司认为公司的股价被低估时，可以进行股票回购，以向市场和投资者传递公司真实的投资价值，稳定或提高公司的股价。

5. 巩固既定控制权或转移公司控制权

许多股份公司的大股东为了保证其所代表股份公司的控制权不被改变，往往采取直接或间接的方式回购股票，从而巩固既有的控制权。另外，有些公司的法定代表人并不是公司大股东的代表，为了保证不改变其在公司中的地位，也为了能在公司中实现自己的意志，往往也采取股票回购的方式分散或削弱原控股股东的控制权，以实现控制权的转移。

6. 防止恶意收购

20世纪80年代以来，并购浪潮席卷全球。在外流通的股票数量越多，股价越低，公司越容易被恶意收购。股票回购有助于公司管理者避开竞争对手企图收购的威胁，因为它可以使公司流通在外的股份数变少，股价上升，从而使收购方要获得控制公司的法定股份比例变得更为困难。而且，股票回购可能会使公司的流动资金大大减少，财务状况恶化，这样的结果也会减少收购公司的兴趣。

7. 满足认股权的行使

在公司发行可转换债券、认股权证或施行经理人员股票期权计划及员工持股计划的情况下，采取股票回购的方式既不会稀释每股收益，又能满足认股权的行使。

8. 用于公司兼并或收购

在兼并或收购的过程中，产权交换的支付方式无非是现金购买或以股票换股票两种。如果公司有库存股票，即可以使用公司本身的库存股票来交换被并购公司的股票，由此可以减少公司的现金支出。

（二）股票回购的影响

1. 股票回购对公司的影响

股票回购对公司的影响主要有：①股票回购需要大量资金支付回购的成本，容易造成资金紧张，资产流动性降低，影响公司的后续发展。②股票回购可能使公司的发起人更注重利润的兑现，而忽视公司的长远发展，损害公司的根本利益。③股票回购容易导致公司操纵股价。公司回购自己的股票，容易导致其利用内幕消息进行炒作或操纵财务信息，加剧公司行为的非规范化，使投资者蒙受损失。因此，各国对股票回购有严格的法律限制。

2. 股票回购对股东的影响

对于投资者来说，与现金股利相比，股票回购不仅可以节约个人税收，而且具有更大的灵活性。因为股东对公司派发的现金股利没有是否接受的可选择性，而对股票回购则具有可选择性，需要现金的股东可选择卖出股票，而不需要现金的股东则可继续持有股票。如果公司急于回购相当数量的股票，而对股票回购的出价太高，以至于偏离均衡价格，那么结果会不利于选择继续持有股票的股东，因为回购行动过后，股票价格会出现回归性下跌。

3. 股票回购的方式

（1）按照股票回购的地点不同，可分为场内公开收购和场外协议收购两种。场内公开收购是指上市公司把自己等同于任何潜在的投资者，委托在证券交易所有正式交易席位的证券公司，代自己按照公司股票当前市场价格回购。在国外较为成熟的股票市场上，这一种方式较为流行。场外协议收购是指股票发行公司与某一类（如国家股）或某几类（如法人股、B 股）投资者直接见面，通过在店头市场协商来回购股票的一种方式。协商的内容包括价格和数量的确定以及执行时间等。很显然，这一种方式的缺陷就在于透明度比较低，有违于股市"三公"原则。

（2）按照筹资方式，可分为举债回购、现金回购和混合回购。举债回购是指企业通过向银行等金融机构借款的办法来回购本公司股票。其目的无非是防御其他公司的敌意兼并与收购。现金回购是指企业利用剩余资金来回购本公司的股票。如果企业既动用剩余资金，又向银行等金融机构举债来回购本公司股票，称之为混合回购。

(3) 可转让出售权回购方式。所谓可转让出售权，是实施股票回购的公司赋予股东在一定期限内以特定价格向公司出售其持有股票的权利。之所以称为"可转让"是因为此权利一旦形成，就可以同依附的股票分离，而且分离后可在市场上自由买卖。执行股票回购的公司向其股东发行可转让出售权，那些不愿意出售股票的股东可以单独出售该权利，从而满足了各类股东的需求。此外，因为可转让出售权的发行数量限制了股东向公司出售股票的数量，所以这种方式还可以避免股东过度接受回购要约的情况。

本章小结

本章主要讨论了企业收益管理的相关理论及实务相关知识，内容涉及企业收益的形成、收益分配的程序及相关规定，股利分配政策的类型、优缺点及各自的适用范围，股票分割及股票回购对企业的财务影响等。

复习思考题

一、单项选择题：

1. 能使股利与公司盈余紧密配合的股利分配政策是（   ）。

    A. 剩余股利政策   B. 固定或持续增长的股利政策

    C. 固定股利支付率政策   D、低正常股利加额外股利政策

2. 造成股利波动较大，给投资者以公司不稳定的感觉，对于稳定股票的价格不利的股利分配政策是（   ）。

    A. 剩余股利政策   B. 固定或持续增长的股利政策

    C. 固定股利支付率政策   D、低正常股利加额外股利政策

3、采用低正常股利加额外股利政策的股利分配政策的理由是（   ）。

A. 保持理想的资本结构，使加权平均资本成本最低

B. 使公司具有较大的灵活性

C. 向市场传递着公司正常发展的信息，有利于树立公司良好形象

D. 能使股利的支付与盈余不脱节

4. 以下股票股利的方式支付股利会引起（   ）。

A. 公司资产的流出

B. 负债的增加

C. 所有者权益的减少

D. 所有者权益各项目的结构发生变化

5. 股票分割不会引起（　　　）。

A. 公司资产的流出

B. 负债的增加

C. 所有者权益各项目的金额及其结构发生变化

D. 每股盈余下降

二、判断题

1. 只有现金股利和股票股利是我国法律允许的股利支付方式。　　（　　　）

2. 信号传递理论认为，在信息不对称的情况下，公司可以通过股利政策向市场传递有关公司未来盈利能力的信息。　　（　　　）

3. 公司只有在当年有净利润的情况下才可以向股东支付股利。　　（　　　）

4. 股票回购会使得公司流通在外的股份减少，并不改变公司的资本结构。

（　　　）

5. 剩余股利政策是指公司实现盈利时，在按规定提取盈余公积金、公益金后将剩余的盈余全部作为股利发放给股东。　　（　　　）

三、思考题

1. 股利发放程序中的股利宣告日、股权登记日、除息日、股利支付日分别表示什么意思？

2. 股份公司的股利分配政策有哪些？其具体内容各是什么？

3. 股利的支付形式有哪些？企业应该如何选择？

4. 股利政策受哪些因素影响？试分析说明

5. 股票股利对于公司和股东各有哪些影响和意义

6. 股票分割对企业财务状况和经营成果有何影响？股票分割有什么作用？如何区分股票股利和股票分割

7. 什么是股票回购？股票回购有哪些作用？

四、计算分析题

1. 某公司去年税后净利为 1 000 万元，因为经济不景气，估计明年税后净利降为 870 万元，目前公司发行在外普通股为 200 万股。该公司决定投资 500 万元设立新厂，并维持60%的资产负债率不变。另外，该公司去年支付每股现金股利为2.5元。

要求：（1）若依固定股利支付率政策，则今年应支付每股股利多少元？

（2）若依据剩余股利政策，则今年应支付每股股利多少元？

2. 东方公司发放股票股利前的股东权益情况如下表所示：

项目	金额（万元）
股本（面值1元，已发行300万股）	300
资本公积	500
未分配利润	1 500
股东权益合计	2 300

假定公司宣布发放10%的股票股利，若当时该股票市价为9元，计算发放股票股利后的股东权益各项目的情况。

案例分析

福建新大陆电脑股份有限公司股利分配政策

福建新大陆电脑股份有限公司（以下简称"公司"）2003年度股东大会于2004年5月12日上午在福建省福州市马尾区儒江西路1号新大陆科技园公司会议室召开，出席会议的股东及股东授权委托代表人数为5人，代表公司股份83 980 000股，占公司股份总数的72.4%，符合《公司法》及《公司章程》的规定。会议由董事长胡钢先生主持，公司董事、监事和高级管理人员列席了会议。大会以记名投票方式逐项表决，审议通过了10项议案，其中《2003年度利润分配及资本公积金转增股本的预案》和《2004年度利润分配政策》经股东审议表决全部通过。

1. 《2003年度利润分配及资本公积金转增股本的预案》。2003年度利润分配预案经厦门天健华天有限责任会计师事务所审计，公司2003年实现税后净利润41 559 077.48元，按净利润的10%提取法定公积金，计4 155 907.75元，按净利润的5%提取法定公益金，计2 077 953.87元，加上以前年度未分配利润35 749 771.33元，减去本年度实际已支付的2002年股利34 800 000元，实际可供股东分配的利润为36 274 987.19元。公司董事会决定2003年度利润暂不分配，剩余未分配利润36 274 987.19元，转入下一年度一并分配。表决结果为：83 980 000股同意，占出席股东大会有表决权股份总数的 100％；0 股弃权，占出席股东大会有表决权股份总数的 0％；0 股反对，占出席股东大会有表决权股份总数的 0％。截至 2003 年 12 月 31 日，公司资本公积金余额为 450 757 619.43 元，公司董事会审议决定：以 2003 年年底公司总股本 11 600 万元为基数，实施资本公积金转增股本，转增比例为每 10 股转增 10 股，共计转增股本 11 600 万股，实施资本公积金转增股本后，公司总股本为 23 200 万股，资本公积金余额为 334 757 619.43 元，同时授权公司董事会相应修改公司章程有关条款并办理工商变更登记手续。表决结果为：83 980 000 股同意，占出席股东大会有表决权股份总数的 100％；0 股弃权，占出席股东大会有表决权股份总数的 0％；0 股反对，占出席股东大会有表决权股份总数的 0％。

2.《2004 年度利润分配政策》。预计 2004 年年度公司分配股利 1～2 次，2004 年实现的净利润用于股利分配的比例不超过 80％。公司 2003 年度未分配利润主要用于下一年度股利分配。股利分配主要采用派发现金或送红股的形式，预计现金股息占股利分配的比例不超过 80％。具体分配方案依据公司实际情况由公司董事会提出预案，报公司股东大会审议决定。公司董事会保留根据公司发展和当年盈利情况，对 2004 年利润分配政策作出调整的权利。表决结果为：83 980 000 股同意，占出席股东大会有表决权股份总数的 100％；0 股弃权，占出席股东大会有表决权股份总数的 0％；0 股反对，占出席股东大会有表决权股份总数的 0％。

1. 福建新大陆电脑股份有限公司采取的股利政策是什么？

2. 福建新大陆电脑股份有限公司在股利分配过程中是否有违规行为？并说明理由。

3. 目前我国上市公司股利分配的现状及存在的问题是什么？

第九章 财务分析

学习目标

本章讲述企业财务分析的基本理论与方法应用。通过本章的学习，要求了解财务分析的主体和目的、内容和基本依据，在此基础上熟练掌握偿债能力评价、营运能力评价、盈利能力评价的基本指标及其应用，并掌握各种综合财务分析的思路和基本方法。

第一节 财务分析概述

财务分析是指以财务报告和其他相关的资料为依据和起点，采用专门方法，系统分析和评价企业过去和现在的经营成果、财务状况及其变动的一种方法，目的是了解过去、评价现在、预测未来，帮助利益关系集团改善决策。财务分析的最基本功能，是将大量的报表数据转换成对特定决策有用的信息，减少决策的不确定性。

财务分析的起点是财务报表，分析使用的数据大部分来源于公开发布的财务报表。因此，财务分析的前提是正确理解财务报表。财务报表分析的结果是对企业的偿债能力、盈利能力和抵抗风险能力作出评价，或找出存在的问题。

【小贴士】财务分析是财务管理的重要方法之一，它是对企业一定期间的财务活动的总结，为企业进行下一步的财务预测和财务决策提供依据。

一、财务分析的目的

财务分析的一般目的可以概括为：评价过去的经营业绩；衡量现在的财务状况；预测未来的发展趋势。财务分析的具体目的对于不同的报表使用人侧重点不同。企业财务报表的主要使用人有 7 种，他们分析的具体目的不完全相同：

（1）投资人。为决定是否投资，分析企业的资产和盈利能力；为决定是否转让股份，分析盈利状况、股价变动和发展前景；为考查经营者业绩，要分析资产盈利水平、破产风险和竞争能力；为决定股利分配政策，要分析筹资状况。

（2）债权人。为决定是否给企业贷款，要分析贷款的报酬和风险；为了解债务人的短期偿债能力，要分析其流动状况；为了解债务人的长期偿债能力，要分析其盈利状况；为决定是否出让债权，要评价其价值。

（3）经理人员。为改善财务决策而进行财务分析，涉及的内容最广泛，几乎包括外部使用人关心的所有问题。

（4）供应商。要通过分析，看是否能与企业长期合作；了解其销售信用水平如何；是否应对企业延长付款期。

（5）政府。要通过财务分析了解企业纳税情况；遵守法规和市场秩序的情况；职工收入和就业状况。

（6）雇员和工会。要通过分析判断企业盈利与雇员收入、保险、福利之间是否相适应。

（7）中介机构（注册会计师、咨询人员等）。注册会计师通过财务报表分析可以确定审计的重点。财务报表分析领域的逐渐扩展与咨询业的发展有关，在一些国家"财务分析师"已成为专门职业，他们为各类报表使用人提供专业咨询。

尽管不同利益的主体进行财务分析有着各自的侧重点，但就企业总体来看，财务分析的内容可归纳为 5 个方面：偿债能力分析、营运能力分析、获利能力分析、发展能力分析、财务状况综合分析。

二、财务分析的方法

财务分析方法主要有比较分析法、比率分析法和因素分析法三种。

（一）比较分析法

比较分析法是财务分析中最常见的一种分析方法，它是将实际数值同特定的各种标准相比较，从数量上确定其差异额，并通过对这个差异额进行分析的一种方法。

在比较分析法下，根据所比较的数据不同可以分为绝对数比较和相对数比较两种。

绝对数比较是利用财务表表中两个或两个以上的绝对数进行比较，以揭示其数量上的差异。例如 A 上市公司 2005 年年报显示其当年实现主营业务收入 1 593 639 万元，实际净利润 35 063 万元，而上一年该公司实际的销售收入和净利润分别为 910 724 万元和 18 120 万元。从这里可以看出 A 公司 2005 年与 2004 年相比，主营业务收入与上年相比增加 682 915 万元，净利润增长 16 943 万元。

相对数比较是利用财务报表中有相关关系数据的相对数进行比较，以揭示相对数之间的差异。例如 A 上市公司 2005 年实现主营业务收入 1 593 639 万元与上年相比增长 42.85%，实际的净利润 35 063 万元，与上年相比增长 48.32%，这组数据这说明该公司的业绩呈高速增长。

一般来说，绝对数比较可以对数值之间的差额进行说明，但没有表明这个差额的变化程度，而相对数比较则可以说明这个差额的变化程度，但并不能揭示这个差额的绝对值。两种方法各有优缺点，所以在实际工作中往往是将两种方法进行交叉使用，以便可以对被评价对象作出更为准确的评价。

（二）比率分析法

比率分析法是财务分析的一种重要分析方法，它主要是通过企业财务数据计算出的财务比率来说明企业某个方面的业绩、状况或能力。例如，通过企业的资产负债率可以说明企业的债务负担的程度，通过企业的投资报酬率可以在一定程度上反映企业的获利水平。

（三）因素分析法

在企业的经济活动中，一些经济指标往往是很多因素影响的结果。例如影响企业的净资产收益率的因素有销售净利率、资产周转率和权益乘数等，这些因素对净资产收益率有些什么影响，有多大的影响，在分析时我们应该从数量来进行测定，这样可以抓住主要矛盾，对企业的财务状况和经营成果作出更有说服力的评价。

对因素分析法又可以具体分为差额分析法、指标分解法、连环替代法和定基替代法等方法。

三、财务分析的基本依据

财务分析的起点是财务报告，分析使用的数据大部分来源于公开发布的财务报表。因此，财务分析的前提是正确理解财务报表。财务报表是反映企业一定时期财务状况、经营成果和现金流动状况的总结性书面文件，包括财务报表、财务报表附注和财务情况况说明书。财务报表体系主要由资产负债表、利润表、现金流量表等三张主要报表构成。

（一）资产负债表

资产负债表是企业财务结构的"快照"，它反映企业在一定时期的全部资产、负债和所有者权益的会计报表，是关于一个企业资产结构与资本结构的记录。

一般来说，企业过去的经营、投资和筹资等活动的结果都会反映在资产负债表上。可以说，资产负债表在一定程度总括地反映了企业全部交易、事项与情况的影响。企业资产负债表反映了企业与企业之外的社会各界的契约关系，对于了解和把握特定时点企业财务结构将有很大的帮助。

（二）利润表

利润表是企业一定时期经营成果的计量，它总括反映企业在某一会计期间内（年度、季度、月份等）经营成果的一种财务报表，其基本特点有：

（1）反映一定期间经营成果；

（2）按权责发生制填制；

（3）反映利润的构成及实现，有利于管理者了解本期取得的收入和发生的产品成本、期间费用及税金，了解盈利总水平和各项利润的形成来源及其构成。利润表实际上是有关一个企业在·段时间内的财务业绩（企业赚钱的能力）记录。

（3）现金流量表

现金流量表是以现金为基础编制的反映企业在一定期间内由于经营、投资、筹资活动所形成的现金流量情况的会计报表，其基本特点有：

（1）反映一定期间现金流动的情况和结果；

（2）按收付实现制填制，能够在很大程度上真实反映企业对未来资源的掌握。现金流量表揭示了企业在一定时期内创造的现金数额。同一时期的现金流入量减去现金流出量就得到该时期的净现金流量。现金流量表告诉企业经理人员企业在满足了所有现金支出之后究竟创造了多少超额的现金。

在现金流量表上，现金收入与现金支出分为经营活动现金流量、投资活动现金流量和筹资活动现金流量。现金流量表实际上就是对为什么"亏损企业发放股利，盈利企业走向破产"的解释，也是对资产负债表结果的解释。可以说，资产负债表体现公司理财的结果，而现金流量表体现公司理财的过程。企业最终必须靠持续的经营活动产生的现金流量才能维持下去。

【小贴士】现金流量表中的现金是指企业的库存现金以及可以随时用于支付的存款，包括库存现金、银行存款和其他货币资金，应注意的是银行存款和其他货币资金中不能随时用于支付的存款不应作为现金，而应作为投资，如不能随时支取的定期存款等。

第二节　财务指标分析

财务报表中有大量的数据，可以根据需要计算出很多有意义的比率，这些比率涉及企业经营管理的各个方面。财务比率有偿债能力比率、营运能力比率、获利能力比率和发展能力比率。

一、偿债能力指标分析

偿债能力是指企业偿还各种到期债务的能力，分为短期偿债能力和长期偿债能力。偿债能力分析就是通过对企业资产变现能力及保障程度的分析，观察和判断企业是否具有偿还到期债务的能力及其偿债能力的强弱。

（一）短期偿债能力分析

短期偿债能力是指企业以其流动资产支付在一年内即将到期的流动负债的能力。企业有无偿还短期债务的能力对企业的生存、发展至关重要。如果企业短期偿债能力弱，就意味着企业的流动资产对其流动负债偿还的保障能力弱，企业的信用可能会受到损害，而企业信用受损则会进一步削弱企业的短期筹资能力，增大筹资成本和进货成本，从而对企业的投资能力和获利能力产生重大影响。

企业短期偿债能力的大小主要取决于企业营运资金的多少、流动资产变现能力、流动资产结构状况和流动负债的多少等因素的影响。衡量和评价企业短期偿债能力的指标主要有流动比率、速动比率和现金比率等。

1. 流动比率

流动比率是指企业流动资产与流动负债之间的比率关系，反映每一元流动负债有多少流动资产可以作为支付保证。其计算公式是：

$$流动比率 = \frac{流动资产}{流动负债} \qquad (9.1)$$

一般情况下，流动比率越高，反映企业短期偿债能力越强，债权人的权益越有保证。按照西方企业的长期经验，一般认为 2∶1 的比例比较适宜。它表明企业财务状况稳定可靠，除了满足日常生产经营的流动资金需要外，还有足够的财力偿付到期短期债务。如果比例过低，则企业可能难以如期偿还债务。但是，流动比率也不能过高，过高则表明企业流动资产占用较多，会影响资金的使用效率和企业的筹资成本进而影响获利能力。究竟应保持多高水平的比率，主要视企业对待风险与收益的态度予以确定。

运用流动比率时，必须注意以下几个问题：

（1）虽然流动比率越高，企业偿还短期债务的流动资产保证程度越强，但这并不等于说企业已有足够的现金或存款用来偿债。流动比率高也可能是存货积压、应收账款增多且收账期延长以及待摊费用和待处理财产损失增加所致，而真正可用来偿债的现金和存款却严重短缺。所以，企业应在分析流动比率的基础上进一步对现金流量加以考察。

（2）从短期债权人的角度看，自然希望流动比率越高越好。但从企业经营角度看，过高的流动比率通常意味着企业闲置现金的持有量过多，必然造成企业机会成本的增加和获利能力的降低。因此，企业应尽可能将流动比率维持在不使货币资金闲置的水平。

（3）流动比率是否合理，不同的企业以及同一企业不同时期的评价标准是不同的，因此，不应用统一的标准来评价各企业流动比率合理与否。

（4）在分析流动比率时应当剔除一些虚假因素的影响。

2. 速动比率

速动比率又称为酸性测试比率，是指企业速动资产与流动负债的比例关系，说明企业在一定时期内每一元流动负债有多少速动资产作为支付保证。

速动资产是流动资产扣除存货后的余额，具体包括现金及各种存款、有价证券、应收账款等。一般来说，存货是企业流动资产中变现能力较弱的资产，同时也是企业持续经营必备的资产准备。因此在短期偿债能力评价中，应考察企业不依赖出售存货而能清偿短期债务的能力。其计算公式是：

$$速动比率 = \frac{速动资产}{流动负债} \tag{9.2}$$

$$速动资产 = 流动资产 - 存货$$

通常认为正常的速动比率为1，低于1的速动比率被认为是短期偿债能力偏低。这仅是一般看法，因为行业不同，速动比率会有很大差别，没有统一标准。例如：采用大量现金销售的商店，几乎没有应收账款，速动比率大大低于1是很正常的。相反，一些应收账款较多的企业，速动比率可能大大高于1。

影响速动比率可信度的重要因素是应收账款的变现能力，如果企业的应收账款中，有较大部分不易收回，可能会成为坏账，那么速动比率就不能真实地反映企业的偿债能力。

需要说明的是速动资产应该包括哪几项流动资产，目前尚有不同观点。有人认为不仅要扣除存货，还应扣除待摊费用、预付货款等其他变现能力较差的项目。

3. 影响资产变现能力的其他因素

上述变现能力指标都是按会计报表资料计算的。但是，有些影响变现能力的因素并没有在会计报表中反映出来。报表的使用者应了解这些表外因素的影响情况，以作出正确的判断。

（1）增强变现能力的因素。企业流动资产的实际变现能力可能由于以下几个因素的存在而比会计报表项目反映的变现能力要好一些：

①可动用的银行贷款指标。银行已同意、企业未办理贷款手续的银行贷款限额是可以随时动用的现金，它的存在必然能够提高企业的支付能力。该项目不在报表中反映，需要时可在财务状况说明书中查找。

②准备近期变现的长期资产。由于某种原因，企业可能会将某些长期资产在近期出售变现为现金，以增强短期偿债能力。它的存在也将提高企业的支付能力。

③企业的信誉。如果企业的偿债能力一贯很好，在融资市场上有着较高的信誉，那么即使在短期偿债方面出现困难，也能够很快地通过发行债券和股票等办法筹措资金，从而提高短期偿债能力。

（2）减弱变现能力的因素。未在会计报表中反映的减弱企业流动资产变现能力的因素主要有：

①未作记录的或有负债。或有负债是企业可能在未来发生的债务。这些尚未发生的或有负债，按《企业会计准则》规定并不都作为现实负债登记入账以及在会计报表中反映，有些或有事项只是作为附注列示资产负债表的下端。或有负债如售出产品可能发生的质量事故赔偿、尚未解决的税额争议、未决诉讼案件和经济纠纷案等，只有在符合《企业会计准则》规定的确认标准时才能被确认为一项负债在会计报表中反映。但是未在会计报表中反映的或有负债一旦成为事实上的负债，必然会加大企业的偿债负担，应引起报表阅读者的重视。

②由担保责任引起的负债。在商业交往中，企业有可能以自己的一部分资产为他人提供担保，如为他人向金融机构借款提供担保，为他人购物担保或为他人履行有关经济责任提供担保等。如果借款单位不能按规定支付，那么这种担保就可能成为企业的一项真实负债，从而增加偿债负担。

（二）长期偿债能力分析

长期偿债能力是企业以其资产或劳务支付长期债务的能力。企业的长期偿债能力不仅受其短期偿债能力的制约，还受企业获利能力的影响。因为增加流动资产和现金流入量的程度最终取决于企业的获利情况。企业的长期偿债能力弱，不仅意味着财务风险增大，也意味着在利用财务杠杆获取负债利益等方面的政策失败，企业目前的资本结构出现问题。评价企业长期偿债能力的主要财务比率有资产负债率、负债权益比率和利息保障倍数。

1. 资产负债率

资产负债率是企业负债总额与资产总额的比率。它反映企业全部资产中负债所占的比重以及企业资产对债权人的保障程度。其计算公式为：

$$资产负债率 = \frac{负债总额}{资产总额} \times 100\% \qquad (9.3)$$

资产负债率是反映企业长期偿债能力强弱、衡量企业总资产中所有者权益与债权人权益的比例是否合理的重要财务指标。

对于资产负债率，企业的债权人、股东和企业经营者往往从不同的角度来评价。

（1）债权人角度。债权人最关心的是贷给企业的款项的安全程度，也就是能否按期收回本金和利息。如果股东提供的资本与企业资本总额相比，只占较小的比例，则企业的风险将主要由债权人负担，这对债权人来讲是不利的。因此，他们希望债务比例越低越好，企业偿债有保证，贷款不会有太大的风险。

（2）股东角度。由于企业通过举债筹措的资金与股东提供的资金在经营中发挥同样的作用，因此，股东所关心的是全部资本利润率是否超过借入款项的利率，即借入资本的代价。在企业所得的全部资本利润率超过因借款而支付的利息率时，股东所得到的利润就会加大。如果相反，运用全部资本所得的利润率低于借款利息率，则对股东不利，因为借入资本的多余的利息要用股东所得的利润份额来弥补。因此，从股东的立场看，在全部资本利润率高于借款利息率时，负债比例越大越好，否则反之。

（3）经营者角度。如果举债很大，超出债权人心理承受程度，企业就借不到钱。如果企业不举债，或负债比例很小，说明企业畏缩不前，对前途信心不足，利用债权人资本进行经营活动的能力很差。从财务管理的角度来看，企业应当审时度势，全面考虑，在利用资产负债率制定借入资本决策时，必须充分估计预期的利润和增加的风险，在二者之间权衡利害得失，作出正确决策。

至于资产负债率为多少才是合理的，并没有一个确定的标准。不同的行业、不同类型的企业都是有较大差异的。一般而言，处于高速成长时期的企业，其负债比率可能会高一些，这样所有者会得到更多的杠杆利益。但是，作为财务管理者在确定企业的负债比率时，一定要审时度势，充分考虑企业内部各种因素和企业外部的市场环境，在收益与风险之间权衡利弊得失，然后才能作出正确的财务决策。

2. 产权比率

产权比率，也称负债权益比率，是指企业负债总额与所有者权益总额的比率，是从所有者权益对长期债权保障程度的角度评价企业长期偿债能力的指标。产权比率越小，说明所有者对债权的保障程度越高；反之越小。其计算公式为：

$$产权比率 = \frac{负债总额}{所有者投益总额} \times 100\% \qquad (9.4)$$

对于产权比率分析，可从下面两方面考虑：

（1）该项指标反映由债权人提供的资本与股东提供的资本的相对关系，反映企业基本财务结构是否稳定。一般来说，股东资本大于借入资本较好，但也不能一概而论。从股东角度来看，在通货膨胀加剧时期，企业多借债可以把损失和风险转嫁给债权人；在经济繁荣时期，多借债可以获得额外的利润；在经济萎缩时期，少借债可以减少利息负担和财务风险。产权比率高，是高风险、高报酬的财务结构；产权比率低，是低风险、低报酬的财务结构。

（2）该项指标同时也表明债权人投入的资本受到股东权益保障的程度，或者说是企业清算时对债权人利益的保障程度。国家规定债权人的索偿权在股东前面。如果该比率过高，当公司进行清算时，则债权人的利益因股东提供的资本所占比重较小而缺乏保障。

资产负债率与产权比率具有共同的经济意义。两个指标可以相互补充。因此，对产权比率的分析可以参见对资产负债率指标的分析。

3. 利息保障倍数

利息保障倍数是指企业一定时期内所获得的息税前利润与当期所支付利息费用的比率，常被用以测定企业以所获取利润总额承担支付利息的能力。这里的息税前利润是指税前利润加上利息费用，实际计算时常用利润表中的利润总额加财务费用，这是由于我国现行利润表中利息费用没有单列、而是混在财务费用之中，外部报表使用人只好用利润总额加财务费用来加以评价。其计算公式为：

$$利息保障倍数 = \frac{利润总额 + 利息费用}{利息费用} \qquad (9.5)$$

一般情况下，利息保障倍数越大，反映企业投资利润率越高，支付长期债务利息的能力越强。因此，长期债权人在判定企业长期偿债能力时，除了依据企业合理的资产负债率和负债权益比率以求得企业较稳定的债权保障外，还必须考察企业的利息保障倍数，看长期投入资金的获利程度，以求提高收回利息和本金的保障程度。

在利用利息保障倍数进行分析评价时应注意的问题是：

（1）合并会计报表中的利润总额应扣除子公司的少数权益和特别股利；

（2）当期的资本化利息应抽出作为利息费用；

（3）需要连续比较多个会计年度（一般在5年以上）的利息保障倍数，才能确定其偿债能力的稳定性。

4. 长期负债与营运资金的比率

长期负债与营运资金的比率是企业长期负债与营运资金之比。其计算公式为：

$$长期负债与营运资金比率 = \frac{长期负债}{营运资金} \qquad (9.6)$$

营运资金 = 流动资产 − 流动负债

一般情况下，长期负债不应超过营运资金。长期负债会随时间延续不断转化为流动负债并需用流动资产来偿还。保持长期负债不超过营运资金，就不会因这种转化而造成流动资产小于流动负债，从而使长期债权人和短期债权人感到贷款有安全保障。

在运用这个指标进行分析评价时应注意两个问题：

（1）流动负债水平对长期负债与营运资金的比率有重大影响。

（2）如果该指标小于或等于1，则意味着企业的偿债能力很强。

二、营运能力指标分析

企业负债和所有者权益的增加都是为了形成足够的营运能力。营运能力是指企业对其有限资源的配置和利用能力，从价值的角度看就是企业资金利用效果。一般情况下，企业管理人员的经营管理能力以及对资源的配置能力都有可能通过相关的财务指标反映出来。

（一）流动资产周转率

流动资产周转率是指企业流动资产在一定时期内所完成的周转额与流动资产平均占用额之间的比率关系。反映流动资产在一定时期内的周转速度和营运能力。在其他条件不变的情况下，如果流动资产周转速度快，说明企业经营管理水平高，资源利用效率越高，流动资产所带来的经济效益就越高。该指标通常用流动资产周转次数或周转天数表示，其计算公式为：

$$流动资产周转次数 = \frac{销售收入净额}{流动资产平均占用额} \qquad (9.7)$$

$$流动资产周转天数 = \frac{360}{流动资产周转次数} \qquad (9.8)$$

上式中：

流动资产平均占用额 = （期初流动资产 + 期末流动资产）÷ 2

从上式可以看出，在销售额既定的条件下，周转速度越快，投资于流动资产的资金就越少；反之，投资于流动资产的资金就越多。

（二）存货周转率

存货周转率是指企业一定时期内的销售成本与同期的存货平均余额之间的比率。其计算公式为：

$$存货周转次数 = \frac{销售成本}{平均存货} \qquad (9.9)$$

$$存货周转天数 = \frac{360}{存货周转次数} \qquad (9.10)$$

上式中：

平均存货 = （期初存货 + 期末存货）÷ 2

存货周转率是从存货变现速度的角度来评价企业的销售能力及存货适量程度的。存货周转次数越多，反映存货变现速度越快，说明企业销售能力越强，营运资金占压在存货上的量小；反之，存货周转次数越少，反映企业存货变现速度慢，说明企业销售能力弱，存货积压，营运资金沉淀于存货的量大。

用该指标进行评价分析，要注意的是衡量和评价存货周转率没有一个绝对的标准，因行业而异。

（三）应收账款周转率

应收账款周转率是指企业在一定时期的赊销净额与应收账款平均余额之间的比率。其计算公式是：

$$应收账款周转次数 = \frac{赊销净额}{平均应收账款} \qquad (9.11)$$

$$应收账款周转天数 = \frac{360}{应收账款周转次数} \qquad (9.12)$$

上式中：

赊销净额 = 赊销总额 - 销售退回与折让

平均应收账款 = （期初应收账款 + 期末应收账款）÷2

应收账款周转率是评价企业应收账款的变现能力和管理效率的财务比率。应收账款周转次数多，说明企业组织收回应收账款的速度快，造成坏账损失的风险小，流动资产流动性好，短期偿债能力强；反之，应收账款周转次数少，说明企业组织收回应收账款的速度慢，坏账损失风险大，流动资产流动性差，短期偿债能力弱。

（四）总资产周转率

总资产周转率是企业一定时期的销售收入对总资产的比率。其计算公式是：

$$总资产周转次数 = \frac{销售收入净额}{平均资产总额} \qquad (9.13)$$

$$总资产周转天数 = \frac{360}{总资产周转次数} \qquad (9.14)$$

该指标反映资产总额的周转速度。周转越快，反映销售能力越强。企业可以通过薄利多销的办法，加速资产的周转，带来利润绝对额的增加。

三、获利能力指标分析

获利能力是指企业获取利润的能力，反映着企业的财务结构状况和经营绩效，是企业偿债能力和营运能力的综合体现。企业在资源的配置上是否高效，直接从资产结构状况、资产运用效率、资产周转速度以及偿债能力等方面表现出来，从而决定着企业的盈利水平。一个企业能否持续发展，关键取决于企业的营运能力、偿债能力和获利能力三者的协调程度。如果片面地追求偿债能力的提高，增大易变现资产的占用，势必会使资产的收益水平下降，影响企业的营运能力和获利能力；如果只追求提高资产的营运能力，就可能片面地重视企业在一定时期内获取的销售收入规模，相应增大应收账款上的资金占用，而忽略企业资产的流动性和短期偿债能力；如果单纯地追求企业的盈利能力，又可能增大不易变现资产的占用而忽视资产的流动性，对企业的偿债能力构成不利影响。

（一）总资产报酬率

总资产报酬率是一定时期企业利润总额与平均资产总额之间的比率。其计算公式为：

$$总资产报酬率 = \frac{利润总额}{平均资产总额} \times 100\% \qquad (9.15)$$

上式中：

平均资产总额 = （期初资产总额 + 期末资产总额）÷2

在市场经济中各行业间竞争比较激烈的情况下，企业的资产利润率越高说明总资产利用效果越好；反之越差。

（二）资产净利率

资产净利率是一定时期企业净利润与平均资产总额之间的比率。计算公式为：

$$资产净利率 = \frac{净利润}{平均资产总额} \times 100\% \tag{9.16}$$

上式中：

平均资产总额 = （期初资产总额 + 期末资产总额）÷2

资产净利率反映企业一定时期的平均资产总额创造净利润的能力，表明企业资产利用的综合效率。该比率越高，表明资产的利用效率越高，说明企业利用经济资源的能力越强。

（三）净资产收益率

净资产收益率也叫权益报酬率，是企业一定时期净利润与平均净资产的比率。其计算公式为：

$$净资产收益率 = \frac{净利润}{平均净资产} \times 100\% \tag{9.17}$$

上式中：

平均净资产 = （期初净资产 + 期末净资产）÷2

净资产收益率反映企业所有者权益的投资报酬率，这是一个综合性很强的评价指标。一般认为，企业净资产收益率越高，企业自有资本获取收益的能力越强，运营效益越好，对企业投资人和债权人的保证程度越高。

（四）销售获利率

销售获利率的实质是反映企业实现的商品价值中获利的多少。从不同角度反映销售盈利水平的财务指标有两个。

（1）销售毛利率。销售毛利率，也称毛利率，是企业的销售毛利与销售收入净额的比率。其计算公式为：

$$销售毛利率 = \frac{销售毛利}{销售收入净额} \times 100\%$$

$$= \frac{销售收入净额 - 销售成本}{销售收入净额} \times 100\% \tag{9.18}$$

公式中，销售毛利是企业销售收入净额与销售成本的差额，销售收入净额是指产品销售收入扣除销售退回、销售折扣与折让后的净额。销售毛利率反映了企业的销售成本与销售收入净额的比例关系，毛利率越大，说明在销售收入净额中销售成本所占比重越小，企业通过销售获取利润的能力越强。

（2）销售净利率。销售净利率是企业净利润与销售收入净额的比率。其计算公式为：

$$销售净利率 = \frac{净利润}{销售收入净额}$$ (9.19)

销售净利率说明了企业净利润占销售收入的比例，它可以评价企业通过销售赚取利润的能力。销售净利率表明企业每 1 元销售净收入可实现的净利润是多少。该比率越高，企业通过扩大销售获取收益的能力越强。评价企业的销售净利率时，应比较企业历年的指标，从而判断企业销售净利率的变化趋势。但是，销售净利率受行业特点影响较大，因此，还应结合不同行业的具体情况进行分析。

（五）成本费用利润率

成本费用利润率是企业净利润与成本费用总额的比率。它反映企业生产经营过程中发生的耗费与获得的收益之间的关系。其计算公式为：

$$成本费用净利率 = \frac{净利润}{成本费用总额}$$ (9.20)

四、发展能力指标分析

发展能力，是企业在生存的基础上，扩大规模、壮大实力的潜在能力。分析发展能力主要考察以下八项指标：营业收入增长率、资本保值增值率、资本积累率、总资产增长率、营业利润增长率、技术投入比率、营业收入三年平均增长率和资本三年平均增长率。

（一）营业收入增长率

营业收入增长率，是企业本年营业收入增长额与上年营业收入总额的比率，反映企业营业收入的增减变动情况。其计算公式为：

$$主营业务收入增长率 = \frac{本年营业收入增长额}{上年主营业务收入} \times 100\%$$ (9.21)

上式中：

本年营业收入增长额 = 本年营业收入总额 - 上年营业收入总额

营业收入增长率大于零，表明企业本年营业收入有所增长。该指标值越高，表明企业营业收入的增长速度越快，企业市场前景越好。

（二）资本保值增值率

资本保值增值率，是企业扣除客观因素后的本年末所有者权益总额与年初所有者权益总额的比率，反映企业当年资本在企业自身努力下实际增减变动的情况。其计算公式为：

$$资本保值增值率 = \frac{年末所有者权益}{年初所有者权益} \times 100\%$$ (9.22)

一般认为，资本保值增值率越高，表明企业的资本保全状况越好，所有者权益增长越快，债权人的债务越有保障。该指标通常应当大于100%。

（三）资本积累率

资本积累率，是企业本年所有者权益增长额与年初所有者权益的比率，反映企业当年资本的积累能力。其计算公式为：

$$资本积累率 = \frac{本年所有者权益增长额}{年初所有者权益} \times 100\% \tag{9.23}$$

资本积累率越高，表明企业的资本积累越多，应对风险、持续发展的能力越强。

（四）总资产增长率

总资产增长率，是企业本年总资产增长额同年初资产总额的比率，反映企业本期资产规模的增长情况。其计算公式为：

$$总资产增长率 = \frac{本年总资产增长额}{年初资产总额} \times 100\% \tag{9.24}$$

其中：本年总资产增长额 = 年末资产总额 − 年初资产总额

总资产增长率越高，表明企业一定时期内资产经营规模扩张的速度越快。但在分析时，需要关注资产规模扩张的质和量的关系以及企业的后续发展能力，避免盲目扩张。

（五）营业利润增长率

营业利润增长率，是企业本年营业利润增长额与上年营业利润总额的比率，反映企业营业利润的增减变动情况。其计算公式为：

$$营业利润增长率 = \frac{本年营业利润增长额}{上年营业利润总额} \times 100\% \tag{9.25}$$

其中：本年营业利润增长额 = 本年营业利润总额 − 上年营业利润总额

（六）技术投入比率

技术投入比率，是企业本年科技支出（包括用于研究开发、技术改造、科技创新等方面的支出）与本年营业收入的比率，反映企业在科技进步方面的投入，在一定程度上可以体现企业的发展潜力。其计算公式为：

$$技术投入比率 = \frac{本年科技支出合计}{本年营业收入} \times 100\% \tag{9.26}$$

（七）营业收入三年平均增长率

营业收入三年平均增长率表明企业营业收入连续三年的增长情况，反映企业的持续发展态势和市场扩张能力。

一般认为，营业收入三年平均增长率越高，表明企业营业持续增长势头越好，市场扩张能力越强。

（八）资本三年平均增长率

资本三年平均增长率表示企业资本连续三年的积累情况，在一定程度上反映了企业的持续发展水平和发展趋势。

一般认为，资本三年平均增长率越高，表明企业所有者权益得到保障的程度越大，应对风险和持续发展的能力越强。

第三节 综合财务分析

一、杜邦财务分析体系

杜邦财务分析体系是利用几种主要财务比率之间的内在联系，综合分析企业财务状况的一种方法。因这种分析体系是美国杜邦公司首先创造使用的，故称杜邦分析法。

杜邦财务分析体系核心指标是权益报酬率（净资产收益率）。

$$权益报酬率 = \frac{净利润}{平均所有者权益}$$

$$= \frac{净利润}{平均总资产} \times \frac{平均总资产}{平均所有者权益} = 资产净利率 \times 权益乘数$$

$$= \frac{净利润}{销售收入} \times \frac{销售收入}{平均总资产} \times \frac{平均总资产}{平均所有者权益}$$

$$= 销售净利率 \times 资产周转率 \times 权益乘数 \tag{9.27}$$

杜邦分析法是对企业财务状况进行的自上而下的综合分析。它通过几种主要的财务指标之间的关系，直观、明了地反映出企业的偿债能力、营运能力、获利能力及其相互之间的关系，从而为经营者提供解决企业财务问题的思路并为企业提供财务目标的分解、控制途径。从杜邦分析法可以了解到下面的财务信息：

（1）权益报酬率是杜邦财务分析体系的核心，是综合性最强的一个指标，反映着企业财务管理的目标。企业财务管理的重要目标之一就是实现股东财富的最大化，权益报酬率正是反映了股东投入资金的获利能力，这一比率反映了企业筹资、投资和生产运营等各方面经营活动的效率。权益报酬率取决于企业资产净利率和权益乘数。资产净利率反映企业运用资产进行生产经营活动的效率高低，而权益乘数则主要反映企业的筹资情况，即企业资金来源结构。

（2）资产净利率是反映企业获利能力的一个重要财务比率，它揭示了企业生产经营活动的效率，综合性也极强。企业的销售收入、成本费用、资产结构、资产周转速度以及资金占用量等各种因素都直接影响到资产净利率的高低。资产净利率是销售净利率与资产周转率的乘积。因此，可以从企业的销售活动与资产管理两个方面来进行分析。

（3）从企业的销售方面看，销售净利率反映了企业净利润与销售收入之间的关系。一般来说，销售收入增加，企业的净利会随之增加，但是要想提高销售净利率，必须一方面提高销售收入，另一方面降低各种成本费用，这样才能使净利润的增长高于销售收入的增长，从而使销售净利率得到提高。

（4）在企业资产方面主要应分析以下两个方面：①分析企业的资产结构是否合理，即流动资产与非流动资产的比例是否合理。一般来说，如果企业流动资产中货币资金占的比重过大，就应当分析企业现金持有量是否合理，有无现金闲置现象，因为过量的现金会影响企业的获利能力。如果流动资产中的存货与应收账款过多，就会占用大量的资金，影响企业的资金周转。②结合销售收入分析企业的资金周转情况。如果企业资金周转较慢，就会占用大量资金，增加资金成本，减少企业的利润。资金周转情况的分析要从分析企业总资金周转率、企业存货周转率与应收账款周转率几方面进行，并将其周转情况与资金占用情况结合分析。

总之，从杜邦分析法可以看出企业的获利能力涉及产生经营活动的方方面面。权益报酬率与企业的筹资结构、销售规模、成本水平、资产管理等因素密切相关，这些因素构成一个完整的系统，系统内部各因素之间相互作用。只有协调好系统内部各个因素之间的关系，才能使权益报酬率得到最高，从而实现股东财富最大化的理财目标。

【小贴士】杜邦分析是对企业财务状况进行的综合分析。它通过几种主要的财务指标之间的关系，直观、明了地反映出企业的财务状况。权益报酬率是一个综合性极强、最具代表性的财务比率，它是杜邦系统的核心。

二、沃尔评分法

最初的财务比率综合分析法也称沃尔评分法。其发明者是亚历山大·沃尔。他在 20 世纪初出版的《信用晴雨表研究》和《财务报表比率分析》中提出了信用能力指数的概念，把若干个财务比率用线性关系结合起来，以评价企业的信用水平。他选择了 7 种财务比率，分别给定了其在总体评价中所占的比重，总和为 100 分。然后确定标准比率，并与实际比率相比较，评出每项指标的得分，最后求出总评分，从而对企业业绩进行评价。

表9.1 沃尔评分法

财务比率	比重 ①	标准比率 ②	实际比率 ③	相对比率 ④＝③÷②	评分 ⑤＝①×④
流动比率	25	2.00	2.33	1.17	29.25
净资产/负债	25	1.50	0.88	0.59	14.75
资产/固定资产	15	2.50	3.33	1.33	19.95
销售成本/存货	10	8	12	1.50	15.00
销售额/应收账款	10	6	10	1.70	17.00
销售额/固定资产	10	4	2.66	0.67	6.70
销售额/净资产	5	3	1.63	0.54	2.70
合 计	100				105.35

从理论上讲，沃尔评分法存在一个弱点：未能证明为什么要选择这7个指标，而不是更多或更少些，或者选择别的财务比率以及未能证明每个指标所占比重的合理性。这个问题至今仍然没有从理论上解决。尽管沃尔评分法在理论上还有待证明，在技术上也不完善，但它还是在实践中被应用。耐人寻味的是，很多理论上相当完善的经济计量模型在实践中往往应用并不普遍，但实际使用并行之有效的模型却又在理论上难以解释。这也许就是经济活动复杂性的表现。

现代社会与沃尔所在的时代相比，已有很大的变化。在评价指标方面有一些变动，在给每个指标评分时，规定上限和下限，以减少个别指标异常对总分造成不利的影响。

三、上市公司财务比率分析

对于上市公司来说，最重要的财务指标是每股收益、每股净资产和净资产收益率。

（一）每股收益

1. 每股收益的计算及分析

每股收益是指本年净利润与年末普通股份总数的比值。其计算公式为：

$$每股收益 = \frac{净利润}{年末普通股份总数} \tag{9.28}$$

每股收益是衡量上市公司盈利能力最重要的财务指标。它反映普通股的获利水平。在分析时，可以进行公司间的比较，以评价该公司的相对盈利能力；可以进行不同时期的比较，了解该公司盈利能力的变化趋势；可以进行经营实绩和盈利预测的比较，掌握该公司的管理能力。

使用每股收益分析盈利性要注意的问题：

（1）每股收益不反映股票所含有的风险。例如，假设 A 公司原来经营日用品的产销，最近转向房地产投资，公司的经营风险增大了许多，但每股收益可能不变或提高，并没有反映风险增加的不利变化。

（2）股票是一个"份额"概念，不同股票的每一股在经济上不等量，它们所含有的净资产和市价不同即换取每股收益的投入量不相同，限制了每股收益的公司间比较。

（3）每股收益多，不一定意味着多分红，还要看公司股利分配政策。

2. 每股收益的延伸分析

为了克服每股收益指标的局限性，可以延伸分析市盈率、每股股利、股利支付率、股利保障倍数和留存盈利比率等财务比率。

（1）市盈率。市盈率是指普通股每股市价为每股收益的倍数，其计算公式为：

$$市盈率 = \frac{普通股每股市价}{普通股每股收益} \qquad (9.29)$$

市盈率反映投资人对每元净利润所愿支付的价格，可以用来估计股票的投资报酬和风险。它是市场对公司的共同期望指标，市盈率越高，表明市场对公司的未来越看好。在市价确定的情况下，每股收益越高，市盈率越低，投资风险越小；反之亦然。在每股收益确定的情况下，市价越高，市盈率越高，风险越大；反之亦然。仅从市盈率高低的横向比较看，高市盈率说明公司能够获得社会信赖，具有良好的前景；反之亦然。

使用市盈率指标时应注意以下问题：该指标不能用于不同行业公司的比较，充满扩展机会的新兴行业市盈率普遍较高，而成熟工业的市盈率普遍较低，这并不说明后者的股票没有投资价值。在每股收益很小或亏损时，市价不会降至零，很高的市盈率往往不说明任何问题。市盈率高低受净利润的影响，而净利润受可选择的会计政策的影响，从而使得公司间比较受到限制。市盈率高低受市价的影响，市价变动的影响因素很多，包括投机炒作等，因此观察市盈率的长期趋势很重要。

（2）每股股利。每股股利是指股利总额与期末普通股股份总数之比。其计算公式为：

$$每股股利 = \frac{股利总额}{年末普通股股份总数} \qquad (9.30)$$

（3）股票获利率。股票获利率是指每股股利与股票市价的比率，也称市价股利比率。其计算公式为：

$$股票获利率 = \frac{普通股每股股利}{普通股每股市价} \times 100\% \qquad (9.31)$$

股票获利率反映股利和股价的比例关系。股票持有人取得收益的来源有两个：

一是取得股利；二是取得股价上涨的收益。只有股票持有人认为股价将上升，才会接受较低的股票获利率。如果预期股价不能上升，股票获利率就成了衡量股票投资价值的主要依据。

（4）股利支付率。股利支付率是指普通股净收益中股利所占的比重，它反映公司的股利分配政策和支付股利的能力。其计算公式为：

$$股利支付率 = \frac{普通股每股股利}{普通股每股净收益} \times 100\% \qquad (9.32)$$

（5）股利保障倍数。股利支付率的倒数，称为股利保障倍数，倍数越大，支付股利的能力越强。其计算公式为：

$$股利保障倍数 = \frac{普通股每股净收益}{普通股每股股利} \qquad (9.33)$$

（6）留存盈利比率。留存盈利是指净利润减去全部股利（包括优先股利和普通股利）的余额。留存盈利与净利润的比率，称为留存盈利比率。

$$留存盈利比率 = \frac{净利润 - 全部股利}{净利润} \times 100\% \qquad (9.34)$$

留存盈利比率的高低，反映企业的理财方针。如果企业认为有必要从内部积累资金，以便扩大经营规模，经股东大会同意可以采用较高的留存盈利比率。如果企业不需要资金或者可以用其他方式筹资，为满足股东取得现金股利的要求可降低留存盈利的比率。显然，提高留存盈利比率必然降低股利支付率。

（二）每股净资产

每股净资产，是期末净资产（即股东权益）与年度末普通股份总数的比值，也称为每股账面价值或每股权益，其计算公式为：

$$每股净资产 = \frac{年度末股东权益}{年度末普通股数} \qquad (9.35)$$

该指标反映发行在外的每股普通股所代表的净资产成本即账面权益。在投资分析时，只能有限地使用这个指标，因其是用历史成本计量的，既不反映净资产的变现价值，也不反映净资产的产出能力。例如，某公司的资产只有一块前几年购买的土地，并且没有负债，公司的净资产是土地的原始成本。现在土地的价格比过去翻了几番，引起股票价格上升，而其账面价值不变。这个账面价值，既不说明土地现在可以卖多少钱，也不说明公司使用该土地能获得什么。

每股净资产，在理论上提供了股票的最低价值。如果公司的股票价格低于净资产的成本，成本又接近变现价值，说明公司已无存在价值，清算是股东最好的选择。正因为如此，新建公司不允许股票折价发行.

（三）净资产收益率

前面已介绍，这里不再赘述。

本章小结

1. 财务分析方法主要有比较分析法、比率分析法和因素分析法三种。比较分析法是成为分析法中最常见的一种分析方法，它是将实际数值同特定的各种标准相比较，从数量上确定其差异额，并通过对这个差异额进行分析的一种方法。比率分析法是财务分析方法中的一种重要分析方法，它主要是通过企业财务数据计算出的财务比率来说明企业某个方面的业绩、状况或能力。因素分析法可以帮助人们抓住主要矛盾，对企业的财务状况和经营成果作出更有说服力的评价。

2. 财务报表中有大量的数据，可以根据需要计算出很多有意义的比率，这些比率涉及企业经营管理的各个方面。财务比率有偿债能力比率、营运能力比率获利能力比率和发展能力指标。

3. 综合财务分析包括杜邦财务分析体系、沃尔评分法和上市公司财务比率分析。

复习思考题

一、单项选择题

1. 在计算速动比率时，要从流动资产中扣除存货部分，再除以流动负债。这样做的原因在于流动资产中（　　）。

　　A. 存货的价值变动较大

　　B. 存货的质量难以保证

　　C. 存货的变现能力最低

　　D. 存货的数量不易确定

2. 对应收账款周转率速度的表达，正确的是：（　　）。

　　A. 应收账款周转天数越长，周转速度越快

　　B. 计算应收账款周转率时，应收账款余额不应包括应收票据

　　C. 计算应收账款周转率时，应收账款余额应为扣除坏账准备后的净额

　　D. 应收账款周转率越小，表明周转速度越快

3. 一般而言，短期偿债能力与（　　）关系不大。

　　A. 资产变现能力　　　　　　　　　　B. 企业再融资能力

C. 企业获利能力　　　　　　　　　D. 企业流动负债

4. 某企业 2007 年流动资产平均余额为 1 000 万元，流动资产周转次数 7 次。若企业 2007 年销售利润为 210 万元，则 2007 年销售利润率为（　　　）。

A. 30%　　　　　B. 50%　　　　　C. 40%　　　　　D. 15%

5. 属于综合财务分析法的有（　　　）。

A. 比率分析法　　　　　　　　　B. 比较分析法

C. 杜邦分析法　　　　　　　　　D. 趋势分析法

二、判断题

1. 资产负债率是负债总额占资产总额的百分比。其中资产总额应为扣除累计折旧后的净额，负债总额是扣除流动负债后的净额。（　　　）

2. 为了评价一个企业的长期偿债能力，一般把各年的已获利息倍数的平均数作为评价指标。（　　　）

3. 在销售利润率不变的情况下，提高资产利用率可以提高资产报酬率。（　　　）

4. 某企业年末速动比率为 0.5，则该企业可能仍具有短期偿期能力。（　　　）

5. 已获利息倍数指标可以反映企业偿付利息的能力。（　　　）

三、问答题

1. 财务报表分析的基本方法有哪些？什么是比率分析法？

2. 反映偿债能力（短期、长期）的指标有哪些？流动比率、速动比率的计算及分析，速动资产的内容。

3. 资产负债率的计算及分析。

四、计算题

1. 某企业为一股份制公司。公司本年度的利润净额为 40 000 元，发行在外的普通股平均 12 500 股，目前尚未发行优先股。

要求：①根据上述资料计算每股盈余。②若公司本年度分配股利 28 750 元，每股股利是多少？

2. 某公司的全部流动资产为 600 000 元，流动比率为 1.5。该公司刚完成以下两项交易：

（1）购入商品 160 000 元以备销售，其中的 80 000 元为赊购。

（2）购置运输车辆一部，价值 50 000 元，其中 30 000 元以银行存款支付，其余部分开出 3 个月期应付票据一张。

要求：计算每次交易后的流动比率。

案例分析

A 公司 2007 年度资产负债表、利润表资料如表 9.2 和表 9.3 所示。A 公司发行在外的普通股 2006 年为 1 000 万股，2007 年达 1 200 万股，其平均市价分别为 2.2 元/股和 2.5 元/股，2007 年分配普通股股东现金股利 400 万元。

要求：1. 根据报表资料分别计算该公司 2007 年的偿债能力、营运能力、获利能力等各项财务指标。

2. 运用杜邦财务分析体系进行综合分析。

3. 根据计算的各项财务比率指标进行分析，撰写一篇不少于 1 000 字的财务分析报告。

表 9.2　　　　　　　　　　　　　资产负债表

编制单位：A 公司　　　　　　　2007 年 12 月 31 日　　　　　　　单位：万元

资产	年初数	年末数	负债和股东权益	年初数	年末数
流动资产：			流动负债：		
货币资金	880	1 550	短期借款	200	150
短期投资	132	60	应付账款	600	400
应收账款	1 080	1 200	应付工资		
其他应收款			应付福利费	180	300
预付账款	200	250	应付股利	500	800
存货	808	880	一年内到期的长期负债	120	150
流动资产合计	3 100	3 940	流动负债合计	1 600	1 800
长期投资：			长期负债：		
长期股权投资	300	500	长期借款	200	300
长期债权投资			应付债券	100	200
长期投资合计	300	500	长期负债合计	300	500
固定资产：			负债合计	1 900	2 300
固定资产原价	2 500	2 800	股东权益：		
减：累计折旧	750	880	股本	1 500	1 800
固定资产净值	1 750	1 920	资本公积	500	700
固定资产合计	1 750	1 920	盈余公积	800	1 000

表9.2(续)

资产	年初数	年末数	负债和股东权益	年初数	年末数
无形资产及其他资产:			未分配利润	500	600
无形资产	50	40	股东权益合计	3 300	4 100
无形资产及其他资产合计	50	40			
资产总额	5 200	6 400	负债和股东权益总额	5 200	6 400

表9.3　　　　　　　　　　　　利润表

编制单位：A公司　　　　　　　　2007年度　　　　　　　　单位：万元

项目	本年累计数	上年累计数
一、主营业务收入	15 000	11 500
减：主营业务成本	8 500	6 900
主营业务税金及附加	750	575
二、主营业务利润（亏损以"-"号填列）	5 750	4 025
加：其他业务利润（亏损以"-"号填列）	2 000	1 500
减：营业费用	500	450
管理费用	840	750
财务费用	60	50
三、营业利润（亏损以"-"号填列）	6 350	4 275
加：投资收益（亏损以"-"号填列）	70	50
补贴收入		
营业外收入	50	60
减：营业外支出	30	50
四、利润总额（亏损以"-"号填列）	6 440	4 335
减：所得税	2 576	1 732
五、净利润（亏损以"-"号填列）	3 864	2 603

第十章 企业并购与破产财务管理

学习目标

本章主要介绍企业并购与破产财务管理的相关基础知识。在企业并购财务管理中，应熟悉企业并购的概念及其主要类型、企业并购的动因等；重点掌握企业价值的评估方法；了解企业并购的支付方式、并购成本与风险、反并购的相关策略。在破产财务管理中，就熟悉企业破产的概念、破产界限的要点，了解和解整顿各个阶段的工作内容，重点掌握企业破产清算的程序以及剩余财务分配的具体步骤等。

第一节 企业并购财务管理

并购是指企业间的兼并与收购，是指在市场机制作用下，企业为了获得其他企业的控制权而进行的产权交易活动。并购的实质是取得控制权。兼并通常是指一家企业以现金、证券或其他形式购买取得其他企业的产权，使其他企业丧失法人资格或改变法人实体，并取得对这些企业决策控制权的经济行为。收购是指企业用现金、证券或股票购买取得其他企业的部分或全部资产或产权，以获得该企业的控制权。

一、并购的类型

企业并购按不同的分类标准分，可以分为多种类型。

（一）按并购企业双方所处的行业划分为横向并购、纵向并购、混合并购

横向并购又称水平并购、横向扩张，是指同一行业生产同种产品的企业间的合并，并购企业与目标企业在产品市场上构成竞争关系。横向并购是一种传统的企业并购形式，其目的在于直接减少市场的企业量，显著提高市场集中度；其结果是限制竞争，增强行业的垄断力量。由于横向并购对竞争存在潜在的负面影响，所以，它通常会受到政府反垄断法的限制。例如 2000 年 1 月 10 日，美国在线公司和时代

华纳公司的合并，组建美国在线—时代华纳公司，新公司的资产价值达 3 500 亿美元。2000 年 2 月 4 日，全球最大的移动电话运营商英国沃达丰公司以 1 320 亿美元收购德国老牌电信和工业集团曼内斯曼，成为当时全球最大并购案。

纵向并购又称垂直并购，是指同一行业内处在不同生产经营阶段、具有上下游关系的企业间的合并。按照并购的方向不同，它可以分为前向性纵向并购和后向性纵向并购方式，前者是指纵向并购向上游投入的方向延伸；后者是指纵向并购向下游最终产品及销售阶段延伸。纵向并购交易费用低，能够充分发挥企业的技术特征，增强生产经营各环节直接的连续性和平稳性，节约生产运营成本和市场控制力。

混合并购又称扩张并购、跨行业并购，是指分别处于不同产业领域、不同产品市场且这些产业部门之间没有特殊的生产技术联系的企业之间的并购。可以分为产品扩张型并购、市场扩张型并购和纯粹的混合并购三种类型。产品扩张型并购是相关产品市场上企业的兼并。市场扩张型并购是一个企业为扩大其竞争地盘而对它尚未渗透的地区生产同类产品的企业进行兼并。混合并购可以使企业扩大自身的产业结构，从事多样化经营以减少经营风险。

（二）按照公司并购双方是否友好协商划分为善意并购和敌意并购

善意并购是指目标公司同意并购，并与并购公司通过共同协商就并购条件达成一致而完成并购活动的并购形式。由于该种并购使并购双方能够充分交流、沟通信息，因此并购成功率较高，有利于降低并购行动的风险与成本。同时善意并购行为还可以避免目标企业抗拒而带来额外的支出，但是，善意并购使并购企业不得不牺牲自身的部分利益，以换取目标企业的合作，同时并购协商也需要较长的时间。

敌意并购是指并购企业收购目标企业股权时虽然遭受目标企业的抗拒，仍然强行收购，或者并购企业事先不与目标企业进行协商，而突然直接向目标企业股东开出价格或收购要约的并购行为。敌意并购的优点在于并购企业完全处于主动地位，不用被动权衡各方面利益，而且并购行动节奏快，时间短，可有效控制并购成本。但敌意并购通常无法从目标企业获取其内部资料，给企业估价带来困难，还会招致目标企业抵抗甚至设置各种障碍，并购风险较大。另外，由于敌意并购易导致股市的不良波动，甚至影响企业发展的正常秩序，各国政府对敌意并购经常予以限制。

（三）按并购的实现方式可划分为承担债务式、现金购买式、股份交易式

承担债务式并购是指目标企业资不抵债或资产负债相等情况下，并购企业以承担目标企业全部或部分债务为条件来取得目标企业的资产所有权和经营权的并购方式。目前，我国很多企业采用这种方式。

现金购买式并购是指企业用现金购买目标企业的资产或股权以实施控制。它包括两种情况：一种是并购企业以现金购买目标企业全部资产，购买后，目标企业的唯一资产就是现金，成为有资本结构而无资产资源的空壳，从法律意义上来说不得

不消失；另一种是以现金购买目标企业的股权或股票，当并购企业取得大部分或全部股本时，就成功并购该目标企业。

股份交易式并购是指并购企业用自身的股权来换取目标公司的股权或资产，可具体分为股权换股权和以股权换资产两种形式。

二、并购的动因

企业并购行为的目的是为了追求股东财富最大化，企业并购的动力来源于市场竞争的巨大压力，因此，产生并购行为最基本的动机就是寻求企业的发展。寻求扩张的企业面临着内部扩张和通过并购发展两种选择。内部扩张可能是一个缓慢而不确定的过程，通过并购发展则要迅速的多，尽管它会带来自身的不确定性。总体而言，企业进行横向并购的动因主要是降低生产经营成本和扩大市场份额，企业进行纵向并购的动因主要是为了降低交易费用和代理成本。具体来说，存在以下并购动因：

（一）谋求管理协同效应

如果某企业有一支高效率的管理队伍，其管理能力超出管理该企业的需要，但这批人才只能集体实现其效率，企业不能通过解聘释放能量，那么该企业就可并购那些由于缺乏管理人才而效率低下的企业，利用这支管理队伍通过提高整体效率水平而获利。

（二）谋求经营协同效应

由于经济的互补性及规模经济，两个或两个以上的企业合并后可提高其生产经营活动的效率，这就是所谓的经营协同效应。获取经营协同效应的一个重要前提是产业中的确存在规模经济，即生产规模经济、公司规模经济等。通过并购，企业规模得到扩大，能够形成有效的规模效应。规模效应能够带来资源的充分利用，资源的充分整合，降低管理、原料、生产等各个环节的成本，从而降低总成本。

（三）谋求财务协同效应

企业并购不仅可以因经营效率提高而获利，而且还可以在财务方面给企业带来财务能力的提高、合理避税和预期效应。

（四）实现战略重组，开展多元化经营

企业通过经营相关程度较低的不同行业可以分散风险、稳定收入来源、增强企业资产的安全性。多元化经营可以通过内部积累和外部并购两种途径实现，但在多数情况下，并购途径更为有利。尤其是当企业面临变化了的环境而调整战略时，并购可以使公司低成本地迅速进入被并购企业所在的增长相对较快的行业，并在很大程度上保持被并购企业的市场份额以及现有的各种资源，从而保证公司持续不断的盈利能力。这种情况出现在混合并购模式中较多，随着行业竞争的加剧，企业通过对其他行业的投资，不仅能有效扩充企业的经营范围，获取更广泛的市场和利润，而且能够分散因本行业竞争带来的风险。

（五）获得特殊资产

企图获取某项特殊资产往往是并购的主要动因。特殊资产可能是一些对企业发展至关重要的专门资产。另外，并购还可能是为了得到目标企业所拥有的有效管理队伍、优秀研究人员或专门人才以及专有技术、商标、品牌等无形资产。

（六）降低代理成本

在企业的所有权与经营权相分离的情况下，经理是决策或控制的代理人，而所有者作为委托人成为风险承担者。由此造成的代理成本包括契约成本、监督成本和剩余损失。通过企业内部组织机制安排可以在一定程度上缓解代理问题，降低代理成本。

三、企业并购简史

（一）以横向并购为特征的第一次并购浪潮（1895—1904 年）

这一阶段的并购以横向并购为主，并购后形成了一批具有大规模、大垄断特点的公司。

19 世纪下半叶，科学技术取得巨大进步，大大促进了社会生产力的发展，为以铁路，冶金，石化，机械等为代表的行业大规模并购创造了条件，各个行业中的许多企业通过资本集中组成了规模巨大的垄断公司。在 1899 年美国的并购高峰期，公司并购达到 1 208 起，是 1896 年的 46 倍，并购的资产额达到 22.6 亿美元。1895—1904 年的并购高潮中，美国有 75% 的公司因并购而消失。在工业革命发源地英国，并购活动也大幅增长，1880—1981 年，有 665 家中小型企业通过兼并组成了 74 家大型企业，垄断着主要的工业部门。后起的资本主义国家德国的工业革命完成比较晚，但企业并购重组的发展也很快，1875 年，德国出现第一个卡特尔，通过大规模的并购活动，1911 年就增加到 550～600 个，控制了德国国民经济的主要部门。在这股并购浪潮中，大企业在各行各业的市场份额迅速提高，形成了比较大规模的垄断。

（二）以纵向并购为特征的第二次并购浪潮（1922—1929 年）

20 世纪 20 年代发生的第二次并购浪潮中那些在第一次并购浪潮中形成的大型企业继续进行并购，进一步增强经济实力，扩展对市场的垄断地位。这一时期的并购的典型特征是纵向并购为主，即把一个部门的各个生产环节统一在一个企业联合体内，形成纵向托拉斯组织，行业结构转向寡头垄断。第二次并购浪潮中有 85% 的企业并购属于纵向并购。通过这些并购。通过这些并购，主要工业国家普遍形成了主要经济部门的市场被一家或几家企业垄断的局面。

（三）以混合并购为特征的第三次并购浪潮（20世纪60年代）

20世纪50年代中期，各主要工业国出现了第三次并购浪潮。战后，各国经济经过20世纪40年代后期和50年代的逐步恢复，在60年代迎来了经济发展的黄金时期，主要发达国家都进行了大规模的固定资产投资。随着第三次科技革命的兴起，一系列新的科技成果得到广泛应用，社会生产力实现迅猛发展。在这一时期，以混合并购为特征的第三次并购浪潮来临，其规模，速度均超过了前两次并购浪潮。

（四）以金融杠杆并购为特征的第四次并购浪潮（20世纪七八十年代）

20世纪80年代兴起的第四次并购浪潮的显著特点是以融资并购为主，规模巨大，数量繁多。1980—1988年间企业并购总数达到20 000起，1985年达到顶峰。多元化的相关产品间的"战略驱动"并购取代了"混合并购"，不再像第三次并购浪潮那样进行单纯的无相关产品的并购。此次并购的特征是：企业并购以融资并购为主，交易规模空前；并购企业范围扩展到国外企业；出现了小企业并购大企业的现象；金融界为并购提供了方便。

（五）第五次全球跨国并购浪潮（20世纪90年代开始）

进入20世纪90年代以来，经济全球化、一体化发展日益深入。在此背景下，跨国并购作为对外直接投资（FDI）的方式之一逐渐替代跨国创建而成为跨国直接投资的主导方式。从统计数据看，1987年全球跨国并购仅有745亿美元，1990年就达到1 510亿美元，1995年，美国企业并购价值达到4 500亿美元，1996年上半年这一数字就达到2 798亿美元。2000年全球跨国并购额达到11 438亿美元。但是从2001年开始，由于受欧美等国经济增长速度的停滞和下降以及"9.11"事件的影响，全球跨国并购浪潮出现了减缓的迹象，但从中长期的发展趋势来看，跨国并购还将得到继续发展。

四、企业并购财务分析

企业的并购行为往往是战略性的，将对企业未来的生产经营产生深远影响，一个完整的并购过程一般可以划分为三个阶段：准备、谈判和整合。具体来说，各阶段的财务问题是：在准备阶段，并购企业主要对候选的目标企业进行并购可行性分析；在谈判阶段，对目标企业的财务分析是核心；在整合阶段，主要评价并购是否成功。

（一）并购目标公司的选择

选择适合本企业发展的并购目标是成功并购的前提。目标公司的选择一般包括发现目标公司、审查目标公司和评价目标公司三个阶段。

发现合适的目标公司可以通过公司自己的高级职员或建立专职的并购部进行寻找，也可以借助专业金融中介机构进行。

审查目标公司是对初步选定的并购目标公司所进行的进一步的分析评估和实质性审查。一般来说，审查的重点包括：对目标公司出售动机的审查；对目标公司法律文件方面的审查，如审查企业章程、股票证明书、财产目录清单、合同契约等；对目标公司业务方面的审查，主要是审查目标公司是否能与本企业的业务融合；对目标公司财务方面的审查，主要是分析目标公司的偿债能力、盈利能力、营运能力及发展能力等；对并购风险的审查，主要包括市场风险、投资风险、经营风险等。

评价目标公司即对目标公司的价值进行评估，作为谈判阶段并购方愿意支付的并购价格。价值评估在企业并购中具有核心地位，它是并购企业在准备阶段选择并购对象的重要依据之一，也是并购企业在谈判阶段报价的基础。

（二）并购成本效益分析

并购决策要符合成本—效益原则，企业并购分析的成本效益项目一般包括以下几项：

1. 并购成本分析

企业并购的成本包括并购完成成本、并购整合成本、并购退出成本和并购机会成本等。

（1）并购完成成本。完成成本是指并购行为本身所发生的并购价款和并购费用。并购价款是支付给被并购企业股东的，包括现金、股票或其他资产等。并购费用是指并购过程中所发生的有关费用，如并购过程中所发生的搜寻、策划、谈判、文本制定、资产评估、法律鉴定、顾问等费用。

（2）并购整合成本。整合成本，也被称作并购协调成本，是指并购企业为使被并购企业按计划启动、发展生产所需的各项投资。当并购完成后，由于并购企业与被并购企业作为两个不同的企业，在业务经营、管理模式、企业文化等方面都会存在显著的差异。要使它们成为一家企业，就必须对这些相异点进行整合，实现一体化运作。

（3）并购退出成本。退出成本主要是指企业通过并购实施扩张而出现扩张不成功必须退出，或当企业所处的竞争环境出现了不利变化，需要部分或全部解除并购所发生的成本。一般来说，并购力度越大，可能发生的退出成本就越高。这项成本是一种或有成本，并不一定发生，但企业应该考虑到这项成本，以便在并购过程中对并购策略做出更合适的安排或调整。

（4）并购机会成本。并购活动机会成本是指并购的实际支出相对于其他投资的未来收益损失。

2. 并购收益分析

具体来讲，企业并购的收益主要有以下几个方面：

（1）获得规模经济的收益。企业并购可以获得企业所需要的产权及资产，实行一体化经营，达到规模经济。企业的规模经济是由生产规模经济和管理规模经济两个层次组成的。生产规模经济是指：企业通过并购，对生产资本进行补充和调整，达到规模化生产的要求。在保持整体产业结构不变的情况下在各分厂实现单一化生产，达到专业化的要求。管理规模经济主要表现在：由于管理费用可以在更大范围内分摊，使单位产品的管理费用大大减少。

（2）合理避税的收益。税法中，不同类型的收益所征收的税率是不同的。比如，股息收入和利息收入、营业收益和资本收益的税率就有很大区别，因此企业可以利用并购来合理避税。企业可以利用税法中亏损递延条款来获得合理避税的收益。如果企业在一年中出现了严重亏损，或者企业连续几年不盈利，企业拥有相当数量的累计亏损时，这家企业往往会被考虑为并购对象，或者该企业考虑并购盈利企业，以充分利用它在纳税方面的优势。

（3）寻找机会和分散风险的收益。在跨行业并购中，一些并购公司的主要目的不在于追求高收益，而在于通过并购其他行业的公司，寻求投资新领域和未来的发展空间，同时分散经营单一产品的风险。这种跨行业并购一定要以成功的专业化为基础，不可盲目多角化经营。

（4）获取融资渠道的收益。一些公司之所以并购上市公司或金融企业，主要在于为自己寻求一条比较方便的融资渠道，"买壳上市"就是这种方式。非上市公司通过证券市场收购已挂牌上市的公司，再以反向收购的方法注入自己的有关业务和资产，达到间接上市的目的。优势企业通过"买壳上市"可以利用"壳"企业的配股和增发新股较为便利地募集资金。

（三）并购目标企业的价值评估

价值评估是指买卖双方对标的作出的价值判断。对目标企业估价一般可以使用以下方法：

1. 资产价值基础法

资产价值基础法是指通过对目标企业的资产进行估价来评估其价值的方法。确定目标企业资产的价值，关键是选择合适的资产评估价值标准。国际上通行的资产评估价值标准主要有：①账面价值。这是指会计核算中账面记载的资产价值。账面价值取数方便，但是其缺点是只考虑了各种资产在入账时的价值而脱离现实的市场价值。②市场价值。这是指把资产视为一种商品在市场上公开竞争，在供求关系平衡的状态下确定的价值。这种价值可以高于或低于账面价值。③清算价值。清算价值是指在企业出现财务危机而破产或清算时，把企业中的实物资产逐个分离而单独出售的资产价值。清算价值是在企业作为一个整体已经丧失增值能力情况下的资产估价方法。对股东来说，企业的清算价值是清算资产偿还债务后的剩余价值。

2. 收益法

收益法就是根据目标企业的收益和市盈率确定其价值的方法，也称为市盈率模型。市盈率的含义非常丰富，它可能暗示着企业股票收益的未来水平、投资者投资于企业希望从股票中得到的收益、企业投资的预期回报、企业在其投资上获得的收益超过投资者要求收益的时间长短。其步骤为：

（1）检查、调整目标企业近期的利润业绩。收益法使用的收益指标在性质上是目标企业在被收购以后持续经营可能取得的净利润。对目标企业净利润的分析，应该考虑下列因素，并适当调整：①并购企业必须考虑目标企业所使用的会计政策。②剔除非常项目和特殊业务对净利润的影响。③调整由于不合理的关联方交易造成的利润增减金额。

（2）选择计算目标企业估价收益指标。一般来讲，最简单的估价收益指标可以采用目标企业最近 1 年的税后利润。考虑到企业经营中的波动性，也可采用其最近 3 年税后利润的平均值作为估价收益指标将更为合适。实际上，对目标企业的估价还应当更多地注重其被收购后的收益状况，这样对企业并购决策更具有指导意义。

（3）选择标准市盈率。通常可选择的市盈率有以下几种：在并购时点目标区域的市盈率、与目标企业具有可比性的企业市盈率或目标企业所处行业的平均市盈率。选择标准时必须确保在风险和成长性方面的可比性，该标准应当是目标企业并购后的风险，而不仅仅是历史数据。

（4）计算目标企业的价值。利用选定的估价收益指标和标准市盈率，就可以方便地计算目标企业的价值：目标企业价值 ＝ 估价收益指标 × 标准市盈率。采用收益法估算目标企业的价值，以投资为出发点，着眼于未来经营收益，并在测算方面形成一套较为完整有效的科学方法，因而为各种并购价值评估广泛使用。但在该方法使用中，不同估价收益指标的选择具有一定的主观性，而且我国股市建设尚不完善，股票市盈率普遍较高，适当的市盈率标准难以取得，所以在当前的情况下，很难完全运用收益法对目标企业进行标准估价。

3. 贴现现金流量法

它是将公司未来预期的收益用适当的折现率折现为评估基准日的现值，并以此确定公司价值的评估方法。贴现现金流量法的原理就是，收购者之所以收购目标公司，是考虑到目标公司能为自己带来收益，如果公司的收益大，收购价格就会高。所以根据公司所能带来收益的高低来确定公司价值是科学合理的方法。这种方法涉及目标公司预期寿命年限的评估。预期寿命年限是指从评估基准日到公司丧失获利能力的年限。公司都有寿命周期，在用收益现值法评估公司价值时，必须首先判断公司的经济寿命。如果估计经济寿命过长就会高估公司价值；反之会低估公司价值。其步骤是：预测自由现金流量、估计贴现率或加权平均资本成本、计算现金流量现值、估价购买价格和贴现现金流量估值的敏感性分析。

以上各种对目标公司的估价方法，并无绝对的优劣之分。并购公司对不同方法的选用应主要根据并购的动机而定，在实践中可将各种方法交叉使用，从多角度评估目标公司的价值，以降低估价风险。

（四）企业并购的风险分析

企业并购是高风险经营，财务分析应在关注其各种收益、成本的同时，更重视并购过程中的各种风险，进行有效控制。

1. 营运风险

所谓营运风险是指并购方在并购完成后，在并购整合后可能无法使整个企业集团产生经营协同效应、财务协同效应、市场份额效应，难以实现规模经济和经验共享互补。通过并购形成的新企业因规模过于庞大而产生规模不经济，甚至整个企业集团的经营业绩都会被并购进来的新企业所拖累。

2. 信息风险

由于并购双方的信息不对称，企业看好的被并购方的资产，在并购完成后有可能存在严重高估，甚至一文不值，从而给企业造成很大的经济损失。并购过程中人的主观性对并购影响很大，并购并不能按市场价值规律来实施。并购本身是一种商品的交换关系，所以需要建立服务于并购的中介组织，降低并购双方的信息成本且对并购行为提供指导和监督。

3. 融资风险

企业并购通常需要大量资金，如果筹资不当，就会对企业的资本结构和财务杠杆产生不利影响，增加企业的财务风险。同时，只有及时足额的筹集到资金才能保证并购的顺利进行。按筹资的方式不同，可分两种情况：①债务性融资风险，多数企业通过负债筹资的方式一般为长期借款，但是银行信贷资金主要是补充企业流动资金和固定资金的不足，没有进行企业并购的信贷项目，因此，难以得到商业银行支持。另一种负债筹资的方式是发行企业债券，虽然资金成本较低，但筹资时间长，筹资额有限。②权益性融资风险，发行普通股是企业筹集大量资金的一种基本方式，而且没有固定利息负担，筹资风险小。但是，股利要从净利润中支付，资金成本高，而且无法享受纳税利益。

4. 反收购风险

在通常情况下，被收购的企业对收购行为往往持不欢迎和不合作态度，尤其在面临敌意并购时，他们可能会"宁可玉碎，不为瓦全"，不惜一切代价布置反收购战役，其反收购措施可能是各种各样的。这些反收购行动无疑会对收购方构成相当大的风险。

5. 法律风险

并购、重组中必然涉及相关的法律法规，各国关于并购、重组的法律法规的细则，一般都通过增加并购成本而提高并购门槛。比如，我国目前的收购规则要求，收购方持有一家上市公司 5% 的股票后即必须公告并暂停买卖，以后每递增 5% 就要重复该过程，持有 30% 股份后即被要求发出全面收购要约。这套程序造成的收购成本之高，收购风险之大，收购程度之复杂，足以使收购者气馁，反收购则相对比较轻松。

6. 体制风险

在我国，国有企业资本经营过程中相当一部分企业的收购兼并行为，都是由政府部门强行撮合而实现的。尽管大规模的并购活动需要政府的支持和引导，但是并购行为毕竟是企业基于激烈市场竞争而自主选择的发展战略，是一种市场化行为。政府依靠行政手段对企业并购大包大揽不仅背离市场原则，难以达到预期效果，而且往往还会给并购企业带来风险。

总之，并购风险非常复杂和广泛，企业应谨慎对待，多谋善选，尽量避免风险，将风险消除在并购的各个环节中，最终实现并购的成功。

五、企业并购运作概述

（一）企业并购筹资管理

企业并购筹资管理主要包括预测并购资金需要量、确定并购支付方式以及选择适当的筹资渠道筹集资金。

1. 并购资金需要量

并购资金需要量是并购企业筹集资金量的依据，因此必须对其进行科学合理的分析和预测。收购方进行收购所需投入的资金，通常是由收购价格、为维持被收购公司的正常营运所需的短期资金及收购公司的正常营运所需的短期资金及收购目的所决定的。实践中，在收购时除收购价格外，还应考虑所需投入的资金，除了用来偿还长期负债外，还常需投入短期资金，以偿还短期负债或充当营运资金，只有这样才能顺利保证收购后目标公司的正常营运。

2. 并购支付方式

随着现代经济的发展，企业并购的支付方式不断拓展。在确定了并购目标以及并购价格之后，就要确定并购资金的付款方式、筹集渠道，按照付款方式，划分为现金支付、股票支付、综合证券支付，其他方式还包括承担债务式和资本划转式并购等。

（1）现金支付。现金支付是由主并企业向目标企业支付一定数量的现金，从而取得目标企业的所有权，一旦目标企业的股东收到了对其所拥有的股权的现金支付，就失去了任何选举权或所有权。现金支付是企业并购中最先被采用的支付方式，也是在企业并购中使用频率最高的支付方式。对目标企业的股东而言，现金支付的好处在于，现金支付可以使他们即时得到确定的收益，安全性较强；其不足之处是即时形成纳税义务。对主并企业而言，现金支付最大的好处是现有的股权结构不会受到影响，现有股东控制权不会被稀释。同时，现金支付可以使主并企业迅速完成并购，避免目标企业的反并购防御措施，降低并购成本，因此其多用于敌意收购。缺点在于现金支付会给主并公司造成一项沉重的现金负担。采用这种方式必须考虑到以下影响因素：首先是短期的现金需求，现金支付要求购买者在确定的日期支付一定的现金，包括：出资中以现金或现金等价物清偿的部分，购买企业可能发生的有关直接费用，支付给为购买而聘请的会计师、法律顾问、评估事务所和其他咨询人员的费用等，这些费用构成企业一项重大即时现金负担，对企业资金能力要求较高，会遇到巨额筹资的压力，使企业资金紧缺；其次是中长期流动性，为应付因并购而使企业长时间大量现金流出的需要，企业应设法安排好中长期现金流入；再次是现金支付将迫使并购方采用购买法来处理会计报表，使每股税后收益下降而影响其股票市价。

（2）股票支付。所谓股票并购方式是指通过换股方式或增发新股的方式达到获得目标公司财产权或控制权的并购出资方式。股票支付常见于善意并购，当并购双方的规模、实力相当时，被采用的可能性较大。

股票支付的优点在于：①股票并购交易规模相对较大，并购公司无须另行筹资来支付并购，从而不会使公司的营运资金遭到挤压，减轻了现金压力。②股票并购交易完成后，目标公司的股东不会失去其所有者权益。③目标公司股东享受延期纳税和低税率的优惠。与现金并购相比较，股票并购无须过多地考虑当地的税务准则及其对出价安排上的制约。如果并购方业绩优良，给目标公司股东支付股票可能比支付现金更受欢迎。按照规定，目标公司股东在未来出售其换来的股票时，才对其收入纳税，这样持股股东可根据自己需要，自主地决定收益实现的时间，享受税收优惠政策。④采用股票并购可使原目标公司股东与并购方共同承担估价下降风险。

股票支付的不足之处在于：①并购方现有的股权结构发生变化，老股东面临着失去公司控制权的风险。②增发新股可能会使每股权益下降，会使老股东的原有收益稀释。③增发新股同样会使每股净资产值减少，这会对股价产生不利影响。

采用股票支付时必须考虑以下影响因素：①主并企业的股权结构。由于股票支付方式的一个突出特点是它对主并企业的原有股权结构会有重大影响，因而主并企业必须事先确定主要大股东在多大程度上会接受股权的稀释。②每股收益率的变化。增发新股会对每股收益产生不利的影响，如果目标企业的盈利状况较差，或者支付的价格较高，则会导致每股收益的减少。虽然在许多情况下，每股收益的减少只是短期的，长期来看还是有利的，但无论如何，每股收益的减少仍可能给股价带来不利的影响，导致股价下跌。所以，主并企业在采用股票支付方式前，要确定是否会产生这种不利情况，如果发生这种情况，那么在多大程度上是可以接受的。③每股净资产的变动。每股净资产是衡量股东权益的一项重要标准。在某种情况下，新股的发行可能会减少每股所拥有的净资产，这也会对股价造成不利影响。如果采用股票支付方式会导致每股净资产的下降，主并企业需要确定这种下降是否被企业原有的股东所接受。④财务杠杆比率。发行新股可能会影响企业的财务杠杆比率。所以，主并企业应考虑是否会出现财务杠杆比率升高的情况以及具体的资产负债的合理水平。⑤当前股价水平。当前股价水平是主并企业决定采用现金支付还是股票支付的一个主要影响因素。一般来说，在股票市场处于上升过程时，股票的相对价格较高，这时以股票作为支付方式可能更有利于主并企业，增发的新股对目标企业也会有较强的吸引力。不然的话，目标企业可能不愿持有，即刻抛空套现，导致股价进一步下跌。因此，主并企业应考虑本企业股价所处的水平，同时还应预测增发新股会对股价带来多大影响。⑥当前股息收益率。新股发行往往与主并企业原有的股息政策有一定的联系。一般而言，股东都希望得到较高的股息收益率。在股息收益率较高的情况下，发行固定利率较低的债权证券可能更为有利；反之，如果股息收益率较低，增发新股就比各种形式的借贷更为有利。因此，主并企业在决定采用股票支付还是通过借贷筹集现金来支付时，先要比较股息收益率和借贷利率的高低。

（3）综合证券支付。综合证券支付又称混合支付，在并购方对目标企业提出要约时，其出价不仅有现金、股票，还有认股权证、可转换债券等多种形式相混合。该方式通过把各种支付工具组合在一起，能集中各种支付工具的长处而扬长避短。由于这种优势，近年来混合证券支付在各种出资方式中的比例呈现出逐年上升的趋势。

（4）承担债务式。又称零成本收购，是指在目标企业资产与债务等价的情况下，兼并方以承担目标企业的债务为条件接受其资产，此时目标企业还具有潜力和可以利用的资源。承担债务式并购的对象一般是净资产较低、经营状况不佳的企业。优势企业不必支付并购价款，但往往要承诺承担企业的所有债务和安置企业全部职工，这种情况在我国企业并购中尤为常见。承担债务式并购的好处是为优势企业提供了低成本扩张的机会，优势企业通过注入资金、技术和新的管理方式，盘活一个效益差的企业。同时，各级地方政府还常常制定一些优惠措施，以鼓励优势企业接收亏损企业、安置企业职工，因此，承担债务式并购还能额外享受到一些优惠政策，促进优势企业的经营发展。但是，承担债务式并购也有它的弊端：一是目标公司往往债务大于资产，其实际上已不是零成本，而是在接受一个资不抵债的企业；二是片面强调安置职工，结果造成人浮于事，反而拖累了优势企业。

3. 杠杆并购

企业筹集并购资金渠道可分为内部筹资和外部筹资。内部筹资是企业利用内部自有资金，包括留存收益、折旧、闲置资产变卖等；外部筹资是从外部开辟资金来源，包括商业信贷资金、非银行金融机构贷款、企业及民间资金和外资等。企业并购时的特殊筹资方式是杠杆并购。

（1）杠杆并购。杠杆并购是指并购方为筹集收购所需要的资金，大量向银行或金融机构借债，或发行高利率、高风险债权，这些债权的安全性以并购目标企业的资产或将来的现金流入作担保。当企业全部资产收益率大于借入资本的平均成本时，企业净收益和普通股收益都会增加。这其实是一种混合融资形式，其特征有：可利用的融资方式有银行信用额度、抵押贷款、长期贷款、商业票据、可转换债券、认股权证等多种形式；参与融资的机构有商业银行、保险公司、投资银行等多家部门；投入少量资金就可获得大量银行贷款，财务风险高。

①杠杆并购的特点。首先，杠杆并购的资金来源主要是不代表企业控制权的借贷资金。其次，杠杆并购的负债是以目标企业资产为抵押或以其经营收入来偿还的，具有相当大的风险性。再次，杠杆并购融资中投资银行等市场中介组织的作用十分重要。最后，杠杆并购融资依赖于发达资本市场的支持。

②杠杆并购的形式。根据参与杠杆并购的阶层不同，杠杆并购有四种形式：目标企业内部管理阶层参加者的杠杆收购，简称 MBO；无目标企业管理层参与的杠杆收购，简称 LBO；目标企业雇员参与的杠杆收购，即职员持股计划，简称 ESOPs；发行垃圾债券的杠杆收购。

③杠杆并购的应用程序。在具体应用杠杆并购时，一般是按以下步骤进行：第一阶段：杠杆并购的设计准备阶段，主要是由发起人制定并购方案，与被并购方进行谈判，进行并购的融资安排，必要时以自有资金参股目标企业，发起人通常就是企业的并购者。第二阶段：集资阶段，并购方先通过企业管理层组成的集团筹集收购价 10% 的资金，然后以准备并购的公司的资产为抵押，向银行借入过渡性贷款，相当于整个并购价格的 50%～70% 的资金，向投资者推销约为并购价 20%～40% 的债券。第三阶段：并购者以筹集到的资金购入被并购公司的期望份额的股份。第四阶段：对并购的目标企业进行整改，以获得并购时所形成负债的现金流量，降低债务风险。

④杠杆并购的优点。对被并购方而言，由于公司整体经营战略的变化，本公司的分支机构或子公司可能已不再适宜继续经营，那么可以通过杠杆并购卖出股权同时保全自己员工的利益，避免劳资冲突。另外，如果股票市场不活跃，很多股票的市价低于其资产净值，而杠杆并购却能在市价基础上为其支付一笔溢价；对于夕阳产业来说，因为发展前景不乐观，这种溢价效应更加明显。对于收购方而言，首

先具有杠杆作用，以少量的投资购得一家颇具规模的企业，并充分享受高额负债带来的杠杆作用。其次，具有纳税优惠，高杠杆带来更多利息避税。账面资产价值增加带来较高折旧；如果被收购方是亏损企业，还会产生亏损递延等作用。

4. 并购防御战略

并购防御（又称反并购）是针对并购而言的，指目标公司的管理层为了维护自身或公司的利益，保全对公司的控制权，采取一定的措施，防止并购的发生或挫败已经发生的并购行为。在现实经济活动中，目标企业的经理层总是会阻挠并购的发生，他们会采用各种反并购的防御手段。因此，企业的并购与反并购一直是交织在一起的，甚至可以说是一种活动的两个方面。反并购的一些操作方法和手段主要有以下几种：

（1）提高并购者的并购成本。①"降落伞"计划。所谓降落伞计划是指公司通过章程规定，或与经营管理层签订合同：如果有控制权变更、经营管理层被解雇等情况发生，公司将向他们支付大量赔偿金，从而达到提高并购成本的目的。降落伞计划具体包括三种形式：金降落伞、灰色降落伞和锡降落伞。金降落伞是指目标公司董事会通过决议，由公司董事及高层管理者与目标公司签订合同规定：当目标公司被并购接管、其董事及高层管理者被解职的时候，可一次性领到巨额的退休金（解职费）、股票选择权收入或额外津贴。灰色降落伞主要是指向下面几级的管理人员提供较为逊色的同类保证根据工龄长短领取数周至数月的工资。锡降落伞是指目标公司的员工若在公司被收购后二年内被解雇的话，则可领取员工遣散费。②邀请"白衣骑士"。邀请"白衣骑士"是指被并购企业主动寻找一家友好企业即"白衣骑士"，请求充当并购者，参与敌意并购者的竞争，以挫败敌意并购者；一般来说，如果并购者出价较低，目标企业被"白衣骑士"拯救的希望就大。③"麦克罗尼防御"。"麦克罗尼防御"指目标公司将大量发行债券，且在目标公司被并购后并购方将必须以强制性的高价回购这些债券，其目的是用高额的并购成本阻碍并购。④股份回购。目标企业的经理在面临并购威胁时可以采取回购本企业股票的方式阻止并购的进行。股份回购一般有市场回购和定向回购两种方式。需要说明的是，在现实的资本市场运作中，股份并购是受到一定限制的，特别是回购本企业股票，其受到的限制更多，我国相关法律是严格禁止企业回购本企业股票的，以防止企业利用内幕信息操纵股票价格来获利。

（2）降低收购者的收购收益。①"毒丸"计划。毒丸计划是美国著名的并购律师马丁·利普顿1982年发明的，正式名称为"股权摊薄反收购措施"，最初的形式很简单，就是目标公司向普通股股东发行优先股，一旦公司被收购，股东持有的优先股就可以转换为一定数额的收购方股票。②"皇冠上的珍珠"。"皇冠上的珍珠"指目标公司将其最有价值、对收购人最具有吸引力的资产出售给第三方，或者赋予第三方购买该资产的期权，使得收购人对目标公司失去兴趣，放弃收购。③"焦土"政策。"焦土"政策即指目标公司在受到并购袭击而又无力反抗时，通过降低公司资产、财务、业务质量，比如低价出售优质资产、制造亏损等，以达到反收购的目的。

（3）收购并购者。又称"帕克门"战略。这是作为收购对象的目标企业为挫败收购者的企图而采用的一种战略，即目标企业威胁进行反收购，并开始购买收购者的普通股，以达到保卫自己的目的。

（4）适时修改公司章程。企业章程是企业的内部法，是规范作为法人的企业以及各利益主体行为的基本章程。企业章程对防止收购的意义在于，它通常规定了收购所需要满足的条件。这些条件有时候是难以达到的，但要企业修改章程以降低收购条件是非常困难的，因为这也需要股东大会表决通过，这些法定程序会增加企业的收购成本。相反，目标企业的经理却可以利用在职优势修改章程，进一步增加收购的难度。这种做法通常被称为"绝大多数修订条款"。企业章程规定的某些反收购条款，既可以增加收购的难度，为股东获得更高的收购溢价创造条件，又可以避免企业管理层在防止收购上花费大量的精力，影响企业正常的经营管理。

5. 并购整合

企业并购整合（Post – Merger Integration）是指当并购方获得目标企业的控制权之后，进行的资产、人员、运营机制、治理与管理机制等企业要素的整体性安排，从而使并购后的企业按照一定的并购目标、方针和战略组织运营。整合是整个并购过程中最关键的阶段，其成败直接关系到并购的成败。

（1）并购整合的主要内容。并购整合是指并购方或并购双方共同采取的一系列旨在推进并购进程，提高并购绩效的管理措施、手段和方法，主要有以下几个方面：

①经营战略整合。企业并购是否服务于企业长期发展战略是并购成败的关键因素之一。只有符合科学合理的企业发展战略，建立在理性并购动机之上的企业并购行为才能保持正确的方向，为企业创造效益。并购过程中的经营战略整合，就是对并购企业和被并购企业的优势战略环节进行整合，以提高企业整体的盈利能力和核心竞争力。核心竞争力是主营业务领域取得优势的支柱，没有核心竞争力，企业在主营业务领域的竞争优势和发展是不可能的。如果企业不具备一定的核心竞争力，在主营业务领域缺乏竞争优势，而力图通过并购在其他领域建立优势，就如无本之木，最后难免连仅有的一点市场优势也丢失。从另一个角度看，通过并购吸收与自己存在战略互补关系的企业是培养核心竞争力的一个有效方式。企业竞争力的培养主要通过企业内部有关专长的培养来实现。即使通过并购可以从外部获得一些核心竞争力的要素，这个比例也不可能过大。否则企业是无法有效吸收外部资源，并将其转化成自身核心竞争力的。因此，在已有领域确立核心竞争力，同时向新的经营

领域获取竞争优势要素，是企业在并购过程中需同时考虑的战略性问题。

②组织与制度整合。企业并购中的组织与制度整合对企业并购的最终成功有很大的影响，其目标是在企业并购后形成有序统一的组织结构及管理制度体系，以尽快实现企业的稳定经营。企业组织机构的调整目标是形成一个开放性与自律性有机统一的组织系统，使整合后企业的生产要素、资源更加自如、高效地结合，能适应外部环境的变化。在对组织调整中，企业必须根据统一指挥原则、权利对等原则、弹性原则、专业化原则和管理幅度原则等原则处理。整合管理制度是为了实现管理规范化，使企业建立起实施整套规则的管理结构和使决策能被授权并合理地实现预期结果的工作体制。除了使管理规范化，还要重视科学管理方法的采用和重组。只有提高企业管理水平，企业重组才能获得良好的效益。为了有利于沟通，更有效地控制被并购企业，在整合阶段，并购方一般都将自己的良好的制度移植到被并购企业中去。对于那些组织完善、业绩优良、财务状况良好的企业，并购方可不改变其管理制度，以便保持制度的稳定性和连续性。但大多数情况下，尤其是在我国发生的企业并购中，管理不善、制度落后、机制陈旧的被并企业数量很大。因此，将被并方的良好制度植入被并购企业就十分重要。

③人力资源整合。一个企业的人力资源政策直接影响到企业中每一个人的业绩和表现。良好的人力资源政策，对培养企业的员工，提高企业员工的素质，更好地贯彻和执行内部控制有很大的帮助。一般而言，人力资源整合应做好以下工作：对被并购方人员进行必要调整；做好主要人员（即关键人才）的选派工作，包括高层领导、财务人员、技术人员、市场人员等；稳定人才，解除企业优秀员工的后顾之忧，给予物质上、精神上的激励，制定稳定人才的政策；建立人才数据库，保持管理队伍的连续性；有针对性地开展人力资源培训；接受指导与改进管理的机会；评价员工的适应性；评估工作动力；决定公司业绩的真正因素。

④企业文化整合。在企业并购中，由于经营规模、行业、所在区域等方面的不同，决定了企业之间在文化方面存在明显的差异，经营思想、价值观念、工作态度、管理方式方法等方面都形成了强烈的文化冲突。因此，企业文化的整合影响企业并购的成败。当两个企业并购后，原来各企业的经营理念、待人处世方法、习惯风气和员工情结都存在一定的冲突，这是规章制度和操作规程所不能解决的问题。领导层要密切关注对于两种企业文化的理解以及它们之间的融合，尤其是在这两种文化集权程度、开放性、正规性等方面差异较大的情况下，应在文化管理方面投入足够的资源，防止出现过高的并购成本。要有效地融合双方的文化，建立起新的文化，必须通过"认识双方文化——确定文化差异——寻求协调办法——确定文化整合方案——实施"这样一个程序来完成。

⑤财务整合。在企业整合的过程中，财务整合是其核心。企业并购之后，财务

必须实现一体化管理，被并购企业必须按并购方的财务制度运营，即进行财务整合，财务整合是指并购方对被并购方的财务制度体系、会计核算体系统一管理和监控。财务整合，对不同的并购企业有不同的做法，但一般来说可以概括为"一个中心（以企业价值最大化为中心）、三个到位（对被并购企业经营活动的财务管理到位、对被并购企业投资活动的财务管理到位、对被并购企业融资活动的财务管理到位）、七项整合（财务管理目标导向的整合、财务管理制度体系的整合、会计核算体系的整合、存量资产的整合、业绩评估考核体系的整合、现金流转内部控制的整合、被并购企业权责明晰的整合）"。

（2）并购整合的过程。企业并购后整合的实施过程大致包括 4 个阶段：整合规划与评估阶段、整合计划制订阶段、整合计划实施阶段、整合评价与改进阶段。

第一阶段，整合规划与评估阶段。积极的整合策略始于并购前期，在选择并购目标，进行谨慎性调查时，就要分析组织的匹配性、业务的关联性以及文化的相容性等，以便确定核心能力的转移能否实现，并购整合后能否产生足够的协同效益。

第二阶段，整合计划制订阶段。在分析评估的基础上正式组建整合团队，安排整合项目经理，制订全面的整合计划，并设定整合里程碑。整合计划是用来确切地规划何时和怎样合并双方公司的主要资源、资产、业务流程和义务，以达到新合并公司战略目标的一系列纲领性文件。整合计划中应包括 3 个基本要素：新公司的战略目标；对资源、系统和职责的整合将如何支持这些目标；整合的优先顺序和时间表。

第三阶段，整合计划的实施阶段。这一阶段具体实施整合计划，涉及公司治理结构、公司战略、人力资源、有形资产和无形资产等财务资产、业务及管理流程等的整合，是整合成功的关键阶段。在此阶段，无论是何种类型的并购方案，目标公司都会产生消极情绪，从而导致管理失意和生产力的破坏。在计划实施过程中，需要注意策略和方法，随着整合过程的深入，及时对整合计划进行反馈和调整。

第四阶段，并购整合评价与改进阶段。随着整合计划的完成，合并后的新公司董事会需要及时对整合计划的实施效果、整合团队的工作绩效进行评价和审计，发现存在的问题。根据评价结果和存在的问题，明确未来还需进行哪些方面的整合工作以及如何进行，制订改进的长期计划。

第二节 企业破产财务管理

破产、财务重整是企业发生财务危机时常用的处理方法。破产是企业财务危机的最严重状态，对已达到破产界限的企业来说，重整可以给企业争取生存的机会。

对整个社会而言，能尽量减少社会财富的损失和因破产而失业人口的数量。

一、企业破产概述

（一）企业破产的概念

企业破产是指企业在生产经营中由于经营管理不善，其负债达到或超过所占有的全部资产，不能清偿到期债务，资不抵债的企业行为。

（二）破产的界限

所谓破产界限，即法院据以宣告债务人破产的法律标准，在国际上又通称为法律破产原因。《破产法》第三条规定："企业因经营管理不善造成严重亏损，不能清偿到期债务的，依照本法规定宣告破产。"《民事诉讼法》第一百九十九条规定："企业因严重亏损，无力清偿到期债务"，即达到破产界限。从上述规定可以看出，破产界限的实质标准是不能清偿到期债务，通常简称为不能清偿或不能支付。不能清偿是指债务人对请求偿还的到期债务，因丧失清偿能力而无法偿还的客观经济状况。不能清偿在法律上的着眼点是债务关系能否正常维系，其要点包括：

（1）债务人明显缺乏清偿债务的能力，即不能以财产、信用或能力等任何方法清偿债务。

（2）不能清偿的是清偿期限已经届满、债权人提出清偿要求的、无争议或已有确定名义（指已经生效的判决、裁决确认）的债务。

（3）对债务在可预见的相当长的期间内（或法律规定的期间内）持续不能偿还，而不是因资金周转困难等暂时延期支付。

【小贴士】 不能清偿与资不抵债的区别

资不抵债又称债务超过，指债务人负债数额超过实有资产，也是一些国家破产立法中用于确认破产界限的一个标准，通常只适用于仅以资产作为债务清偿保证、无人承担无限责任的公司法人及清算中的法人等。资不抵债的着眼点是安全的资债比例关系，考察债务人的偿还能力仅以实有资产为限，一般不考虑信用、能力等其他可能的偿还因素，计算债务总额时也不区分是否到期，强调以财产作为债务偿还的唯一实际保障。在我国实践中，当债务人不能清偿到期债务时，往往早已资不抵债，但仅有资不抵债的状况却不一定表明债务人已丧失清偿能力，只要资信尚好，便不至于出现不能清偿到期债务的现象。所以，这两个概念对破产界限的认定是存在一定差别的。

（三）破产的申请与受理

没有人向法院提出申请，法院不会宣告某一企业破产。破产的申请人既可以是债权人，也可以是债务人。当债权人的到期债权无法收回，又获知企业达到破产界限时，债权人可以向法院申请债务人破产。债权人在申请债务人破产时应提供以下材料：

（1）债权发生的事实及有关的证据。

（2）债权的性质、数额。

（3）债权有无财产担保，有财产担保的，应当提供证据。

（4）债务人不能清偿到期债务的证据。

债权人申请债务人破产，从财务角度看是合理的经济行为。到期债权无法收回的事实已经发生，与其让债务人空耗资财，导致债权人损失的扩大，不如将其送上法庭，由法院宣告其破产，债权人还能收回一些。

债务人在不具备偿债能力，企业在正常情况下已无生存的希望和可能时，主动向法院申请破产不失为一种明智的选择。一方面可以彻底摆脱债务纠缠，了结企业的一切事务；另一方面可以在破产终结后解除企业管理人管理企业财产的责任，可以使企业的董事、经理等重新开始新的事业。另外，债务人申请破产也常常是一种财务技巧，可以借申请破产之机迫使债权人同意减少债务、延期偿债或降低利率。

债务人向法院申请破产时，应提供如下资料：

（1）企业经营状况的说明。

（2）最近的财务报告。

（3）企业财产状况明细表和企业有形财产处所。

（4）债权清册和债务清册（包括债权人和债务人的名单、住所、开户银行、债权债务发生的时间、债权债务发生的数额，有无争议等）。

（5）企业所有者同意破产的决定。

（6）法院要求提供的其他材料。

法院对符合《破产法》规定的申请予以受理，并在 10 日内发布公告。公告内容包括：

（1）立案时间。

（2）破产案件的债务人。

（3）申报债权的期限、地点和逾期未报的法律后果。

（4）第一次债权人会议召开的时间、地点等。

法院在公告的同时应通知债务人，在收到债务人提交的债务清册后，在 10 日内通知债权人。债权人应当在收到通知的 1 个月内，未收到通知的在公告 3 个月内向法院申报债权。逾期未申报债权的，视为自动放弃债权。

（四）债权人会议

债权人会议是由债权人组成的对破产企业清算事务进行监督的临时机构。所有的债权人均可参加债权人会议，但只有无财产担保的债权人才有表决权。优先权和别除权，在放弃其优先权或别除权之前，没有表决权。优先受偿后仍没有收回的债权视作普通债权，其部分债权拥有表决权。第一次债权人会议由法院申报结束后 15 日内主持召开，以后的债权人会议由债权人中经法院指定的主席召集。

债权人会议的职权是：

（1）审查有关债权的证明材料，确认债权有无财产担保及其数额。

（2）讨论通过和解协议草案。

（3）讨论通过破产财产的处理和分配方案。

债权人会议的决议，由出席会议的有表决权的债权人过半数通过，且其代表的债权额应占无担保债权额的半数以上，通过和解协议草案需要无财产担保债权额的 2/3 以上。这样规定是为了防止大债权人侵害小债权人的利益，也为了防止小债权人合谋侵害大债权人利益。

企业的管理人必须列席债权人会议，回答债权人的质询；聘任的清算人应当列席债权人会议，向债权人解释清算方案，解答债权人提出的问题。

（五）破产宣告和破产程序终结

有下列情形之一的，由法院宣告破产：

（1）法院受理破产申请后，破产企业与债权人未能达成和解协议。

（2）企业整顿期间，破产企业不执行和解协议，或财务状况继续恶化，或存在严重侵害债权人利益的行为。

（3）企业整顿未达到预期效果，企业整顿以失败告终。

破产宣告时，法院应召集债权人、债务人到庭，并当庭宣布。破产宣告后法院应发布公告。公告内容包括：

（1）企业亏损情况、资产负债情况。

（2）宣告企业破产的理由和法律依据。

（3）宣告企业破产的日期。

（4）宣告企业破产后破产企业的财产、账册、文书、资料和印章等的保护。

法院应在破产宣告后 15 日内指定或聘任清算人。清算人应按有关清算的规定开展清算工作。将应分配给债权人的财产交付债权人。破产财产分配完毕后，清算人应向法院申请终结清算程序。法院裁定终结后由清算人向企业登记机关注销企业登记。

和解整顿是通过债务和解、调整资本结构、调整和收缩经营、改组企业管理层等一系列措施，使经营失败的企业化解财务危机，重新生存的工作。和解整顿适用于所有面临财务危机的企业，而不论企业是否申请或被申请破产。和解整顿也是企业破产程序中的特殊环节，是破产和清算财务管理中的重要方面。防止大债权人侵害小债权人的利益，也为了防止小债权人合谋侵害大债权人利益。

企业的管理人必须列席债权人会议，回答债权人的质询；聘任的清算人应当列席债权人会议，向债权人解释清算方案，解答债权人提出的问题。

二、企业财务重整与和解

（一）企业财务重整

1. 财务重整的概念

企业财务重整是指对陷入财务危机，但仍有转机和重建价值的企业根据一定程序进行重新整顿，使企业得以维持和复兴的做法。财务危机，是指一个企业处于经营性现金流量不足以抵偿现有到期债务（例如商业信用或利息）而被迫采取改正行动的境况。这些境况常见的有亏损、工厂关闭、裁减员工、管理层的离职、股价暴跌，等等。财务困境可能导致企业违反合约的规定，也可能涉及企业、债权人和股东之间的财务重组。通常，企业被迫要采取某些在企业有足够现金流量时不可能采取的行动。财务重整是对已经达到破产界限的企业的抢救措施。通过这种抢救，濒临破产企业中的一部分，甚至大部分能够重新振作起来，摆脱破产厄运，走上继续发展之路。

2. 财务重整的方式

财务重整按是否通过法律程序分为非正式财务重整和正式财务重整两种。

（1）非正式的财务重整，是指企业直接与银行或债权人进行协商，作出债务展期或债务和解的安排。

非正式财务重整可以为债务人和债权人双方都带来一定的好处：首先，这种做法避免了履行正式手续所需发生的大量费用，所需要的律师、会计师的人数也比履行正式手续要少得多，使重整费用降至最低点；其次，非正式重整可以减少重整所需的时间，使企业在较短的时间内重新进入正常经营的状态，避免了因冗长的正式程序使企业迟迟不能进行正常经营而造成的企业资产闲置和资金回收推迟等浪费现象；最后，非正式重整使谈判有更大的灵活性，有时更易达成协议。但是非正式财务重整也存在着一些弊端，主要表现为：当债权人人数很多时，可能难于达成一致；没有法院的正式参与，协议的执行缺乏法律保障。

（2）正式财务重整，是在法院受理债权人申请破产案件的一定时期内，经债务人及其委托人申请，与债权人会议达成和解协议，对公司进行整顿、重组的一种制度。

这种正式的财务重组需要法院的裁定，因此涉及正式的法律程序。正式财务重整的优点在于：解决非正式财务重组难以达成的协议；和解协议和重组计划的实施有法律保障。但正式的财务重组会给债务人和债权人带来巨额的诉讼费用和冗长的诉讼时间。

正式财务重整的程序一般包括：向法院提出重整申请；债权人会议审议并表决；

制订企业重整计划；执行重整计划；经法院认定宣告终止重整。

【小贴士】终止重整通常发生于：其一，企业经过重整后，能按协议及时偿还债务，法院宣告终止重整；其二，重整期满，不能按协议清偿债务，法院宣告破产清算而终止重整；其三，重整期间，不履行重整计划，欺骗债权人利益，致使财务状况继续恶化，法院终止企业重整，宣告其破产清算。

（二）和解与整顿

1. 和解整顿制度的概念

我国《企业破产法》规定的和解整顿制度，由和解与整顿两部分内容组成。所谓和解，是指人民法院受理债权人提出的破产申请后三个月内，债务人的上级主管部门申请整顿，经债务人与债权人会议就和解协议草案达成一致，由人民法院裁定认可而中止破产程序的制度。所谓整顿，是指债务人同债权人会议达成的和解协议生效后，由债务人的上级主管部门负责主持并采取措施，力求使濒临破产的企业复苏并能够执行和解协议的制度。

2. 和解整顿制度的特点

我国的和解整顿制度有以下特点：①仅存在于债权人申请破产的案件中，且并非法院做出破产宣告的必经程序，是否和解完全依据当事人的意志而定。②和解是整顿的前提，整顿是和解成立的必然结果。③和解与整顿是两个相对独立的程序。和解是破产程序的组成部分，和解的成立导致破产程序的中止；整顿独立于破产程序之外，不是破产程序的组成部分。④整顿是实现和解的目的和手段。⑤和解与整顿具有强烈的行政色彩，全民所有制企业的和解整顿申请必须由上级主管部门提出并主持。

3. 和解整顿的前提条件

企业能被整顿必须具有一定的前提条件，不能全部满足这些条件和解整顿就无法开展。

（1）企业与债权人都同意。实际上，和解整顿谋求的是企业、企业所有者、债权人利益的最大化，尽管不需要所有的债权人同意，但应取得绝大多数债权人的同意，否则企业只能破产。

（2）债务和解。债务和解是和解整顿方案的重要内容，只有债权人同意债务和解，整顿才有现实性。

（3）被整顿企业应有良好的道德记录，即企业的财务危机是由于经营方面导致的，历史上不存在故意损害债权人利益的资产处置，否则就是放任企业继续损害债权人利益。

第四，被整顿企业必须显示其有能力恢复正常经营。如果只是为了延缓破产的时间，那么，晚破产还不如早破产。

第五，社会经济环境也有利于企业通过整顿走出困境。有些企业的财务危机主要是由于社会经济环境的变化导致的，只要社会经济环境没有改变，整顿就没有意义。例如，某生产三聚磷酸纳的企业，其产品是洗衣粉的重要原料，但环境保护政策要求洗衣粉生产厂家不得再生产含磷洗衣粉，若该生产三聚磷酸纳的企业其整顿方案依然生产该产品，整顿就没有任何意义。

4. 和解整顿的提出

根据《企业破产法》的规定，企业由债权人申请破产的，在人民法院受理案件后 3 个月内，被申请破产的企业的上级主管部门可以申请对该企业进行整顿，整顿的期限不得超过 2 年。提出整顿申请，应向人民法院、债权人会议提交整顿方案。整顿方案应当具有以下内容：对企业达到破产界限的原因的分析；调整或组建企业新领导班子的计划；改善经营管理的措施和改造、转产措施的可行性；扭亏增盈的办法；整顿的期限和目标。

在被申请破产的企业的上级主管部门提出对该企业进行整顿的申请后，被申请整顿的企业应当向债权人会议提出和解协议草案。和解协议草案应包括以下内容：清偿债务的财产来源；清偿债务的办法；清偿债务的期限。被申请整顿的企业要求减少债务的，还应当写明要求减少的数额。

5. 和解整顿协议及其效力

我国《企业破产法》第 19 条规定："企业和债权人会议达成和解协议，经人民法院认可后，由人民法院发布公告，中止破产程序。和解协议自公告之日起具有法律效力。"和解协议生效必须具备两个条件：

（1）和解协议的内容必须由被申请整顿的企业和债权人会议协商一致通过。

（2）和解协议必须经人民法院认可并发布公告。

和解协议一经生效，和解双方必须严格遵守。和解协议生效之日即是破产程序中止之时。中止破产程序不是破产程序的终结，而是暂时停止破产程序，对企业进行整顿。

6. 整顿的进行与终结

（1）整顿的进行。和解协议发生法律效力后，被申请破产的企业进入整顿阶段。企业的整顿由其上级主管部门负责主持。企业整顿方案应当经过企业职工代表大会讨论，整顿进行情况应向职工代表大会报告，并听取意见。在企业整顿期间，上级主管部门应定期向债权人会议和人民法院报告整顿情况、和解协议执行情况。

（2）整顿的终结。企业整顿的终结可以分为正常终结和非正常终结。①正常终结。正常终结包括两种情况：其一，经过整顿，债务人企业能够按照和解协议清偿债务的，人民法院应当终结对该企业的破产程序，予以公告。该企业的法律人格继续存在。其二，整顿期满，债务人企业不能按照和解协议清偿债务的，人民法院应宣告企业破产，并依法重新登记债权。②非正常终结。非正常终结是债务人企业在整顿期间有以下情况之一的，经法院裁定，终结企业整顿，宣告企业破产：其一，不执行和解协议的。以客观状况为判断标准，不执行和解协议包括不执行与部分不执行；因债务人过错不执行与客观上无法执行等多种情况。其二，财务状况继续恶化，债权人会议申请终结整顿的。其三，有《企业破产法》第 35 条所列五种行为之一，严重损害债权人利益的。法定五种行为是：隐匿、私分或者无偿转让财产；非正常压价出售财产；对原来没有财产担保的提供财产担保；未到期债务提前清偿；放弃自己的债权。

三、企业破产清算

（一）企业破产清算的概念

破产清算是指宣告企业破产以后，由清算组接管企业，对破产财产进行清算、评估和处理、分配。清算组由人民法院依据有关法律的规定，组织股东、相关机关及有关专业人士组成。所谓相关机关一般包括国有资产管理部门、政府主管部门、证券管理部门等，专业人员一般包括会计师、律师、评估师等。

（二）企业破产清算的一般程序

企业破产清算通常按下列程序进行：

1. 提出解散或破产申请

企业陷入破产状态后，作为债权人和债务人均有权提出破产申请，由人民法院立案审理。人民法院受理破产案件后，应在 10 日内通知债务人并发布公告。企业由债权人申请破产的，在人民法院受理案件后 3 个月内，被申请破产的企业的上级主管部门可以申请对该企业进行整顿，整顿期限不超过两年。申请破产的企业，或经整顿无效而终结整顿，或整顿期满仍不能按和解协议清偿债务的，由人民法院裁决，宣告企业破产。需要解散的中外合资企业，必须由该企业董事会进行认真的讨论和研究，并做出解散决定，提出解散申请书，报经外资管理机构批准后方可正式宣告解散。

2. 成立清算组

法院应当自宣告债务企业破产之日起 15 日内成立清算组，接管破产企业。清算组由法院从公司的主管部门、政府有关部门和专业人员中指定，也可以聘请中国注册会计师和律师参加。清算组负责破产财产的保管、清理、估价、处理和分配。清算组应对人民法院负责并报告工作，接受法院的监督。我国《公司法》规定，清算组在清算期间行使下列职权：①清理公司财产，分别编制资产负债表和财产清单；②通知或者公告债权人；③处理与清算有关的公司未了结的业务；④清缴所欠税款；⑤清理债权、债务；⑥处理公司清偿债务后的剩余财产；⑦代表公司参与民事诉讼活动。

3. 通知债权人申报债权

清算组应当自成立之日起 10 日内通知债权人，并于 60 日内在报纸上至少公告三次，公告和通知中应当规定第一次债权人会议召开的日期。

4. 召开债权人会议

所有债权人均为债权人会议成员。第一次债权人会议由人民法院召集，应当在债权申请期限届满后 15 日内召开。以后的债权人会议在人民法院或者会议主席认为必要时召开，也可以在清算组或占无财产担保债权总额的 1/4 以上的债权人要求时召开。

5. 确认破产财产

破产财产指用以清偿债务的全部财产，主要包括：①宣告破产时破产企业经营管理的全部财产；②破产企业在破产宣告后至破产程序终结前所取得的财产；③应当由破产企业行使的其他财产权利。已作为担保物所担保的债务数额的，超过部分属于破产财产。破产企业内属于他人的财产，应由该财产的权利人通过清算组取回。

6. 确认破产债权

破产债权指宣告破产前就已成立的、对破产人发生的、依法申报确认并从破产财产中获得公开清偿的可强制性执行的财产请求权。主要包括：①宣告破产前成立的无财产担保的债权和放弃优先受偿权利的有财产担保的债权；②宣告破产时未到期的债权，视为已到期债权，但是应当减去至期日的利息；③宣告破产前成立的有关财产担保的债权，债权人享有就该担保物优先受偿的权利。如果该项债权数额超过担保物的价款的，未受清偿的部分作为破产债权。债权人参加破产程序的费用不得作为破产债权。

7. 拨付破产费用

破产费用指在破产程序中为破产债权人的共同利益而由破产财产中支付的费用，主要包括：①破产财产的管理、变卖和分配所需要的费用，包括聘任工作人员的费用；②破产案件的诉讼费用；③为债权人的共同利益而在破产程序中支付的其他费用。破产费用应当从破产财产中优先拨付。

8. 破产财产清偿顺序

破产财产在优先拨付破产费用后，按照下列顺序清偿：①破产企业所欠职工工资和劳动保险费用；②破产企业所欠税款；③破产债权。破产财产不足清偿同一顺序的清偿要求的，按照比例分配。

9. 破产清算的结束

经过上述破产清算程序后，清算组应当编制破产清算结束报告，并出具清算期内的各种报表连同各种财务账册，经中国注册会计师验证后，报授权部门审批。经批准后再向工商行政管理部门和税务部门输注销登记并公告公司终止。

（三）企业破产清算的实施

1. 财产清算

财产清算的对象是企业的破产财产。破产财产，也叫破产资财，在企业宣告破产时，凡属于破产人的能用于清偿破产债务的财产，均属于破产财产。破产财产具体包括：①宣告破产时破产企业经营管理的全部财产，包括各种流动资产、固定资产、对外投资以及无形资产；②宣告解散或破产后至破产程序终结前所取得的财产，包括债权人放弃优先受偿权利、清算财产转让价值超过其账面净值的差额部分；投资方认缴的出资额未实际投入而应补足的部分；③清算期间分回的投资收益和取得的其他收益等；④应当由破产企业行使的其他财产权利。

破产财产具有以下一般特征：

（1）破产财产必须是财产或财产性权利。所谓"财产"，是指能用货币来计量的财物，既包括动产，也包括不动产；既包括固定资产，也包括流动资产。所谓"财产性权利"，既包括物权，也包括债权。凡应当由破产企业行使的财产性权利，都属于破产财产。

（2）破产财产必须是破产企业经营管理的财产。所谓属于"破产企业经营管理的财产"，是指破产企业对财产具有相对独立的财产权和经营管理权。就国有企业而言，破产企业经营管理的财产，应包括国家授予企业经营管理的财产、企业自由支配的各项基金、企业自有资金及其他企业和个人的投资和股金等。

（3）破产财产必须是破产企业财产的全部，而不是其中的一部分。所谓"全部"，既包括破产宣告时破产企业经营管理的全部财产，也包括在破产程序进行中所取得的财产；既包括国内的财产，也包括国外的财产，还包括由破产企业行使其他财产权所取得的财产。已经作为抵押担保的财产不能作为破产财产，应优先偿还该债权人。

（4）破产财产必须包括清算期间按法律规定追回的财产。例如清算前无偿转移或低价转让的财产；对原来没有财产担保的债务在清算前提供担保的财产；对未到期的债务在清算前清偿的财产；清算前放弃的债权。

按照制度规定，以下财产不应作为企业的清算财产：①租入、借入、代外单位加工和代外单位销售而存放在企业的财产。②递延资产、待摊费用。③相当于担保债务数额的担保财产。《中华人民共和国企业破产法》（下面简称《破产法》）规定，如有第三人对某项财产是否属于破产财产存在争议，应向清算组提出交涉。如交涉不成，应以清算组为被告，向人民法院提出诉讼。

下列财产应区别情况处理：①担保财产。依法生效的担保或抵押标的不属于清算财产，担保物的价款超过其所担保的债务数额的，超过部分属于清算财产。②公益福利性设施。企业的职工住房、学校、幼儿园、医院等福利性设施，原则上不计入清算财产；但无需续办并能整体出让的，可计入清算财产。③职工集资款。属于借款性质的视为清算企业所欠职工工资处理，利息按中国人民银行同期存款利率计算；属于投资性质的视为清算财产，依法处理。④党、团、工会等组织占用清算企业的财产的，属于清算财产。

人民法院受理清算案件前六个月至破产宣告之日的期间内，清算企业的下列行为无效，清算组有权向人民法院申请追加财产，并入清算财产：隐匿、私分或者无偿转让财产；正常压价出售财产；对原来没有财产担保的债务提供担保；对未到期的债务提前清偿；放弃自己的债权。

2. 债权清算

债权清算的对象是破产债权。破产债权是指基于破产宣告前而成立，依破产程序申报并得以确认，可以从破产财产中受到清偿的债权，包括无财产担保的债权和放弃优先受偿权利的有财产担保的债权，或者有担保债权中其数额超过担保财产价款而未受清偿的部分。尚未到期的债权，应减去未到期的利息。

破产债权的界定，应注意以下 3 种情况：

（1）无财产担保的破产债权，有财产担保而放弃优先受偿权的破产债权依破产债权算定的基本标准评定。

（2）附期限的破产债权，具体分为付利息债权和无利息债权。付利息破产债权额等于原本加上破产宣告前的利息，无利息破产债权额等于原本减去破产宣告之日至规定期限终止之日的法定利息。

（3）附条件的破产债权，依所附条件算定。例如租赁合约由于破产而中止时，其租赁债权只能算到申报破产之日为止，另外加一定百分比的加成。

3. 债务清算

债务清算的对象是破产债务。破产债务是指依合同约定或法律设定的民事法律关系中企业对债权人应当履行的一种义务。它同破产债权是相对应的概念。企业破产债务主要包括以下各项：破产或解散宣告前设立的无财产担保债务；宣告时未到期的债务，视为已到期的债务减去未到期利息后的债务；债权人放弃优先受偿权利的有财产担保债务；有财产担保债务其数额超过担保物价款未受偿部分的债务；保证人代替企业偿还债务后，其代替偿还款为企业清算债务；清算组解除企业未履行合同致使其他当事人受到损害的，其损害赔偿款为企业清算债务；等等。但下列费用不得作为企业清算债务：宣告日后的债务；债权人参加清算程序按规定应自行负担的费用；债权人逾期未申报的债权；超过诉讼时效的债务。

（四）剩余财产的分配

按照我国《破产法》的有关规定，剩余财产的分配应分为以下两个步骤进行：

1. 确定分配方案

剩余财产的分配方案，应由清算组提出，经债权人会议讨论通过。《破产法》规定，债权人会议的职权有：

（1）拥有审查有关债权的证明材料，确认债权有无财产担保及其数据。

（2）讨论和通过和解协议草案。

（3）讨论和通过破产财产的处理和分配方案。

人民法院或债权人会议主席均有权在必要时召集债权人会议。债权人会议的决议经通过，便对全体债权人发生效力，全体债权人必须执行。剩余财产的分配方案经债权人会议讨论通过后，还应报请人民法院裁定后执行。

2. 执行分配方案

剩余财产分配方案确定后．应由清算组立即开始执行。破产　财产分配完毕，应由清算组提请人民法院终结破产程序。破产程序终结后，未得到清偿的债权不再清偿。

在实际工作中，对于不同类别的企业，剩余财产的分配方案　应有所不同。对于有限责任公司，一般是按合同、章程的规定或者出资者出资比例进行分配。如果公司章程、合同中已专门说明了有关财产的分配办法，则应按规定进行分配；如果没有在合同、章程、协议中做出明确规定，董事会也没有就此做出任何决定的，则应按《合同法》的规定。按投资各方的股权资本比例进行分配。

如果上述分配方案董事会已经通过并得到审批机构批准，清算组即可按上述方案实施。

对于股份有限公司而言，一般是根据股东持有股票的面值按比例进行分配。如果企业存在优先股时，则应根据企业清算的具体情况分别采用不同的分配方案。具体办法是：如果企业清算中未取得清算收益，则在剩余财产分配中，不再支付优先股股利，相反，如果企业清算中获得了清算收益，则应当支付优先股股利，当优先股股利支付后，再按优先股的面值分配剩余财产。如果剩余财产超过公司发行在外的全部优先股总面值，则可按实际面值进行分配；如果剩余财产不足以支付全部优先股股利，则可先计算出分配率，据此再计算出每位优先股股东可分配的财产金额，如果企业的剩余财产在优先股分配后仍有剩余，则这一剩余财产将在全体普通股之间进行分配。具体办法也应先计算分配率，再据此计算每位普通股股东可分配的财产金额。

本章小结

随着资本市场的不断发展，企业之间的并购活动日益活跃，并购已经成为现代企业资本运营的有效手段，通过并购能有效地增强并购各方的市场竞争能力，实现企业的持续健康发展。本章主要介绍了企业并购的基本知识，如并购的概述、主要类型、并购的动因及并购风险等，同时对企业并购时的估价问题及筹资问题进行了介绍，最后介绍了并购反并购的相关策略以及并购整合相关知识。

企业在激烈的市场竞争中存在着破产倒闭的可能性，一旦这种可能性成为现实，依法宣告企业破产，正常资金运动即停止。随着破产清算工作的进行，破产企业的资金开始改变原来的运动形式而出现新的特点。为此，需要新的方法来管理破产企业的资金。本章主要介绍了企业破产清算的基本知识，包括破产财产管理、破产债务管理、破产清算费用管理、破产财产的分配管理等，通过学习应了解企业失败的含义，了解破产和解与整顿的基本含义及基本措施，掌握企业破产的界定和程序。

复习思考题

一、名词解释

横向并购　纵向并购　贴现现金流量法　杠杆并购　并购防御　企业破产　债权人会议　财务重整

二、简答题

(1) 企业常见的并购方式有哪几种？

(2) 并购的动因有哪些？并购的风险有哪些？

(3) 并购的各种支付手段的优缺点是什么？

(4) 杠杆并购的特征是什么？

(5) 常见的并购防御手段是哪些？

(6) 什么是并购整合，其内容是什么？

(7) 破产界限的要点有哪些？

(8) 债权人会议的职权有哪些？

(9) 哪些情形可以由法院宣告破产？

（10）财务重整的方式有哪些？

（11）我国的和解整顿制度有哪些特点？

（12）请描述企业破产清算程序。

（13）破产财产具体包括哪些内容？

（14）剩余财产的分配应分为几个步骤进行？

案例分析

2007 年 5 月 6 日由甲市工商行政管理局登记的国有企业——甲市机械设备厂由于经营管理不善，不能清偿到期债务，设备厂厂长决定向本企业所在区的人民法院申请宣告破产。法院在征得其上级主管部门同意并受理后，召集并主持了债权人会议，该企业的最大债权人是乙市的贸易公司，法院指定有财产担保未放弃优先受偿权的债权人丙担任债权人会议主席。此后经一段时间的审理，法院作出裁定宣告该国有企业破产，破产企业由其上级主管部门接管并进行清算活动。

［问题］该国有企业破产过程中，有哪些违法之处？

复利现值系数表

期数	1%	2%	3%	4%	5%	6%	7%	8%	9%	10%	11%	12%	13%	14%	15%	16%	17%	18%	19%	20%	21%	22%	23%	24%	25%	26%	27%	28%	29%	30%
1	0.990 1	0.980 4	0.970 9	0.961 5	0.952 4	0.943 4	0.934 6	0.925 9	0.917 4	0.909 1	0.900 9	0.892 9	0.885 0	0.877 2	0.869 6	0.862 1	0.854 7	0.847 5	0.840 3	0.833 3	0.826 4	0.819 7	0.813 0	0.806 5	0.800 0	0.793 7	0.787 4	0.781 3	0.775 2	0.769 2
2	0.980 3	0.961 2	0.942 6	0.924 6	0.907 0	0.890 0	0.873 4	0.857 3	0.841 7	0.826 4	0.811 6	0.797 2	0.783 1	0.769 5	0.756 1	0.743 2	0.730 5	0.718 2	0.706 2	0.694 4	0.683 0	0.671 9	0.661 0	0.650 4	0.640 0	0.629 9	0.620 0	0.610 4	0.600 9	0.591 7
3	0.970 6	0.942 3	0.915 1	0.889 0	0.863 8	0.839 6	0.816 3	0.793 8	0.772 2	0.751 3	0.731 2	0.711 8	0.693 1	0.675 0	0.657 5	0.640 7	0.624 4	0.608 6	0.593 4	0.578 7	0.564 5	0.550 7	0.537 4	0.524 5	0.512 0	0.499 9	0.488 2	0.476 8	0.465 8	0.455 2
4	0.961 0	0.923 8	0.888 5	0.854 8	0.822 7	0.792 1	0.762 9	0.735 0	0.708 4	0.683 0	0.658 7	0.635 5	0.613 3	0.592 1	0.571 8	0.552 3	0.533 7	0.515 8	0.498 7	0.482 3	0.466 5	0.451 4	0.436 9	0.423 0	0.409 6	0.396 8	0.384 4	0.372 5	0.361 0	0.350 1
5	0.951 5	0.905 7	0.862 6	0.821 9	0.783 5	0.747 3	0.713 0	0.680 6	0.649 9	0.620 9	0.593 5	0.567 4	0.542 8	0.519 4	0.497 2	0.476 1	0.456 1	0.437 1	0.419 0	0.401 9	0.385 5	0.370 0	0.355 2	0.341 1	0.327 7	0.314 9	0.302 7	0.291 0	0.279 9	0.269 3
6	0.942 0	0.888 0	0.837 5	0.790 3	0.746 2	0.705 0	0.666 3	0.630 2	0.596 3	0.564 5	0.534 6	0.506 6	0.480 3	0.455 6	0.432 3	0.410 4	0.389 8	0.370 4	0.352 1	0.334 9	0.318 6	0.303 3	0.288 8	0.275 1	0.262 1	0.249 9	0.238 3	0.227 4	0.217 0	0.207 2
7	0.932 7	0.870 6	0.813 1	0.759 9	0.710 7	0.665 1	0.622 7	0.583 5	0.547 0	0.513 2	0.481 7	0.452 3	0.425 1	0.399 6	0.375 9	0.353 8	0.333 2	0.313 9	0.295 9	0.279 1	0.263 3	0.248 6	0.234 8	0.221 8	0.209 7	0.198 3	0.187 7	0.177 6	0.168 2	0.159 4
8	0.923 5	0.853 5	0.789 4	0.730 7	0.676 8	0.627 4	0.582 0	0.540 3	0.501 9	0.466 5	0.433 9	0.403 9	0.376 2	0.350 6	0.326 9	0.305 0	0.284 8	0.266 0	0.248 7	0.232 6	0.217 6	0.203 8	0.190 9	0.178 9	0.167 8	0.157 4	0.147 8	0.138 8	0.130 4	0.122 6
9	0.914 3	0.836 8	0.766 4	0.702 6	0.644 6	0.591 9	0.543 9	0.500 2	0.460 4	0.424 1	0.390 9	0.360 6	0.332 9	0.307 5	0.284 3	0.263 0	0.243 4	0.225 5	0.209 0	0.193 8	0.179 9	0.167 0	0.155 2	0.144 3	0.134 2	0.124 9	0.116 4	0.108 4	0.101 1	0.094 3
10	0.905 3	0.820 3	0.744 1	0.675 6	0.613 9	0.558 4	0.508 3	0.463 2	0.422 4	0.385 5	0.352 2	0.322 0	0.294 6	0.269 7	0.247 2	0.226 7	0.208 0	0.191 0	0.175 6	0.161 5	0.148 6	0.136 9	0.126 2	0.116 4	0.107 4	0.099 2	0.091 6	0.084 7	0.078 4	0.072 5
11	0.896 3	0.804 3	0.722 4	0.649 6	0.584 7	0.526 8	0.475 1	0.428 9	0.387 5	0.350 5	0.317 3	0.287 5	0.260 7	0.236 6	0.214 9	0.195 4	0.177 8	0.161 9	0.147 6	0.134 6	0.122 8	0.112 2	0.102 6	0.093 8	0.085 9	0.078 7	0.072 1	0.066 2	0.060 7	0.055 8
12	0.887 4	0.788 5	0.701 4	0.624 6	0.556 8	0.497 0	0.444 0	0.397 1	0.355 5	0.318 6	0.285 8	0.256 7	0.230 7	0.207 6	0.186 9	0.168 5	0.152 0	0.137 2	0.124 0	0.112 2	0.101 5	0.092 0	0.083 4	0.075 7	0.068 7	0.062 5	0.056 8	0.051 7	0.047 1	0.042 9
13	0.878 7	0.773 0	0.681 0	0.600 6	0.530 3	0.468 8	0.415 0	0.367 7	0.326 2	0.289 7	0.257 5	0.229 2	0.204 2	0.182 1	0.162 5	0.145 2	0.129 9	0.116 3	0.104 2	0.093 5	0.083 9	0.075 4	0.067 8	0.061 0	0.055 0	0.049 6	0.044 7	0.040 4	0.036 5	0.033 0
14	0.870 0	0.757 9	0.661 1	0.577 5	0.505 1	0.442 3	0.387 8	0.340 5	0.299 2	0.263 3	0.232 0	0.204 6	0.180 7	0.159 7	0.141 3	0.125 2	0.111 0	0.098 5	0.087 6	0.077 9	0.069 3	0.061 8	0.055 1	0.049 2	0.044 0	0.039 3	0.035 2	0.031 6	0.028 3	0.025 4
15	0.861 3	0.743 0	0.641 9	0.555 3	0.481 0	0.417 3	0.362 4	0.315 2	0.274 5	0.239 4	0.209 0	0.182 7	0.159 9	0.140 1	0.122 9	0.107 9	0.094 9	0.083 5	0.073 6	0.064 9	0.057 3	0.050 7	0.044 8	0.039 7	0.035 2	0.031 2	0.027 7	0.024 7	0.021 9	0.019 5
16	0.852 8	0.728 4	0.623 2	0.533 9	0.458 1	0.393 6	0.338 7	0.291 9	0.251 9	0.217 6	0.188 3	0.163 1	0.141 5	0.122 9	0.106 9	0.093 0	0.081 1	0.070 8	0.061 8	0.054 1	0.047 4	0.041 5	0.036 4	0.032 0	0.028 1	0.024 8	0.021 8	0.019 3	0.017 0	0.015 0
17	0.844 4	0.714 2	0.605 0	0.513 4	0.436 3	0.371 4	0.316 6	0.270 3	0.231 1	0.197 8	0.169 6	0.145 6	0.125 2	0.107 8	0.092 9	0.080 2	0.069 3	0.060 0	0.052 0	0.045 1	0.039 1	0.034 0	0.029 6	0.025 8	0.022 5	0.019 7	0.017 2	0.015 0	0.013 2	0.011 6
18	0.836 0	0.700 2	0.587 4	0.493 6	0.415 5	0.350 3	0.295 9	0.250 2	0.212 0	0.179 9	0.152 8	0.130 0	0.110 8	0.094 6	0.080 8	0.069 1	0.059 2	0.050 8	0.043 7	0.037 6	0.032 3	0.027 9	0.024 1	0.020 8	0.018 0	0.015 6	0.013 5	0.011 8	0.010 2	0.008 9
19	0.827 7	0.686 4	0.570 3	0.474 6	0.395 7	0.330 5	0.276 5	0.231 7	0.194 5	0.163 5	0.137 7	0.116 1	0.098 1	0.082 9	0.070 3	0.059 6	0.050 6	0.043 1	0.036 7	0.031 3	0.026 7	0.022 9	0.019 6	0.016 8	0.014 4	0.012 4	0.010 7	0.009 2	0.007 9	0.006 8
20	0.819 5	0.673 0	0.553 7	0.456 4	0.376 9	0.311 8	0.258 4	0.214 5	0.178 4	0.148 6	0.124 0	0.103 7	0.086 8	0.072 8	0.061 1	0.051 4	0.043 3	0.036 5	0.030 8	0.026 1	0.022 1	0.018 7	0.015 9	0.013 5	0.011 5	0.009 8	0.008 4	0.007 2	0.006 1	0.005 3
21	0.811 4	0.659 5	0.537 5	0.438 8	0.358 9	0.294 2	0.241 5	0.198 7	0.163 7	0.135 1	0.111 7	0.092 6	0.076 8	0.063 8	0.053 1	0.044 3	0.037 0	0.030 9	0.025 9	0.021 7	0.018 3	0.015 4	0.012 9	0.010 9	0.009 2	0.007 8	0.006 6	0.005 6	0.004 8	0.004 0
22	0.803 4	0.646 8	0.521 9	0.422 0	0.341 8	0.277 5	0.225 7	0.183 9	0.150 2	0.122 8	0.100 7	0.082 6	0.068 0	0.056 0	0.046 2	0.038 2	0.031 6	0.026 2	0.021 8	0.018 1	0.015 1	0.012 6	0.010 5	0.008 8	0.007 4	0.006 2	0.005 2	0.004 4	0.003 7	0.003 1
23	0.795 4	0.634 2	0.506 7	0.405 7	0.325 6	0.261 8	0.210 9	0.170 3	0.137 8	0.111 7	0.090 7	0.073 8	0.060 1	0.049 1	0.040 2	0.032 9	0.027 0	0.022 2	0.018 3	0.015 1	0.012 5	0.010 3	0.008 6	0.007 1	0.005 9	0.004 9	0.004 1	0.003 4	0.002 9	0.002 4
24	0.787 6	0.621 7	0.491 9	0.390 1	0.310 1	0.247 0	0.197 1	0.157 7	0.126 4	0.101 5	0.081 7	0.065 9	0.053 2	0.043 1	0.034 9	0.028 4	0.023 1	0.018 8	0.015 4	0.012 6	0.010 3	0.008 5	0.007 0	0.005 7	0.004 7	0.003 9	0.003 2	0.002 7	0.002 2	0.001 8
25	0.779 8	0.609 5	0.477 6	0.375 1	0.295 3	0.233 0	0.184 2	0.146 0	0.116 0	0.092 3	0.073 6	0.058 8	0.047 1	0.037 8	0.030 4	0.024 5	0.019 7	0.016 0	0.012 9	0.010 5	0.008 5	0.006 9	0.005 7	0.004 6	0.003 8	0.003 1	0.002 5	0.002 1	0.001 7	0.001 4
26	0.772 0	0.597 6	0.463 7	0.360 7	0.281 2	0.219 8	0.172 2	0.135 2	0.106 4	0.083 9	0.066 3	0.052 5	0.041 7	0.033 1	0.026 4	0.021 1	0.016 9	0.013 5	0.010 9	0.008 7	0.007 0	0.005 7	0.004 6	0.003 7	0.003 0	0.002 5	0.002 0	0.001 6	0.001 3	0.001 1
27	0.764 4	0.585 9	0.450 2	0.346 8	0.267 8	0.207 4	0.160 9	0.125 2	0.097 6	0.076 3	0.059 7	0.046 9	0.036 9	0.029 1	0.023 0	0.018 2	0.014 4	0.011 5	0.009 1	0.007 3	0.005 8	0.004 7	0.003 7	0.003 0	0.002 4	0.001 9	0.001 6	0.001 3	0.001 0	0.000 8
28	0.756 8	0.574 4	0.437 1	0.333 5	0.255 1	0.195 6	0.150 4	0.115 9	0.089 5	0.069 3	0.053 8	0.041 9	0.032 6	0.025 5	0.020 0	0.015 7	0.012 3	0.009 7	0.007 7	0.006 1	0.004 8	0.003 8	0.003 0	0.002 4	0.001 9	0.001 6	0.001 2	0.001 0	0.000 8	0.000 6
29	0.749 3	0.563 1	0.424 3	0.320 7	0.242 9	0.184 6	0.140 6	0.107 3	0.082 2	0.063 0	0.048 5	0.037 4	0.028 9	0.022 4	0.017 4	0.013 5	0.010 5	0.008 2	0.006 4	0.005 1	0.004 0	0.003 1	0.002 5	0.002 0	0.001 5	0.001 2	0.001 0	0.000 8	0.000 6	0.000 5
30	0.741 9	0.552 1	0.412 0	0.308 3	0.231 4	0.174 1	0.131 4	0.099 4	0.075 4	0.057 3	0.043 7	0.033 4	0.025 6	0.019 6	0.015 1	0.011 6	0.009 0	0.007 0	0.005 4	0.004 2	0.003 3	0.002 6	0.002 0	0.001 6	0.001 2	0.001 0	0.000 8	0.000 6	0.000 5	0.000 4

附表二

复利终值系数表

期数	1%	2%	3%	4%	5%	6%	7%	8%	9%	10%	11%	12%	13%	14%	15%	16%	17%	18%	19%	20%	21%	22%	23%	24%	25%	26%	27%	28%	29%	30%
1	1.01	1.02	1.03	1.04	1.05	1.06	1.07	1.08	1.09	1.1	1.11	1.12	1.13	1.14	1.15	1.16	1.17	1.18	1.19	1.2	1.21	1.22	1.23	1.24	1.25	1.26	1.27	1.28	1.29	1.3
2	1.020 1	1.040 4	1.060 9	1.081 6	1.102 5	1.123 6	1.144 9	1.166 4	1.188 1	1.21	1.232 1	1.254 4	1.276 9	1.299 6	1.322 5	1.345 6	1.368 9	1.392 4	1.416 1	1.44	1.464 1	1.488 4	1.512 9	1.537 6	1.562 5	1.587 6	1.612 9	1.638 4	1.664 1	1.69
3	1.030 3	1.061 2	1.092 7	1.124 9	1.157 6	1.191	1.225	1.259 7	1.295	1.331	1.367 6	1.404 9	1.442 9	1.481 5	1.520 9	1.560 9	1.601 6	1.643	1.685 2	1.728	1.771 6	1.815 8	1.860 9	1.906 6	1.953 1	2.000 4	2.048 4	2.097 2	2.146 7	2.197
4	1.040 6	1.082 4	1.125 5	1.169 9	1.215 5	1.262 5	1.310 8	1.360 5	1.411 6	1.464 1	1.518 1	1.573 5	1.630 5	1.689	1.749	1.810 6	1.873 9	1.938 8	2.005 3	2.073 6	2.143 6	2.215 3	2.288 9	2.364 2	2.441 4	2.520 5	2.601 4	2.684 4	2.769 2	2.856 1
5	1.051	1.104	1.159 3	1.216 7	1.276 3	1.338 2	1.402 6	1.469 3	1.538 6	1.610 5	1.685 1	1.762 3	1.842 4	1.925 4	2.011 4	2.100 3	2.192 4	2.287 8	2.386 4	2.488 3	2.593 7	2.702 7	2.815 3	2.931 6	3.051 8	3.175 8	3.303 8	3.436	3.572 3	3.712 9
6	1.061 5	1.126 2	1.194 1	1.265 3	1.340 1	1.418 5	1.500 7	1.586 9	1.677 1	1.771 6	1.870 4	1.973 8	2.082	2.195	2.313 1	2.436 4	2.565 2	2.699 6	2.839 8	2.986	3.138 4	3.297 3	3.462 8	3.635 2	3.814 7	4.001 5	4.195 9	4.398	4.608 3	4.826 8
7	1.072 1	1.148 7	1.229 9	1.315 9	1.407 1	1.503 6	1.605 8	1.713 8	1.828	1.948 7	2.076 2	2.210 7	2.352 6	2.502 3	2.66	2.826 2	3.001 2	3.185 5	3.379 3	3.583 2	3.797 5	4.022 7	4.259 3	4.507 7	4.768 4	5.041 9	5.328 8	5.629 5	5.944 7	6.274 9
8	1.082 9	1.171 7	1.266 8	1.368 6	1.477 5	1.593 8	1.718 2	1.850 9	1.992 6	2.143 6	2.304 5	2.476	2.658 4	2.852 6	3.059	3.278 4	3.511 5	3.758 9	4.021 4	4.299 8	4.595	4.907 7	5.238 9	5.589 5	5.960 5	6.352 8	6.767 5	7.205 8	7.668 6	8.157 3
9	1.093 7	1.195 1	1.304 8	1.423 3	1.551 3	1.689 5	1.838 5	1.999	2.171 9	2.357 9	2.558	2.773 1	3.004	3.251 9	3.517 9	3.803	4.108 4	4.435 5	4.785 4	5.159 8	5.559 9	5.987 4	6.443 9	6.931	7.450 6	8.004 5	8.594 8	9.223 4	9.892 5	10.604 5
10	1.104 6	1.219	1.343 9	1.480 2	1.628 9	1.790 8	1.967 2	2.158 9	2.367 4	2.593 7	2.839 4	3.105 8	3.394 6	3.707 2	4.045 6	4.411 4	4.806 8	5.233 8	5.694 7	6.191 7	6.727 5	7.304 6	7.925 9	8.594 4	9.313 2	10.085 7	10.915 3	11.805 9	12.761 4	13.785 8
11	1.115 7	1.243 4	1.384 2	1.539 5	1.710 3	1.898 3	2.104 9	2.331 6	2.580 4	2.853 1	3.151 8	3.478 5	3.835 9	4.226 2	4.652 4	5.117 3	5.624	6.175 9	6.776 7	7.430 1	8.140 3	8.911 7	9.748 9	10.657 1	11.641 5	12.708	13.862 5	15.111 6	16.462 2	17.921 6
12	1.126 8	1.268 2	1.425 8	1.601	1.795 9	2.012 2	2.252 2	2.518 2	2.812 7	3.138 4	3.498 5	3.896	4.334 5	4.817 9	5.350 3	5.936	6.580 1	7.287 6	8.064 2	8.916 1	9.849 7	10.872 2	11.991 2	13.214 8	14.551 9	16.012	17.605 3	19.342 8	21.236 2	23.298 1
13	1.138 1	1.293 6	1.468 5	1.665 1	1.885 6	2.132 9	2.409 8	2.719 6	3.065 8	3.452 3	3.883 3	4.363 5	4.898	5.492 4	6.152 8	6.885 8	7.698 7	8.599 4	9.596 4	10.699 3	11.918 2	13.264 1	14.749 1	16.386 3	18.189	20.175 2	22.358 8	24.758 8	27.394 7	30.287 5
14	1.149 5	1.319 5	1.512 6	1.731 7	1.979 9	2.260 9	2.578 5	2.937 2	3.341 7	3.797 5	4.310 4	4.887 1	5.534 8	6.261 3	7.075 7	7.987 5	9.007 5	10.147 2	11.419 8	12.839 2	14.421	16.182 2	18.141 4	20.319 1	22.737 4	25.420 7	28.395 7	31.691 3	35.339 1	39.373 8
15	1.161	1.345 9	1.558	1.800 9	2.078 9	2.396 6	2.759	3.172 2	3.642 5	4.177 2	4.784 6	5.473 6	6.254 3	7.137 9	8.137 1	9.265 5	10.538 7	11.973 7	13.589 5	15.407	17.449 4	19.742 3	22.314	25.195 6	28.421 7	32.030 1	36.062 5	40.564 8	45.587 5	51.185 9
16	1.172 6	1.372 8	1.604 7	1.873	2.182 9	2.540 4	2.952 2	3.425 9	3.970 3	4.595	5.310 9	6.130 4	7.067 3	8.137 2	9.357 6	10.748	12.330 3	14.129	16.171 5	18.488 4	21.113 8	24.085 6	27.446 2	31.242 6	35.527 1	40.357 9	45.799 4	51.923	58.807 9	66.541 7
17	1.184 3	1.400 2	1.652 8	1.947 9	2.292	2.692 8	3.158 8	3.7	4.327 6	5.054 5	5.895 1	6.866	7.986 1	9.276 5	10.761 3	12.467 7	14.426 5	16.672 2	19.244	22.186 1	25.547 7	29.384 4	33.758 8	38.740 8	44.408 9	50.851	58.165 2	66.461 4	75.862 1	86.504 2
18	1.196 1	1.428 2	1.702 4	2.025 8	2.406 6	2.854 3	3.379 9	3.996	4.717 1	5.559 9	6.543 6	7.69	9.024 3	10.575 2	12.375 5	14.462 5	16.879	19.673	22.900 5	26.623 3	30.912 7	35.849	41.523 3	48.038 6	55.511 2	64.072 2	73.869 8	85.070 6	97.862 2	112.455 4
19	1.208 1	1.456 8	1.753 5	2.106 8	2.527	3.025 6	3.616 5	4.315 7	5.141 7	6.115 9	7.263 3	8.612 8	10.197 4	12.055 7	14.231 8	16.776 5	19.748 4	23.214 4	27.251 6	31.948	37.404 3	43.735 8	51.073 7	59.567 9	69.388 9	80.731	93.814 7	108.890 4	126.242 2	146.192
20	1.220 2	1.485 9	1.806 1	2.191 1	2.653 3	3.207 1	3.869 7	4.661	5.604 4	6.727 5	8.062 3	9.646 3	11.523 1	13.743 5	16.366 5	19.460 8	23.105 6	27.393	32.429 4	38.337 6	45.259 3	53.357 6	62.820 6	73.864	86.736 2	101.721 1	119.144 6	139.379 7	162.852 4	190.049 6
21	1.232 4	1.515 7	1.860 3	2.278 8	2.786	3.399 6	4.140 6	5.033 8	6.108 8	7.400 2	8.949 2	10.803 8	13.021 1	15.667 6	18.821 5	22.574 5	27.033 6	32.323 8	38.591	46.005 1	54.763 7	65.096 3	77.269 4	91.591 5	108.420 2	128.168 5	151.313 7	178.406	210.079 6	247.064 5
22	1.244 7	1.546	1.916 1	2.369 9	2.925 3	3.603 5	4.430 4	5.436 5	6.658 6	8.140 3	9.933 6	12.100 3	14.713 8	17.861	21.644 7	26.186 4	31.629 3	38.142 1	45.923 3	55.206 1	66.264 1	79.417 5	95.041 3	113.573 5	135.525 3	161.492 4	192.168 3	228.359 6	271.002 7	321.183 9
23	1.257 2	1.576 9	1.973 6	2.464 7	3.071 5	3.819 7	4.740 5	5.871 5	7.257 9	8.954 3	11.026 3	13.552 3	16.626 6	20.361 6	24.891 5	30.376 2	37.006 2	45.007 6	54.648 7	66.247 4	80.179 5	96.889 4	116.900 8	140.831 2	169.406 6	203.480 4	244.053 8	292.300 3	349.593 5	417.539 1
24	1.269 7	1.608 4	2.032 8	2.563 3	3.225 1	4.048 9	5.072 4	6.341 2	7.911 1	9.849 7	12.239 2	15.178 6	18.788 1	23.212 2	28.625 2	35.236 4	43.297 3	53.109	65.032	79.496 8	97.017 2	118.205	143.788	174.630 6	211.758 2	256.385 3	309.948 3	374.144 4	450.975 6	542.800 8
25	1.282 4	1.640 6	2.093 8	2.665 8	3.386 4	4.291 9	5.427 4	6.848 5	8.623 1	10.834 7	13.585 5	17.000 1	21.230 5	26.461 9	32.919	40.874 2	50.657 8	62.668 6	77.388 1	95.396 2	117.390 9	144.210 2	176.859 3	216.542	264.697 8	323.045 4	393.634	478.904 9	581.758 5	705.641
26	1.295 3	1.673 4	2.156 6	2.772 5	3.555 7	4.549 4	5.807 4	7.396 4	9.399 2	11.918 2	15.079 9	19.040 1	23.990 5	30.166 6	37.856 8	47.414 1	59.269 7	73.949	92.091 8	114.475 5	142.042 9	175.936	217.536 9	268.512 1	330.872 2	407.037 3	499.915 7	612.998 2	750.468 5	917.333 3
27	1.308 2	1.706 9	2.221 3	2.883 4	3.733 5	4.822 3	6.213 9	7.988 1	10.245 1	13.11	16.738 7	21.324 9	27.109 3	34.389 9	43.535 3	55.000 4	69.345 5	87.259 8	109.589 3	137.370 6	171.871 9	214.642	267.570 4	332.955	413.590 3	512.867	634.892 9	784.637 8	968.104 4	1 192.533 3
28	1.321 3	1.741	2.287 9	2.998 7	3.920 1	5.111 7	6.648 8	8.627 1	11.167 1	14.421	18.579 9	23.883 9	30.633 5	39.204 5	50.065 6	63.800 4	81.134 2	102.966 6	130.411	164.844 7	207.965	261.863	329.111 5	412.864 2	516.987 9	646.212 1	806.314	1 004.336 3	1 248.854 8	1 550.293 3
29	1.334 5	1.775 8	2.356 6	3.118 7	4.116 1	5.418 4	7.114 3	9.317 3	12.172 2	15.863 1	20.623 7	26.749 9	34.615 8	44.693 1	57.575 5	74.008 5	94.927 1	121.500 5	155.189 3	197.813 6	251.637 3	319.473	404.807 2	511.951 6	646.234 9	814.227 6	1 024.018 7	1 285.550 4	1 611.022 5	2 015.381 3
30	1.347 8	1.811 4	2.427 3	3.243 4	4.321 9	5.743 5	7.612 3	10.062 7	13.267 7	17.449 4	22.892 3	29.959 9	39.115 9	50.950 2	66.211 8	85.849 9	111.064 6	143.370 6	184.675 3	237.376 3	304.481 6	389.757	497.912 9	634.819 7	807.793 6	1 025.925 9	1 300.503 8	1 645.504 7	2 078.219	2 619.995 6

年金现值系数表

期数	1%	2%	3%	4%	5%	6%	7%	8%	9%	10%	11%	12%	13%	14%	15%	16%	17%	18%	19%	20%	21%	22%	23%	24%	25%	26%	27%	28%	29%	30%
1	0.990 1	0.980 4	0.970 9	0.961 5	0.952 4	0.943 4	0.934 6	0.925 9	0.917 4	0.909	0.900 9	0.892 9	0.885	0.877 2	0.869 6	0.862 1	0.854 7	0.847 5	0.840 3	0.833 3	0.826 4	0.819 7	0.813	0.806 5	0.8	0.793 7	0.787 4	0.781 3	0.775 2	0.769 2
2	1.970 4	1.941 6	1.913 5	1.886 1	1.859 4	1.833 4	1.808	1.783 3	1.759 1	1.735 5	1.712 5	1.690	1.668 1	1.646 7	1.625 7	1.605 2	1.585 2	1.565 6	1.546 6	1.527 8	1.509 5	1.491 5	1.474	1.456 8	1.44	1.423 5	1.407 4	1.391 6	1.376 1	1.360 9
3	2.941	2.883 9	2.828 6	2.775 1	2.723 2	2.673	2.624 3	2.577 1	2.531 3	2.486 9	2.443 7	2.401 8	2.361 2	2.321 6	2.283 2	2.245 9	2.209 6	2.174 3	2.139 9	2.106 5	2.073 9	2.042 2	2.011 4	1.981 3	1.952	1.923 4	1.895 6	1.868 4	1.842	1.816 1
4	3.902	3.807 7	3.717 1	3.629 9	3.546	3.465 1	3.387 2	3.312 1	3.239 7	3.169 9	3.102 4	3.037 3	2.974 5	2.913 7	2.855	2.798 2	2.743 2	2.690 1	2.638 6	2.588 7	2.540 4	2.493 6	2.448 3	2.404 3	2.361 6	2.320 2	2.28	2.241	2.203 1	2.166 2
5	4.853 4	4.713 5	4.579 7	4.451 8	4.329 5	4.212 4	4.100 2	3.992 7	3.889 7	3.790 8	3.695 9	3.604 8	3.517 2	3.433 1	3.352 2	3.274 3	3.199 3	3.127 2	3.057 6	2.990 6	2.926	2.863 6	2.803 5	2.745 4	2.689 3	2.635 1	2.582 7	2.532	2.483	2.435 6
6	5.795 5	5.601 4	5.417 2	5.242 1	5.075 7	4.917 3	4.766 5	4.622 9	4.485 9	4.355 3	4.230 5	4.111 4	3.997 5	3.888 7	3.784 5	3.684 7	3.589 2	3.497 6	3.409 8	3.325 5	3.244 6	3.166 9	3.092 3	3.020 5	2.951 4	2.885	2.821	2.759 4	2.7	2.642 7
7	6.728 2	6.472	6.230 3	6.002 1	5.786 4	5.582 4	5.389 3	5.206 4	5.033	4.868 4	4.712 2	4.563 8	4.422 6	4.288 3	4.160 4	4.038 6	3.922 4	3.811 5	3.705 7	3.604 6	3.507 9	3.415 5	3.327	3.242 3	3.161 1	3.083 3	3.008 7	2.937	2.868 2	2.802 1
8	7.651 7	7.325 5	7.019 7	6.732 7	6.463 2	6.209 8	5.971 3	5.746 6	5.534 8	5.334 9	5.146 1	4.967 6	4.798 8	4.638 9	4.487 3	4.343 6	4.207 2	4.077 6	3.954 4	3.837 2	3.725 6	3.619 3	3.517 9	3.421 2	3.328 9	3.240 7	3.156 4	3.075 8	2.998 6	2.924 7
9	8.566	8.162 2	7.786 1	7.435 3	7.107 8	6.801 7	6.515 2	6.246 9	5.995 2	5.759	5.537	5.328 2	5.131 7	4.946 4	4.771 6	4.606 5	4.450 6	4.303	4.163 3	4.031	3.905 4	3.786 3	3.673	3.565 5	3.463 1	3.365 7	3.272 5	3.184 2	3.099 7	3.019
10	9.471 3	8.982 6	8.530 2	8.110 9	7.721 7	7.360 1	7.023 6	6.710 1	6.417 7	6.144 6	5.889 2	5.650 2	5.426 2	5.216 1	5.018 8	4.833 2	4.658 6	4.494 1	4.338 9	4.192 5	4.054 1	3.923	3.799 3	3.681 9	3.570 5	3.464 8	3.364 1	3.268 9	3.178 1	3.091 5
11	10.367 6	9.786 8	9.252 6	8.760 5	8.306 4	7.886 9	7.498 7	7.139	6.805 2	6.495 1	6.206 5	5.937 7	5.686 9	5.452 7	5.233 7	5.028 6	4.836 4	4.656	4.486 5	4.327 1	4.176 9	4.035 4	3.901 8	3.775 7	3.656 4	3.543 5	3.436 5	3.335 1	3.238 8	3.147 3
12	11.255 1	10.575 3	9.954	9.385 1	8.863 3	8.383 8	7.942 7	7.536 1	7.160 7	6.813 7	6.492 4	6.194 4	5.917 6	5.660 3	5.420 6	5.197 1	4.988 4	4.793 2	4.610 5	4.439 2	4.278 4	4.127 4	3.985 2	3.851 4	3.725 1	3.605 9	3.493 3	3.386 8	3.285 9	3.190 3
13	12.133 7	11.348 4	10.635	9.985 6	9.393 6	8.852 7	8.357 7	7.903 8	7.486 9	7.103 4	6.749 9	6.423 5	6.121 8	5.842 4	5.583 1	5.342 3	5.118 3	4.909 5	4.714 7	4.532 7	4.362 4	4.202 8	4.053	3.912 4	3.780 1	3.655 5	3.538 1	3.427 2	3.322 4	3.223 3
14	13.003 7	12.106 2	11.296 1	10.563 1	9.898 6	9.295	8.745 5	8.244 2	7.786 2	7.366 7	6.981 9	6.628 2	6.302 5	6.002 1	5.724 5	5.467 5	5.229 3	5.008 1	4.802 3	4.610 6	4.431 7	4.264 6	4.108 2	3.961 6	3.824 1	3.694 9	3.573 3	3.458 7	3.350 7	3.248 7
15	13.865 1	12.849 3	11.937 9	11.118 4	10.379 7	9.712 2	9.107 9	8.559 5	8.060 7	7.606 1	7.190 9	6.810 9	6.462 4	6.142 2	5.847 4	5.575 5	5.324 2	5.091 6	4.875 9	4.675 5	4.489	4.315 2	4.153	4.001 3	3.859 3	3.726 1	3.601	3.483 4	3.372 6	3.268 2
16	14.717 9	13.577 7	12.561 1	11.652 3	10.837 8	10.105 9	9.446 6	8.851 4	8.312 6	7.823 7	7.379 2	6.974	6.603 9	6.265 1	5.954 2	5.668 5	5.405 3	5.162 4	4.937 7	4.729 6	4.536 4	4.356 7	4.189 4	4.033 3	3.887 4	3.750 9	3.622 8	3.502 6	3.389 6	3.283 2
17	15.562 3	14.291 9	13.166 1	12.165 7	11.274 1	10.477 3	9.763 2	9.121 6	8.543 6	8.021 6	7.548 8	7.119 6	6.729 1	6.372 9	6.047 2	5.748 7	5.474 6	5.222 3	4.989 7	4.774 6	4.575 5	4.390 8	4.219	4.059 1	3.909 9	3.770 5	3.64	3.517	3.402 8	3.294 8
18	16.398 3	14.992	13.753 5	12.659 3	11.689 6	10.827 6	10.059 1	9.371 9	8.755 6	8.201 4	7.701 6	7.249 7	6.839 9	6.467 4	6.128	5.817 8	5.533 9	5.273 2	5.033	4.812 2	4.607 9	4.418 7	4.243 1	4.079 9	3.927 9	3.786	3.653 6	3.529 4	3.413	3.303 7
19	17.226	15.678 5	14.323 8	13.133 9	12.085 3	11.158	10.335 6	9.603 6	8.950 1	8.364 9	7.839 3	7.365 8	6.938	6.550 4	6.198 2	5.877 5	5.584 5	5.316 2	5.07	4.843 5	4.634 6	4.441 5	4.262 7	4.096 7	3.942 4	3.798 5	3.664 2	3.538 6	3.421	3.310 5
20	18.045 6	16.351 4	14.877 5	13.590 3	12.462 2	11.469 9	10.594	9.818 1	9.128 5	8.513 6	7.963 3	7.469 4	7.024 8	6.623 1	6.259 3	5.928 8	5.627 8	5.352 7	5.100 9	4.869 6	4.656 7	4.460 3	4.278 6	4.110 3	3.953 9	3.808 3	3.672 6	3.545 8	3.427 1	3.315 8
21	18.857	17.011 2	15.415	14.029 2	12.821 2	11.764 1	10.835 5	10.016 8	9.292 2	8.648 7	8.075 1	7.562	7.101 6	6.687	6.312 5	5.973 1	5.664 8	5.383 7	5.126 8	4.891 3	4.675	4.475 6	4.291 6	4.121 2	3.963 1	3.816 1	3.679 2	3.551 4	3.431 9	3.319 8
22	19.660 4	17.658	15.936 9	14.451 1	13.163	12.041 6	11.061 2	10.200 7	9.442 4	8.771 5	8.175 7	7.644 6	7.169 5	6.742 9	6.358 7	6.011 3	5.696 4	5.409 9	5.148 6	4.909 4	4.690	4.488 2	4.302 1	4.13	3.970 5	3.822 3	3.684 4	3.555 8	3.435 6	3.323
23	20.455 8	18.292 2	16.443 6	14.856 8	13.488 6	12.303 4	11.272 2	10.371 1	9.580 2	8.883 2	8.266 4	7.718 4	7.229 7	6.792 1	6.398 8	6.044	5.723 4	5.432	5.166 8	4.924 5	4.702 5	4.498 5	4.310 6	4.137 1	3.976 4	3.827 3	3.688 5	3.559 2	3.438 4	3.325 4
24	21.243 4	18.913 9	16.935 5	15.247	13.798 6	12.550 4	11.469 3	10.528 8	9.706 6	8.984 7	8.348 1	7.784 3	7.282 9	6.835 1	6.433 8	6.072 6	5.746 5	5.450 9	5.182 2	4.937 1	4.712 8	4.507	4.317 6	4.142 8	3.981 1	3.831	3.691 8	3.561 9	3.440 6	3.327
25	22.023 2	19.523 5	17.413	15.622 1	14.093 9	12.783 4	11.653 6	10.674 8	9.822 6	9.077	8.421 7	7.843 1	7.33	6.872 9	6.464	6.097 1	5.766 2	5.466 9	5.195 1	4.947 6	4.721 3	4.513 9	4.323 2	4.147 4	3.984 9	3.834 2	3.694 3	3.564	3.442 3	3.328 6
26	22.795 2	20.121	17.876 8	15.982 8	14.375 2	13.003 2	11.825 8	10.81	9.929	9.160 9	8.488 1	7.895 7	7.371 7	6.906 1	6.490 6	6.118 2	5.783 1	5.480 4	5.206	4.956 3	4.728 4	4.519 6	4.327 8	4.151 1	3.987 9	3.836 5	3.696 5	3.565 6	3.443 7	3.329 7
27	23.559 6	20.706 9	18.327	16.329 6	14.643	13.210 5	11.986 7	10.935 2	10.026 6	9.237 2	8.547 8	7.942 6	7.408 6	6.935 2	6.513 5	6.136 4	5.797 5	5.491 9	5.215 1	4.963 6	4.734 2	4.524 3	4.331 6	4.154 2	3.990 3	3.838 7	3.697 9	3.566 9	3.444 7	3.330 5
28	24.316 4	21.281 3	18.764 1	16.663	14.898 1	13.406 2	12.137 1	11.051	10.116 1	9.306 6	8.601 6	7.984 4	7.441 2	6.960 7	6.533 5	6.152	5.809 9	5.501 6	5.222 8	4.969 7	4.739	4.528 4	4.334 6	4.156 6	3.992 3	3.840 2	3.699 1	3.567 9	3.445 5	3.331 2
29	25.065 8	21.844 4	19.188 5	16.983 7	15.141 1	13.590 7	12.277 7	11.158 4	10.198 3	9.369 6	8.650 1	8.021 8	7.470	6.983	6.550 9	6.165 6	5.820 4	5.506 8	5.229 2	4.974 7	4.743	4.531 2	4.337 1	4.158 5	3.993 8	3.841 7	3.700 5	3.568 9	3.446 1	3.331 7
30	25.807 7	22.396 5	19.600 4	17.292	15.372 5	13.764 8	12.409	11.257 8	10.273 7	9.426 9	8.693 8	8.055 2	7.495 7	7.002 7	6.566	6.177	5.829 4	5.516 8	5.234 7	4.978 9	4.746 3	4.533 9	4.339 4	4.160 1	3.995	3.842 4	3.700 4	3.569 3	3.446 4	3.332 1

附表四

年金终值系数表

期数	1%	2%	3%	4%	5%	6%	7%	8%	9%	10%	11%	12%	13%	14%	15%	16%	17%	18%	19%	20%	21%	22%	23%	24%	25%	26%	27%	28%	29%	30%
1	1	1	1	1	1	1	1	1	1	1	1	1	1	1	1	1	1	1	1	1	1	1	1	1	1	1	1	1	1	1
2	2.01	2.02	2.03	2.04	2.05	2.06	2.07	2.08	2.09	2.1	2.11	2.12	2.13	2.14	2.15	2.16	2.17	2.18	2.19	2.2	2.21	2.22	2.23	2.24	2.25	2.26	2.27	2.28	2.29	2.3
3	3.0301	3.0604	3.0909	3.1216	3.1525	3.1836	3.2149	3.2464	3.2781	3.31	3.3421	3.3744	3.4069	3.4396	3.4725	3.5056	3.5389	3.5724	3.6061	3.64	3.6741	3.7084	3.7429	3.7776	3.8125	3.8476	3.8829	3.9184	3.9541	3.99
4	4.0604	4.1216	4.1836	4.2465	4.3101	4.3746	4.4399	4.5061	4.5731	4.641	4.7097	4.7793	4.8498	4.9211	4.9934	5.0665	5.1405	5.2154	5.2913	5.368	5.4457	5.5242	5.6035	5.6842	5.7656	5.848	5.9313	6.0156	6.1008	6.187
5	5.101	5.204	5.3091	5.4163	5.5256	5.6371	5.7507	5.8666	5.9847	6.1051	6.2278	6.3528	6.4803	6.6101	6.7424	6.8771	7.0144	7.1542	7.2966	7.4416	7.5892	7.7396	7.8926	8.0484	8.207	8.3684	8.5327	8.6999	8.87	9.0431
6	6.152	6.308	6.4684	6.633	6.8019	6.9753	7.1533	7.3359	7.5233	7.7156	7.9129	8.1152	8.3227	8.5355	8.7537	8.9775	9.2068	9.442	9.683	9.9299	10.183	10.443	10.7079	10.98	11.2588	11.5442	11.8366	12.1359	12.4423	12.756
7	7.2135	7.4343	7.6625	7.898	8.142	8.3938	8.654	8.9228	9.2004	9.4872	9.7833	10.089	10.4047	10.7305	11.0668	11.4139	11.772	12.1415	12.5227	12.9159	13.3214	13.7396	14.1703	14.6153	15.0735	15.5457	16.0324	16.5339	17.0506	17.5828
8	8.2857	8.583	8.8923	9.2142	9.5491	9.897	10.2598	10.6366	11.0285	11.4359	11.8594	12.2997	12.7573	13.2328	13.7268	14.2401	14.7733	15.327	15.902	16.4991	17.1189	17.7623	18.43	19.1229	19.8419	20.5876	21.3612	22.1634	22.9953	23.8577
9	9.3685	9.7546	10.1591	10.5828	11.0266	11.4913	11.978	12.4876	13.021	13.5795	14.164	14.7757	15.4157	16.0853	16.7858	17.5185	18.2847	19.0859	19.9234	20.7989	21.7139	22.67	23.669	24.7125	25.8023	26.9404	28.1287	29.3692	30.6639	32.015
10	10.4622	10.9497	11.4639	12.006	12.5779	13.1808	13.8164	14.4866	15.1929	15.9374	16.722	17.5487	18.4197	19.3373	20.3037	21.3215	22.3931	23.5213	24.7089	25.9587	27.2738	28.6574	30.1128	31.6434	33.2529	34.9449	36.7235	38.5926	40.5564	42.6195
11	11.5668	12.1687	12.8078	13.4864	14.2068	14.9716	15.7836	16.6455	17.5603	18.5312	19.5614	20.6546	21.8143	23.0445	24.3493	25.7329	27.1999	28.7551	30.4035	32.1504	34.0013	35.962	38.0388	40.2379	42.5661	45.0306	47.6388	50.398	53.3178	56.4053
12	12.6825	13.4121	14.192	15.0258	15.9171	16.8699	17.8885	18.9771	20.1407	21.3843	22.7132	24.1331	25.6502	27.2707	29.0017	30.8502	32.8239	34.9311	37.1802	39.5805	42.1416	44.8737	47.7877	50.895	54.2077	57.7386	61.5013	65.51	69.78	74.327
13	13.8093	14.6803	15.6178	16.6268	17.713	18.8821	20.1406	21.4953	22.9534	24.5227	26.2116	28.0291	29.9847	32.0887	34.3519	36.7862	39.404	42.2187	45.2445	48.4966	51.9913	55.7459	59.7784	64.1097	68.7596	73.7506	79.1066	84.8529	91.0161	97.625
14	14.9474	15.9739	17.0863	18.2919	19.5986	21.0151	22.5505	24.2149	26.0192	27.975	30.0949	32.3926	34.8827	37.5811	40.5047	43.672	47.1027	50.818	54.8409	59.1959	63.9095	69.01	74.528	80.4961	86.9493	93.9238	101.4654	109.6117	118.4103	127.9125
15	16.0969	17.2934	18.5989	20.0236	21.5786	23.276	25.129	27.1521	29.3609	31.7725	34.4054	37.2797	40.4175	43.8424	47.5804	51.6595	56.1101	60.9653	66.2607	72.035	78.3305	85.1922	92.6694	100.8151	109.6868	119.3465	129.8611	141.3029	153.75	167.2863
16	17.2579	18.6393	20.1569	21.8245	23.6575	25.6725	27.8881	30.3243	33.0034	35.9497	39.1899	42.7533	46.6717	50.9804	55.7175	60.925	66.6488	72.939	79.8502	87.4421	95.7799	104.9345	114.9835	126.0108	138.1085	151.3766	165.9238	181.8677	199.3374	218.4722
17	18.4304	20.0121	21.7616	23.6975	25.8404	28.2129	30.8402	33.7502	36.9737	40.5447	44.5008	48.8837	53.7391	59.1176	65.0751	71.673	78.9792	87.068	96.0218	105.9306	116.8937	129.0201	142.4295	157.2534	173.6357	191.7344	211.723	233.7907	258.1453	285.0139
18	19.6147	21.4123	23.4144	25.6454	28.1324	30.9057	33.999	37.4502	41.3013	45.5992	50.3959	55.7497	61.7251	68.3941	75.8364	84.1407	93.4056	103.7403	115.2659	128.1167	142.4413	158.4045	176.1883	195.9942	218.0446	242.5853	269.8882	300.2521	334.0074	371.518
19	20.8109	22.8406	25.1169	27.6712	30.539	33.76	37.379	41.4463	46.0185	51.1591	56.9395	63.4397	70.7494	78.9692	88.2118	98.6032	110.2846	123.4135	138.1664	154.74	173.354	194.2535	217.7116	244.0328	273.5558	306.6577	343.758	385.3227	431.8696	483.9734
20	22.019	24.2974	26.8704	29.7781	33.066	36.7856	40.9955	45.762	51.1601	57.275	64.2028	72.0524	80.9468	91.0249	102.4436	115.3797	130.0329	146.628	165.418	186.688	210.7584	237.9893	268.7853	303.6006	342.9447	387.3887	437.5726	494.2131	558.1118	630.1655
21	23.2392	25.7833	28.6765	31.9692	35.7193	39.9927	44.865	50.4229	56.7645	64.0025	72.2651	81.6987	92.4699	104.7684	118.8101	134.8405	153.1385	174.021	197.8474	225.0256	256.0176	291.3469	331.6056	377.4648	429.6809	489.1098	556.7173	633.5927	720.9642	820.2151
22	24.4716	27.299	30.5368	34.248	38.5052	43.3923	49.0057	55.4568	62.8733	71.4027	81.2143	92.5026	105.491	120.436	137.6316	157.415	180.1721	206.3448	236.4385	271.0307	310.7813	356.4432	408.8753	469.0563	538.1011	617.2783	708.0309	811.9987	931.0438	1,067.2796
23	25.7163	28.845	32.4529	36.6179	41.4305	46.9958	53.4361	60.8933	69.5319	79.543	91.1479	104.6029	120.2048	138.297	159.2764	183.6014	211.8013	244.4868	282.3618	326.2369	377.045	435.8607	503.9166	582.6298	673.6264	778.7707	900.1993	1,040.3583	1,202.0465	1,388.4637
24	26.9735	30.4219	34.4265	39.0826	44.502	50.8156	58.1767	66.7648	76.7898	88.4973	102.1742	118.1552	136.8315	158.6586	184.1678	213.9776	248.8076	289.4945	337.0105	392.4842	457.2249	532.75	620.8174	723.461	843.0329	982.2511	1,144.2531	1,332.6586	1,551.64	1,806.0026
25	28.2432	32.0303	36.4593	41.6459	47.727	54.8645	63.249	73.1059	84.7009	98.3471	114.4133	133.3339	155.6196	181.8708	212.793	249.214	292.1049	342.6035	402.0425	471.9811	554.2422	650.9551	764.6054	898.0916	1,054.7912	1,238.6364	1,454.2014	1,706.8031	2,002.6156	2,348.8033
26	29.5256	33.6709	38.553	44.3117	51.1135	59.1564	68.6765	79.9544	93.324	109.1818	127.9988	150.3339	176.85	208.3327	245.712	290.0883	342.7627	405.2721	479.4306	567.3773	671.633	795.1653	941.4647	1,114.6336	1,319.489	1,561.6818	1,847.8358	2,185.7077	2,584.3741	3,054.4443
27	30.8209	35.3443	40.7096	47.0842	54.6691	63.7058	74.4838	87.3508	102.7231	121.0999	143.0786	169.374	200.8406	238.4993	283.5688	337.5024	402.0323	479.221	571.5224	681.8528	813.6759	971.1016	1,159.0006	1,383.1457	1,650.3612	1,968.7191	2,347.7514	2,798.7061	3,334.8423	3,971.7776
28	32.1291	37.0512	42.9309	49.9676	58.4026	68.5281	80.6977	95.3388	112.9682	134.2099	159.8173	190.6989	227.9499	272.8892	327.1041	392.5028	471.3778	566.4809	681.1116	819.2233	985.5479	1,185.744	1,426.5719	1,716.1007	2,063.9515	2,481.5861	2,982.6444	3,583.3438	4,302.9466	5,164.3109
29	33.4504	38.7922	45.2189	52.9663	62.3227	73.6398	87.3465	103.9659	124.1354	148.6309	178.3972	214.5828	258.5834	312.0937	377.1697	456.3032	552.5121	669.4475	811.5228	984.068	1,193.5124	1,447.6077	1,755.6835	2,128.9648	2,580.9392	3,128.7985	3,788.5083	4,587.4801	5,551.8016	6,714.6042
30	34.7849	40.5681	47.5754	56.0849	66.4388	79.0582	94.4608	113.2832	136.3075	164.494	199.0209	241.3327	293.1992	356.7868	434.7451	530.3117	647.4391	790.948	966.7122	1,181.8816	1,445.1507	1,767.0813	2,160.4907	2,640.9164	3,227.1743	3,942.026	4,812.9771	5,873.2306	7,162.8241	8,729.9855